郑州大学
ZHENGZHOU UNIVERSITY

法律硕士专业学位研究生案例教程系列丛书

主　编◎苗连营
副主编◎王玉辉　李建新

国际法学
案例教程

主　编◎郭德香
副主编◎李晓楠　黄洁琼

知识产权出版社
全国百佳图书出版单位
—北京—

图书在版编目（CIP）数据

国际法学案例教程/郭德香主编；李晓楠，黄洁琼副主编. —北京：知识产权出版社，2023.3
（法律硕士专业学位研究生案例教程系列丛书/苗连营主编）
ISBN 978-7-5130-8599-1

Ⅰ.①国… Ⅱ.①郭…②李…③黄… Ⅲ.①国际法—法的理论 Ⅳ.①D990

中国国家版本馆 CIP 数据核字（2023）第 000394 号

责任编辑：李芸杰　　　　　　　　　责任校对：王　岩
封面设计：杨杨工作室·张冀　　　　责任印制：刘译文

法律硕士专业学位研究生案例教程系列丛书

国际法学案例教程

主　编◎郭德香
副主编◎李晓楠　黄洁琼

出版发行：知识产权出版社有限责任公司	网　　址：http://www.ipph.cn
社　　址：北京市海淀区气象路 50 号院	邮　　编：100081
责编电话：010-82000860 转 8739	责编邮箱：liyunjie2015@126.com
发行电话：010-82000860 转 8101/8102	发行传真：010-82000893/82005070/82000270
印　　刷：天津嘉恒印务有限公司	经　　销：新华书店、各大网上书店及相关专业书店
开　　本：720mm×1000mm　1/16	印　　张：14
版　　次：2023 年 3 月第 1 版	印　　次：2023 年 3 月第 1 次印刷
字　　数：315 千字	定　　价：68.00 元
ISBN 978-7-5130-8599-1	

出版权专有　侵权必究
如有印装质量问题，本社负责调换。

总　序

高等院校是培养法治人才的第一阵地，高校法学教育在法治人才的培养中发挥着基础性作用。中共中央印发的《法治中国建设规划（2020—2025年）》明确提出：深化高等法学教育改革，优化法学课程体系，强化法学实践教学，培养信念坚定、德法兼修、明法笃行的高素质法治人才。法学学科是实践性极强的学科，法学实践教学改革是促进法学理论与法学实践有机融合、推动法学高等教育改革的重要路径和抓手。

案例教学是法学实践教学的重要组成部分，以学生为中心，通过典型案例的情境呈现、深度评析，将理论与实践紧密结合，引导学生发现问题、分析问题、解决问题，进而掌握理论、形成观点、提高能力。强化案例教学是培养法律硕士专业学位研究生实践能力的重要方式，也是促进教学与实践有机融合、推动高等院校法学实践教学模式改革、提高法治人才培养质量的重要突破点。《教育部关于加强专业学位研究生案例教学和联合培养基地建设的意见》（教研〔2015〕1号）明确指出，重视案例编写，提高案例质量。通过撰写案例教程，开发和形成一大批基于真实情境、符合案例教学要求、与国际接轨的高质量教学案例，是推进案例教学的重要基础，对法学理论及各部门法的学习与知识创新具有重要意义。

作为国内较早招收法律硕士专业学位研究生的高等院校之一，郑州大学法学院始终致力于培养复合型、应用型专门法律人才，高度重视法律硕士实践教学与案例教学改革，先后组织编写了"卓越法治人才教育培养系列教材""高等法学教育案例教学系列教材"等系列高水平教材。为进一步深化新时代法律硕士专业学位研究生培养模式改革，培养德法兼修、明法笃行的高素质法治人才，我院组织相关学科骨干教师编写了这套"法律硕士专业学位研究生案例教程系列丛书"。

本套丛书内容全面、体系完备，涵盖了《法理学案例教程》《行政法学案例教程》《刑法学案例教程》《民法学案例教程》《商法学案例教程》《经济法学案例教程》《诉讼法学案例教程》《环境法学案例教程》《国际法学案例教程》《知识产权法学案例教程》《法律职业伦理案例教程》《卫生法学案例教程》等法律硕士专业学位教育教学基础课程教学用书。

丛书具有四个特点：其一，坚持思想引领。各学科团队始终以习近平法治思想为指导，努力推动习近平法治思想进教材、进课堂、进头脑，充分保证系列教材坚持正确的政治方向、学术导向、价值取向。其二，理论与实践紧密结合。各教程所涉案例的编写立足真实案情，关注社会热点、知识重点和理论难点，引导学生运用法学理论，分析现实问题，着力培养和训练学生的法学思维能力。其三，知识讲授与案例评析有机统一。各教程既整体反映了各学科知识体系，又重点解读了相关案例所涉及的理论问题，真正做到以案释法、以案说理，着力实现理论知识与典型案例的有机互动。其四，多元结合的编写团队。案例教程的编写广泛吸纳实务部门专家参与，真正实现高等院校与法律实务部门的深度合作，保证了案例的时效性、针对性、专业性。

衷心希望本套丛书能够切实推进法律硕士专业学位研究生教学模式、培养方式的改革，为培养具有坚定的中国特色社会主义法治理念，以及坚持中国特色社会主义法治道路的复合型、应用型高素质法治人才发挥积极作用。

本套丛书的出版得到了知识产权出版社总编及相关编辑的鼎力支持，在此深表感谢！

郑州大学法学院编委会
2022 年 3 月 9 日

>> CONTENTS 目 录

第一章　国际公法 ……………………………………………………………… 001
　第一节　国际法与国内法的关系 / 001
　　　案例一　琼斯案 / 001
　第二节　国际法的基本原则 / 004
　　　案例一　科索沃独立咨询意见案 / 004
　第三节　国际法的主体 / 007
　　　案例一　船只碰撞——法国诉土耳其国家管辖案 / 007
　　　案例二　德国诉意大利管辖豁免案 / 009
　　　案例三　或引渡或起诉案——比利时诉塞内加尔 / 012
　　　案例四　加勒比海主权权利和海洋空间受侵犯的指控
　　　　　　　——尼加拉瓜诉哥伦比亚 / 016
　　　案例五　请求国际法院解释1962年6月15日对A寺案所作判决
　　　　　　　——柬埔寨诉泰国 / 021
　　　案例六　梅盖求偿案——美国诉意大利 / 023
　　　案例七　伊朗伊斯兰共和国诉美利坚合众国案 / 025
　第四节　国际海洋法 / 028
　　　案例一　英法大陆架仲裁案 / 028
　　　案例二　秘鲁诉智利海域划界案 / 031
　　　案例三　索马里诉肯尼亚案 / 040
　第五节　国际条约法 / 042
　　　案例一　伯利劳夫人案 / 042
　　　案例二　贾达夫案 / 045
　　　案例三　美国诉伊朗"人质危机"案 / 048
　　　案例四　卡塔尔诉阿联酋案 / 051
　　　案例五　关于就停止核军备竞赛和实行核裁军进行谈判的义务
　　　　　　　——马绍尔群岛诉印度案 / 053

第六节　国家责任法 / 057
　　案例一　美国轰炸中国驻南斯拉夫联盟大使馆 / 057
　　案例二　《防止及惩治灭绝种族罪公约》的适用
　　　　　　——克罗地亚诉塞尔维亚 / 061
第七节　国际争端解决方式 / 070
　　案例一　中国某石化公司与卢森堡英某达公司申请确认仲裁条款
　　　　　　效力纠纷案 / 070
　　案例二　国际法院就洛克比空难引起的《制止危害民用航空安全
　　　　　　非法行为公约》解释和适用问题案 / 073

第二章　国际私法 …… 077

第一节　国际民商事法律适用 / 077
　　案例一　中国某利公司、某澳公司与印度某国贸公司等上诉案 / 077
　　案例二　某市有线电厂专利侵权案 / 080
　　案例三　美国 A 公司诉上海打火机总厂等商标侵权案 / 081
　　案例四　潘某与某实业有限责任公司民间借贷纠纷案 / 084
　　案例五　中国大连某船行诉日本某商事株式会社案 / 085
　　案例六　姜某勋遗嘱效力案 / 087
　　案例七　香港某时有限公司和天津某华有限公司中外合资合同
　　　　　　纠纷案 / 089
　　案例八　中国公民王某与中国公民张某泰国结婚案 / 090
　　案例九　某正公司与某丰银行重庆高新支行借款合同纠纷 / 092
　　案例十　某和（中国）投资有限公司、山西某生物工程有限公司合同
　　　　　　纠纷 / 095
　　案例十一　涉外夫妻财产关系中不动产纠纷案件准据法的适用 / 099
　　案例十二　徐某与胡某生合同效力纠纷案 / 102
　　案例十三　吴某 4 等继承纠纷案 / 104
　　案例十四　甲房地产开发有限公司、乙装饰设计工程有限公司合同纠纷
　　　　　　　管辖案 / 106
　　案例十五　巴基斯坦公民阿卜杜勒·瓦希德诉中国 A 航空股份有限公司
　　　　　　　航空旅客运输合同纠纷案 / 108
　　案例十六　丹东 A 车桥股份有限公司诉美国 B 机械公司合资争议案 / 111
　　案例十七　中国银监会强化监管使美国某银行遭受重罚案 / 113
第二节　国际民事诉讼法 / 115
　　案例一　陕西某拓自动化工程有限公司案外人执行异议之诉 / 115

案例二　刘某全、康某公司、中某油公司海上通海水域污染损害
　　　　　责任纠纷 / 118
　　案例三　夏某甲与董某涉外继承纠纷 / 120
　　案例四　乙航运有限公司、唐山某港钢铁有限公司申请海事强制
　　　　　令案 / 123
　　案例五　翁某雅、吕某雯第三人撤销之诉案 / 125

第三章　国际经济法 ……………………………………………………… 128
　第一节　国际贸易法 / 128
　　案例一　某进出口公司诉香港某投资有限公司国际货物买卖合同
　　　　　纠纷案 / 128
　　案例二　加利福尼亚州灯杆销售案 / 131
　　案例三　新加坡公司与德国公司关于石油焦的国际货物买卖
　　　　　合同纠纷案 / 134
　　案例四　某生态科技公司与兰某斯公司国际货物买卖合同纠纷案 / 138
　　案例五　中国甲公司与美国乙公司买卖合同纠纷案 / 140
　　案例六　某土产畜牧有限公司诉某香港公司套币买卖合同纠纷案 / 142
　　案例七　新加坡某银行、无锡某热能电力工程有限公司信用证
　　　　　纠纷案 / 145
　第二节　国际知识产权法 / 148
　　案例一　美国某高公司诉广东某龙公司等著作权侵权案 / 148
　　案例二　B 集团与 C 公司"某哈哈"商标之争 / 151
　　案例三　法国某酒库公司诉某国际贸易公司商标侵权案 / 154
　第三节　国际投资法 / 160
　　案例一　中国电器设备厂与日本公司共同成立合资企业案 / 160
　　案例二　麦森尼公司诉美国违反《北美自由贸易协定》（NAFTA）
　　　　　投资国民待遇案 / 163
　　案例三　TT 公司诉乌克兰政府案 / 165
　　案例四　谢某诉秘鲁共和国案 / 168
　　案例五　韩国某住房株式会社诉中国政府案 / 171
　第四节　世界贸易组织法 / 174
　　案例一　美国与安提瓜和巴布达关于影响跨境提供赌博与博彩服务
　　　　　措施案 / 174
　　案例二　中国涉及稀土、钨和钼出口的措施案（中国稀土案）/ 176
　　案例三　美国禁止进口虾及虾制品案 / 179
　第五节　国际反垄断法 / 182

案例一　音乐作品报酬的计算方式与滥用市场支配地位的认定 / 182

案例二　欧共体法院对垄断协议的认定——市场竞争管理局诉牛肉加工业发展协会及某牛肉加工企业案初步裁定评析 / 185

第六节　国际货物运输法 / 189

案例一　东方某航运（英国）有限公司与北海某船务有限责任公司、东方某航运有限公司、某租赁有限公司船舶碰撞损害赔偿纠纷案 / 189

案例二　苏伊士运河货船搁浅案 / 193

案例三　美国航空货物运输承运人责任案 / 197

案例四　宁夏天某宏集团有限公司与现代商船株式会社海上、通海水域货物运输合同纠纷案 / 199

案例五　中国某财产保险股份有限公司青岛分公司与某荣航运公司及MMSL公司海上通海水域货物运输合同纠纷案 / 202

案例六　南海救助局诉某投资公司、香港某有限公司上海代表处海难救助合同纠纷案 / 206

参考文献 ·· 210

附录1　本书部分相关国内规范性法律文件 ·· 213

附录2　本书部分相关国际条约与公约 ··· 214

CHAPTER 1 第一章 国际公法

本章知识要点

国际公法教学的基本目的之一，即培养学生养成一种国际公法的思维方式。本章分为七个小节，精心选编并深入分析了国际法与国内法关系、国际法的基本原则、国际法中的国家与个人、国际海洋法、国际条约法、国家责任法、国际争端解决法等涉及国际公法领域的典型案例。按照"基本案情""主要法律问题""主要法律依据""理论分析""思考题"的体例对案件进行了详细的整理分析。主要知识点包括以下几点：(1) 国际法的基本原则、国际法上的国家、国际法上的个人；(2) 国际海洋法的相关问题；(3) 国际条约法的相关问题；(4) 国家责任法的相关规定；(5) 国际争端解决方式。通过对本章的学习，读者能够全面了解有关国际法的国内外审判最新动态，可以了解国际上国家之间的关系是如何调整的，可以从经典案例的判决思路中受到启发。

第一节 国际法与国内法的关系

案例一 琼斯案

【基本案情】

2003年3月，英国公民琼斯等人炸毁了英国某军事基地及其拖船，并烧毁了坦克。与此同时，英国人Swan等人企图扰乱军事基地的正常运作，毁坏了基地的墙壁，以此造成严重骚乱。在此之前的一段时间，英国国民阿里布等人切断了位于某军事基地港口周围的电线，使得港口的正常运转被迫中止，严重扰乱了港口的正常运营。英国检察机关对上述公民提起刑事诉讼，被起诉的英国公民虽然所犯罪行在细节方面有所差异，但他们均提出，根据英国相关刑事法律，公民可以使用必要的武力预防犯罪；因英国政府决定参加2003年伊拉克战争，他们试图通过破坏英国的军事基地和军事设施，阻止英国向伊拉克派遣部队，从而防止英国犯下国际法规定的侵略罪。

本案最终由英国上议院审理。上诉人（被告）认为，由于习惯国际法将侵略罪列为犯罪行为之一，且习惯国际法通常被认为是英国本土法律体系的组成部分，因此，一旦国际法上承认某一罪行，英国国内法就会随之承认。从习惯国际法的角度看，2003年的伊拉克战争未经联合国的许可，是一场不公平、不正义的战争，相关国家涉嫌侵略罪。因此上诉人认为其行为是合法的。然而，英国上议院最终驳回了上诉。

【主要法律问题】

习惯国际法中的侵略罪能否自动纳入英国国内法？

【主要法律依据】

一、《国家权利义务宣言草案》第13条❶；

二、《维也纳条约法公约》（以下简称《条约法公约》）第26条❷、第27条❸、第46条❹。

【理论分析】

宾汉法官对上诉被驳回作出以下解释。

首先，上诉人声称习惯国际法是英国国内法的组成部分，宾汉法官并不赞同，他认为国际法应当是英国法律的渊源之一。

其次，对于上诉人认为习惯国际法上的侵略罪也是英国国内刑法的一个罪名这一观点，英国著名法学家布莱克斯通认为，某一犯罪行为如果受到了国际法的谴责，则也应该受到英国国内刑法的谴责，虽然布莱克斯通在这里未明确将侵略罪纳入其中，只列举了海盗罪以及侵犯外交使节罪等，但应当包括侵略罪。但宾汉法官认为，对于将国际法上承认的犯罪纳入英国国内法这一行为虽然确实存在，但这一过程并非如上诉人所认为的那样是无须国家认可的、自动的，上诉人在这一问题上的看法显然不合乎法理。因为在迄今为止所有的权威判例中，法官并不接受该纳入过程是自动的这种

---

❶《国家权利义务宣言草案》第13条　各国有一秉信诚履行由条约与国际法其他渊源而产生之义务，并不得借口其宪法或法律之规定而不履行此种义务。

❷《条约法公约》第26条　条约必须遵守：凡有效之条约对其各当事国有拘束力，必须由各该国善意履行。

❸《条约法公约》第27条　国内法与条约之遵守：一当事国不得援引其国内法规定为理由而不履行条约。此项规则不妨碍第46条。

❹《条约法公约》第46条　国内法关于缔约权限之规定：

一、一国不得援引其同意承受条约拘束之表示为违反该国国内法关于缔约权限之一项规定之事实以撤销其同意，但违反之情事明显且涉及其具有基本重要性之国内法之一项规则者，不在此限。

二、违反情事倘由对此事依通常惯例并秉善意处理之任何国家客观视之为显然可见者，即系显明违反。

看法。宾汉法官认为上诉法院法官巴克斯顿对此的观点更加合理，即便国家实施了最严重的国际犯罪行为，也只有当国内有此类案件管辖权的法案被通过后，英国国内法院才能拥有对此类案件的管辖权。基于上述理由，美国及澳大利亚法院也不接受对类似案件的管辖。因此，宾汉法官认为习惯国际法能够在英国适用的前提是被英国宪法所准许。

最后，对于上诉人称英国于1967年所通过的刑事法令包括国际法上确立的犯罪，宾汉法官持反对意见，他认为将国际法上的犯罪行为加入英国国内法律的过程不是自动的，原因包括以下两点：第一，根据英国国内法律体系，新罪名的设立作为一项立法活动不能由法院进行，法院作为司法机关无此职权，这项活动只能由立法机关通过立法活动进行；第二，以往要使国际法上的犯罪在英国国内产生效力，都经过了立法程序。例如，经过1957年、1969年、2001年英国制定并通过的相关法令和活动，英国陆续将国际法上的《禁止酷刑和其他残忍、不人道或有辱人格的待遇或处罚公约》（以下简称《禁止酷刑公约》）等所设立的罪行纳入了英国刑事法律，但都没有包括侵略罪。所以，既然立法者有意将侵略罪排斥在外，那么认为侵略罪是英国刑事法律的一个罪名显然是不合适的。

综上所述，宾汉法官认为将上诉人的上诉驳回是合理且合法的。因为本案体现了英国人民主权的基本政治原则，即刑事法律应当由代表全体英国人民的议会制定，而不是由政府和法院所决定，如果不驳回，则有违这一基本原则。

本案体现了国际法能否被国内法所接受并适用的问题，集中论述了国际法上的罪名能否被纳入、如何被纳入英国国内法的问题。在本案中，上议院认为英国国内法院不能创设新的罪名，即使想要将国际法中的罪行纳入国内法中，也要符合一定的条件、经过一定的程序，而不是自动纳入的。它需要经过立法机关将这一罪名纳入英国国内法之中，自动嵌入理论在这里是无法直接适用的。关于这个问题，各国因法律和政治体制的特点不同，对此的看法也不同。不过，如果只站在英国法律的立场来说，显然国内法院不能直接依据国际法所设立的罪名进行审理，国际法仅能为英国议会制定相关法律的合法性奠定基础，国际法中的犯罪行为如果要成为英国刑事法律中的犯罪行为，必须经过英国议会立法这一过程。由此可见，这个问题的答案取决于某国法律体系关于新罪名的设立立场。如果国际法继续坚持要成为普通法的一部分，行政部门的国际行为将会促进新的国际习惯的形成，只要这种行为不关乎法院和行政部门，刑事法律的制定和修改就不能让法院和行政部门主导和参与，因为刑事法律是一国的基本法律之一，它关乎公民的人身自由和私有财产。除此以外，法律具有确定性，政治具有规律性和一致性，这些特性也决定了新的刑事犯罪罪名的设立只能由议会通过立法活动进行。另外，侵略罪不仅事关被告人的行为，也有可能牵扯国家行为和国家领导人的行为，甚至可能波及其他国家，最终将导致无法审理的宪法性问题。

【思考题】

一、结合本案，谈谈对国际法与国内法关系的认识。

二、为什么本案中国际法不能直接在英国国内适用？

第二节　国际法的基本原则

案例一　科索沃独立咨询意见案[*]

【基本案情】

科索沃战争结束后，联合国安理会（以下简称安理会或安全理事会）组建了联合国驻科索沃临时特派使团，行使在过渡时期的科索沃政府职能。2005 年以来，应联合国秘书长特使以及俄罗斯、欧盟、美国三方政府的邀请，科索沃和塞尔维亚代表就科索沃未来地位等问题进行了多次谈判，但未取得显著的成果。

科索沃于 2007 年 11 月进行了选举，同时宣告了议会的成立。2008 年 2 月，科索沃临时自治机构突然单方面宣布独立。对此，以美国为首的一些国家立即给予科索沃独立以承认。但是塞尔维亚对此表示强烈反对，声称科索沃及美国和一些国家的行为是对该国主权的严重侵犯。

2008 年 10 月 8 日，联合国大会通过了联合国第 63/6 号决议。该决议要求国际法院就科索沃独立宣言是否符合国际法发表咨询意见。国际法院于 2008 年 11 月 17 日向联合国及其成员国、其他组织发出指令，确定了他们向法院提交书面陈述或书面评议的日期。

国际法院于 2009 年 12 月举行公开听证会，并于次年 7 月 22 日就此案发表最终咨询意见。该意见包括五个部分：管辖权和自由裁量权、所涉问题的范围和意义、事实背景、科索沃独立宣言是否符合国际法以及总结论。

【主要法律问题】

科索沃临时自治机构单方面宣布独立是否违反国际法？

---

[*] 科索沃原属塞尔维亚，目前中国不承认其独立。——编者注

【主要法律依据】

《联合国宪章》第 2 条❶。

【理论分析】

《国际法院规约》规定了国际法院可以依据《联合国宪章》规定的任何团体的请求，就任何法律问题发表咨询意见。根据《联合国宪章》第 96 条，联合国大会或安全理事会有权要求国际法院就任何法律问题发表咨询意见，这是国际法院接受联合国大会提交的咨询案件的法律依据。然而，没有任何国际规约规定国际法院必须行使对这类案件的管辖，国际法院对这个问题拥有自由裁量权，可以根据实际情况决定是否审理。在本案中，国际法院认为，提供咨询意见反映了法院作为联合国机构之一参与联合国活动的情况。此外，咨询意见不是提供给特定国家，而是提供给联合国的专门机构。更何况，提供咨询意见是国际法院协助联合国其他机构和专门机构开展工作的一种手段，法官无法预见咨询意见是否会产生不利后果。所以，国际法院的法官一致认为，国际法院有发表咨询意见的权力，并最终以 9 票对 5 票的结果决定发表咨询意见。

从一般国际法的角度来看，领土完整原则作为国际法的基本原则，是国际法律体系的基石之一，《联合国宪章》第 2 条对此作出了明确的规定。联合国大会第 2625 号决议作为习惯国际法的体现，重申了各国不应在日常国际交流中使用武力或以武力威胁来损害其他国家的领土完整和政治独立。然而，国际法院认为，领土完整原则的适用范围只是对外而言的，国与国之间的交往才可谈领土完整原则。安全理事会谴责单方面独立的所有决议都是因为其单方面独立行为涉及非法使用武力或违反强制性法律规范或国际法。因此，单方面宣布独立不受国际法的约束。至于科索沃人民的最终选择，选择独立与不独立的问题，这不属于国际法院的解释范围。

从联合国安理会第 1244 号决议的角度来看，安理会的目的是设立科索沃的临时制度，同时开启确定科索沃最终地位的进程。为此科索沃临时特派使团并起草通过了

---

❶ 《联合国宪章》第 2 条　为求实现第 1 条所述各宗旨起见，本组织及其会员国应遵行下列原则：

一、本组织系基于各会员国主权平等之原则。

二、各会员国应一秉善意，履行其依本宪章所担负之义务，以保证全体会员国由加入本组织而发生之权益。

三、各会员国应以和平方法解决其国际争端，避免危及国际和平、安全及正义。

四、各会员国在其国际关系上不得使用威胁或武力，或以与联合国宗旨不符之任何其他方法，侵害任何会员国或国家之领土完整或政治独立。

五、各会员国对于联合国依本宪章规定而采取之行动，应尽力予以协助，联合国对于任何国家正在采取防止或执行行动时，各会员国对该国不得给予协助。

六、本组织在维持国际和平及安全之必要范围内，应保证非联合国会员国遵行上述原则。

七、本宪章不得认为授权联合国干涉在本质上属于任何国家国内管辖之事件，且并不要求会员国将该项事件依本宪章提请解决；但此项原则不妨碍第七章内执行办法之适用。

《临时自治宪法框架》。但是，该决议并没有确定科索沃的最终地位，也没有对宣布独立的人施加具体义务或规定禁止性措施。《临时自治宪法框架》之所以具有国际约束力，具备国际法的性质，是因为其来源于联合国安全理事会第1244号决议。科索沃临时自治机构单方宣布独立是为了让科索沃能够成为一个主权国家，单方面宣布独立的行为不仅仅是临时自治机构的意志，也是科索沃人民意愿的体现。因此，国际法院认为，科索沃单方宣布独立不受安全理事会第1244号决议和《临时自治宪法框架》的约束，其行为不违反国际法。

综上所述，国际法院之所以认为科索沃单方宣布独立不违反国际法，其理由可以概括为以下三个方面：第一，没有任何一项国际条约或国际法限制单方面宣布独立的行为；第二，领土完整原则只能在国家与国家之间产生作用，无法约束国家的内部行为；第三，联合国大会所提问题仅限于科索沃的行为是否违法，人民自决权以及救济性分离权的范围的问题超出了本案的受理范围。

本案集中体现了领土完整原则与民族拥有的自决权之间的冲突。在当今时代，民族自决权往往是某些人分裂一个国家的理由，从而破坏领土完整的原则。在这种情况下，国际法院往往认为民族自决权大于领土完整原则，这对国际社会的和平稳定与安全是非常不利的。领土完整原则应包括外部和内部两个方面：在外部，一国不得使用武力或威胁要侵犯另一国的利益，例如主权和领土完整；在内部，一个国家的合法政府有权保卫这个国家。在这种情况下，国际法院将领土完整原则限制在外部层面，忽略了内部分裂的可能性，这是对领土完整原则适用范围的大大缩小。国际法是调整国际关系的法律规则、原则和制度的总称，主权国家仍然是当今国际关系最根本的参与者。如果一定要在民族自决原则和领土完整原则之间权衡，坚决抛弃后者，显然不利于维护国家主权，从而造成国际社会的不稳定。民族自决原则与领土完整原则冲突的主要原因在于对民族自决原则内容的误解。其实民族自决原则应该分为外部自决和内部自决，其中，前者要求国家在外交政策中所采取的行动应当与其对待殖民或种族主义组织占领区域获得自决的政策一致，[1] 后者则指的是一个民族在既存国家的框架内追求政治、经济、社会和文化发展的权利。[2] 从这样的角度解读民族自决原则，才能使其不至于成为分裂国家的政治工具。

"科索沃独立咨询意见案"不论在国际法上还是对于国际法院来讲都意义重大。该咨询意见一出，便引发了国际社会的热议，也引发了人们对国际法和国际关系的深层次考虑，因为它涉及联合国成员国内部领土分裂问题，直接指向了国际法最重要的基本原则之一——领土完整原则。现代国际法不仅要体现国家的意志，还要充分反映国际社会的主流意志。然而，国际法院对本案作出的咨询意见并非国际社会主流意志的体现，还暴露了国际司法的本质困境之一——脱离国际政治因素和西方国家价值取向

---

[1] Rosalyn Higgins. Martinus Nijhoff [M]. Hauge：TonBolland，1993：31.
[2] The Quebec Case，(1998) 161DLR (4th) 385，437.

影响的国际司法正义有可能实现吗？

【思考题】

一、论述国际法基本原则的特征。

二、如何在国际关系中适用国家主权平等原则？

三、结合"科索沃独立咨询意见案"，谈谈如何处理国际法基本原则中可能存在的冲突。

第三节　国际法的主体

案例一　船只碰撞——法国诉土耳其国家管辖案

【基本案情】

1926 年 8 月 2 日，一艘土耳其船只与一艘法国游轮在公海相撞，导致土耳其船只沉没、8 名土耳其人丧生。土耳其官方对事故进行正式调查后，得出结论，事故是法国海军上尉戴蒙失职造成的。因此，土耳其官员以谋杀罪逮捕了法国人戴蒙上尉和土耳其船只船长土耳其人哈森·贝，并准备在土耳其国内法院对他们进行审判。

土耳其法院在同年 9 月 15 日对这两人作出判决，对法国人戴蒙处以罚金，并判处其 80 天短期徒刑，对土耳其人哈森·贝处以更重的刑罚。法国政府以土耳其的行为侵犯其司法独立为由向土耳其方面提出外交抗议，指出由于事故发生在公海，且法国游轮的船旗国是法国，根据国际法和国际惯例，土耳其法院无权审判法国游轮船员，他们只能由法国法院审判。

然而，土耳其法院对此表示强烈反对，声称根据该国国内刑法的相关规定，土耳其法院有权处理任何外国公民在国外对其本国公民犯下的罪行，尽管事故发生在公海，但造成了土耳其公民丧生和财产损失，因此土耳其法院可以对本案进行管辖。1926 年，根据两国签署的特别协议，本案被提交至国际常设法院。

国际常设法院在受理此案后认为，两艘船在公海相撞是土耳其船只沉没和 8 名土耳其水手死亡的主要原因。但是，从双方的供词中可以看出，两船负责人不存在故意犯罪的意图，因此本案只能被认定为由被告的过失行为造成。1927 年 9 月，国际常设法院在书面和口头审理之后宣布了该案的最终判决。

【主要法律问题】

土耳其对本案的管辖是否违反国际法的原则以及《洛桑和约》❶ 第 15 条❷？若违反，那么土耳其是否需要对戴蒙进行赔偿？

【主要法律依据】

《国家权利义务宣言草案》第 1 条❸、第 2 条❹、第 3 条❺、第 8 条❻。

【理论分析】

法国政府指出，土耳其和其他相关国家之间一旦对某些案件的管辖权有异议，其唯一的解决途径就是国际法基本原则，这是《洛桑和约》规定的。然而，国际常设法院却认为，在一个主权国家领土范围内，外国不得行使对司法案件的管辖权，这是国际法对国家施加的第一个也是最重要的限制。由此可见，属地管辖权具有极强的排他性，除非国际条约和习惯有例外规定。尽管如此，国际法并不禁止国家在本国之外对刑事案件行使管辖权。另外，尽管几乎所有国家的刑法都认同属地管辖权的基础性和重要性，但它们都会将本国刑事案件的管辖权扩大到领土之外，虽然管辖的方式会有所不同。因此，与领土主权原则的绝对不可侵犯相比，国际法上认为刑事案件的属地原则并非完全绝对。国际常设法院还指出，许多主张在刑法中严格应用领土管辖权原则的国家和法院对刑法的解释如下：只要有犯罪要件（例如，刑事处决、犯罪结果）发生在该国家/地区，就可以认为该犯罪发生在本国领土上，本国法院可以根据属地管辖原则对该案取得管辖权。在本案中，由于造成人员伤亡的结果发生在土耳其船只上，因此土耳其法院对本案具有管辖权。国际常设法院还指出，公海上的船舶不受

---

❶ 《洛桑和约》是土耳其与协约国于 1923 年 7 月 24 日签订的条约。在土耳其军队击退希腊军队攻击后，新的土耳其政府拒绝接受之前签订的《色佛尔条约》。此后，土耳其政府与英国、法国、意大利、日本、希腊、罗马尼亚、南斯拉夫签订《洛桑和约》，确立了现代土耳其的疆域。

❷ 《洛桑和约》第 15 条 对于下列各岛：斯坦帕里亚（亚斯提帕拉亚）〔Stampalia（Astropalia）〕、罗德萨（罗都杜萨）〔Rhodes（Rhodos）〕、卡尔基（卡老基）〔Calki（Kharki）〕、斯卡朋突（Scarpanto）、加索斯（加索）〔Casos（Casso）〕、皮斯可皮斯（蒂洛斯）〔Piscopis（Tilos）〕、密西罗斯（尼西洛斯）〔Misiros（Nisyros）〕、加林诺斯（嘉陵诺斯）〔Calimnos（Kalymnos）〕、礼诺斯（Leros）、伯特莫斯（Patmos）、立卜索斯（立卜索）〔Lipsos（Lipso）〕、西美（什美）〔Simi（Symi）〕、和客斯（恰斯）〔Cos（Kos）〕等业已由意大利占领的各岛和在上述各岛系统内的小岛以及卡斯第洛里佐岛（Castellorizzo），土耳其放弃其一切权利和所有权名义以与意大利。

❸ 《国家权利义务宣言草案》第 1 条 各国有独立权，因而有权自由行使一切合法权利，包括其政体之选择，不接受其他任何国家之命令。

❹ 《国家权利义务宣言草案》第 2 条 各国对其领土以及境内之一切人与物，除国际法公认豁免者外，有行使管辖之权。

❺ 《国家权利义务宣言草案》第 3 条 各国对任何他国之内政外交，有不加干涉之义务。

❻ 《国家权利义务宣言草案》第 8 条 各国有以和平方法解决其与他国之争端，俾免危及国际和平安全及正义之义务。

船旗国以外的其他任何国家管辖。但是，这并不意味着国家不能对外国船舶在自己领土上实施犯罪行为行使管辖权。恰恰相反，如果其犯罪行为侵害了本国利益，就可以对此行使管辖权，国际法不存在任何一项规则限制国家对犯罪结果发生在本国船只上的犯罪行为拥有管辖权。

因此，国际常设法院的最终判决结果是，土耳其根据《土耳其刑法典》对法国上尉戴蒙提起的诉讼不违反国际法，也不需要对戴蒙进行赔偿。

本案的争议焦点是属地管辖权与船旗国管辖权的冲突。国际常设法院认为属地管辖权具有基础性的特点，它可以被细分为主观属地原则和客观属地原则两大类型。主观属地原则是指只要相关行为的结果在一国领土内发生，就有构成主观属地管辖权的根据。客观属地原则是指相关行为的结果在一国领土内发生或行为效力波及一国领土时，就构成了属地管辖权行使的理由。在本案中，国际常设法院根据客观属地原则，指出戴蒙的行为结果影响土耳其船只，相当于影响土耳其领土，因此土耳其有权行使管辖权。在各项管辖权原则中，属地管辖权原则居于首要地位。管辖权的首要根据就是属地性，国家领土内的所有人和物都离不开这个国家的领土，国家也是依托其领土建立，属地的权威性支配着一个国家的一切，国家通过立法、司法、行政等方式行使其管辖权。即便其他国家可以按照其他管辖权原则管辖，但其权利一旦与拥有属地管辖权的国家权利发生冲突，就会受到限制。正如国际常设法院在本案中指出的那样，一个主权国家的属地管辖权应当由其本国行使，其他任何国家都不得以任何理由在他国领土上行使它的属地管辖权。

该案判决至今已近一个世纪，国际常设法院在此案中对国家管辖权的立场可以概括如下：国家拥有极其广泛的管辖权，只有在有禁止性规则的情况下才会受到限制。由于当时法律没有规定保护性管辖制度，所以国际常设法院的法官在判决上有很大的分歧。从目前的发展来看，当时的一些反对意见和判决已经被国际法的发展所推翻，这是符合历史发展规律的。然而，就1927年的情况而言，国际常设法院的观点基本上是正确的。尽管如此，该案作为国际法中国家管辖权的经典案例，仍能给我们带来启发。

【思考题】

一、从目前发展看，土耳其能否行使对本案的管辖权？
二、结合本案，论述国家在国际法上的主体地位。

案例二　德国诉意大利管辖豁免案

【基本案情】

德国与意大利之间的国家管辖豁免案，其缘由最早可追溯到第二次世界大战。自

1943年意大利在第二次世界大战中投降以来，德国不仅占领了许多意大利领土，还杀害了许多意大利平民，对意大利人民实施了许多暴行，如强迫平民劳动。不仅如此，纳粹军队还将数以千计的战俘和意大利及欧洲其他地区的囚犯驱逐到德国和德国控制的地区进行强迫劳动，同时剥夺了战俘应当享有的待遇。战争结束后，一方面，意大利与德国签订了一系列条约（如1947年《五国和约》），主要内容是意大利政府代表其国民从国家层面上放弃向德国索要战争赔偿；另一方面，德国对此通过了相应的法律和条例并投入相应资金以成立用于赔偿的基金会。但是，德国的这些措施所能赔偿的人群非常有限，并非所有受到纳粹迫害的受害者都能够得到德国的赔偿，这就迫使受害者必须以其他方式向德国要求赔偿。

1998年9月23日，意大利人路易吉·费里尼（Luigi Ferrini）在意大利某法院对德意志联邦共和国提起诉讼。2000年11月3日，法院宣布不支持费里尼先生的主张，原因是国际法授予主权国家不受他国审判的豁免权，德国当然享有这项权利。2001年11月16日，佛罗伦萨法院也以上述理由驳回了费里尼先生的上诉。然而，2004年4月13日，意大利最高上诉法院以国家管辖豁免权不能适用于国际罪行为由，判定在费里尼诉德国国家赔偿案中意大利法院具有管辖权。此后，该案被送回原法院重审。原审法院认为，即使可以确定意大利法院对费里尼诉德国案拥有管辖权，费里尼先生的索赔权也应当在时效范围内行使，但是费里尼先生的起诉显然早已超出时效。上诉法院不承认原审法院的判决，于2011年2月17日对本案进行了重审，认为费里尼先生应从德国获得赔偿。上诉法院指出，国家豁免管辖权并不是一个完全不变的原则，当一个国家触犯了国际法上的罪行时，其管辖豁免权应当受到限制。费里尼案后，在此后几个类似案件中，意大利法院均作出了同样的判决。

1995年，一些在"二战"中同样遭受纳粹大屠杀伤害的希腊受害者的亲属在其国内法院对德国提起损害赔偿诉讼，最终得到了希腊法院的支持，要求德国向受害者支付民事赔偿，德国不服，最终上诉到希腊最高法院，但被驳回。根据希腊民事诉讼法，希腊法院所作出的与其他主权国家相关的判决在执行前，需要司法部的批准，但该判决一直未被希腊司法部批准执行。随后希腊受害者不得不向欧洲人权法院起诉希腊和德国，但欧洲人权法院拒绝受理此案，原因是德国享有国家管辖豁免权。原告随后试图在德国国内执行希腊法院的判决，德国最高法院认为希腊法院的裁决侵犯了德国的国家管辖豁免权，因此拒绝执行该判决。最后，他们将注意力转向了意大利，并向意大利法院提出了执行希腊法院判决的申请。随后，原告在意大利土地注册处登记了其对德国政府在意大利的别墅的权利要求。

鉴于上述举动对国家利益影响甚大，德国在2008年12月23日将意大利政府诉至国际法院。德国提出以下诉讼请求：要求国际法院断定意大利允许其法院受理针对德国的民事诉讼的行为未尊重德国依国际法而享有的国家管辖豁免权；要求国际法院裁定，意大利执行希腊法院关于德国与希腊受害者的判决的决定是无效的，因为它侵犯了德国的国家豁免权。希腊根据国际法相关规定随即向国际法院申请参加本案审理。

【主要法律问题】

一、意大利法院对案件的管辖是否违反国家管辖豁免原则？
二、意大利承认和执行希腊法院针对德国的判决是否违反国际法？

【主要法律依据】

一、《联合国国家及其财产管辖豁免公约》第 5 条[1]、第 6 条[2]；
二、《国际法院规约》第 62 条[3]。

【理论分析】

一、意大利法院行使管辖权的行为是否违反国家管辖豁免原则？

关于意大利法院行使管辖权的行为是否符合国际法规定的问题，国际法院认为意大利国家法院对德国的管辖权违反了国家管辖豁免原则。国家豁免泛指一国的行为和财产不受另一国的立法、司法和行政等方面的管辖，即非经一国同意，该国的行为免受所在国法院的审判，其财产免受所在国法院扣押或强制执行。[4] 首先，国际法院认为纳粹德国对意大利受害者的强迫劳动构成危害人类罪，从而违反了强行法。其次，国际法院进一步认定，国家管辖豁免原则是习惯法，但在联合国关于国家财产的公约中，国家行为可以被分为公共行为和私人行为，并规定只有国家公共行为才能行使国家豁免权。国际法院认为，意大利国内法院审理案件的主体是德国军队和国家机关的行动，所有这些都是当时德国国内法授权的，象征着德国国家主权的实现。因此，国际法院认为，意大利受害者所指控的德国违法行为是国家公共行为，享有国家司法豁免权。再次，当国际法院讨论强行法与国家管辖豁免原则之间的关系时：（1）在两者发生冲突的情况下，强行法的效力高于习惯法和条约法；（2）强行法和国家豁免法属于不同的规则体系。其中，强行法是实体法，而国家管辖豁免是程序性的，它用于确定一个国家是否可以对另一国家行使管辖权，因此没有冲突。

---

[1]《联合国国家及其财产管辖豁免公约》第 5 条　国家豁免：一国本身及其财产遵照本公约的规定在另一国法院享有管辖豁免。

[2]《联合国国家及其财产管辖豁免公约》第 6 条　实施国家豁免的方式：

（一）一国应避免对在其法院对另一国提起的诉讼行使管辖，以实行第 5 条所规定的国家豁免；并应为此保证其法院主动地确定该另一国根据第 5 条享有的豁免得到尊重。

（二）在一国法院中的诉讼应视为对另一国提起的诉讼，如果该另一国：

1. 被指名为该诉讼的当事一方；或

2. 未被指名为该诉讼的当事一方，但该诉讼实际上企图影响该另一国的财产、权利、利益或活动。

[3]《国际法院规约》第 62 条：

（一）某一国家如认为该案件之判决可能影响属于该国具有法律性质之利益时，得向法院声请参加。

（二）此项声请应由法院裁决之。

[4] 李金峰. 国际商事仲裁中国家执行豁免问题研究［D］. 重庆：西南政法大学；2013.

二、意大利承认和执行希腊法院的判决是否违法？

对于这个问题，国际法院指出：国际法相关公约规定，即便一国未加入某一案件的诉讼程序，但当该诉讼实际上影响了该国的财产、权利、利益或活动时，那么该诉讼程序就应被视为针对该国。因此，就像实际上以德国为被告的案件一样，判决许可程序因为实际上影响了德国的财产和权利，而被视为针对德国，那么意大利的法院进行这样的程序就是对德国管辖豁免的侵犯。

通过本案，国际法院梳理了长期以来争议不断的国家豁免的规则。一个主权国家不能在另一主权国家的法院被起诉，否则，就是一国受制于另一国的管辖，这是国家主权平等原则的基本要求。但是，随着时代的发展，国家不再只有公权力行为，也频繁地介入民商事行为中，比如国家也会与外国公民缔结有关货物买卖的合同。国家在从事此类行为时，它的地位和外国公民是平等的，否则交易的确定性无法保证，公民的合法权益可能会被侵犯。所以，限制豁免论应运而生，理论上将国家的行为划分为公共行为和私人行为，国家只对前者享有豁免权，对后者则不享有。

尽管国家仍可对特定行为享有豁免权，但是这并不意味着国家不必对不法行为承担责任。因为国家豁免就其实质来说是一种程序性规则，而且一国虽然在另一国法院享有豁免权，只能说明国内司法途径无法解决相应问题，并不是不能通过任何其他途径解决，国家的不法行为也要承担相应的责任。这就是说，国家主权豁免与国家责任制度不是水火不容，而是相互对立统一的。无论国家能否成功豁免，只要从事不法活动，终究要承担相应的责任。在本案中，尽管法院判定意大利法院本应该给予德国以豁免，但是，这只是说明，基于国家主权平等原则，意大利不应该在本国法院内对德国加以审判，并不意味着德国不再为"二战"时犯下的罪行承担责任。法院的判决里也多次重申这一点，实际上，国际法院在其判决中对国家豁免和国际责任制度的关系进行了论述，厘清了长期存在的误解。

【思考题】

一、论述国家主权豁免。
二、结合本案，谈谈对国家管辖豁免与强行法关系的认识。

案例三 或引渡或起诉案——比利时诉塞内加尔

【基本案情】

作为乍得的前总统，侯赛因·哈布雷在任期间，对反对派进行了严酷镇压。1990年，哈布雷的统治被推翻，他立即逃到喀麦隆，后来流亡到塞内加尔。2000年2月3日，7名个人和1个非政府组织在塞内加尔提出对哈布雷的指控。哈布雷遂以危害人类罪、酷刑和野蛮行为共犯的罪名被塞内加尔起诉和软禁。

然而，同年7月4日，塞内加尔某上诉法院裁定，危害人类罪不属于塞内加尔刑法的一部分，因此取消了对哈布雷的刑事诉讼。2000年，一名乍得裔比利时国民和几名乍得国民在比利时对哈布雷提起诉讼。自2001年底以来，比利时司法当局一再要求塞内加尔采取调查措施，并于2005年9月对哈布雷发出国际逮捕令。然而，塞内加尔法院认为，塞纳加尔不应对哈布雷采取行动，并于2005年底将案件移交给非洲联盟。2007年，塞内加尔当局决定对本国刑法和刑事诉讼法进行修改，纳入危害人类罪。然而，关于哈布雷，塞内加尔表示，由于国内财政困难，不可能对他进行审判。

因此，2009年2月19日，就比利时与塞内加尔两国关于塞内加尔是否应当履行将哈布雷在国内起诉或移交比利时的义务存在争议的情况，比利时向国际法院提出了对塞内加尔的诉讼。比利时指出，两国都是《禁止酷刑公约》的缔约国。根据该公约，塞内加尔既不将哈布雷引渡到比利时接受对他的酷刑行为的指控，又不在国内对此起诉以追究其责任，是对《禁止酷刑公约》的违背。根据国际法，塞内加尔不起诉哈布雷，不将他引渡到比利时接受危害人类罪的审判，违反了惩治违反国际人道法罪行的一般义务。

因此，比利时请求国际法院裁定并宣布塞内加尔违反了其国际义务，未能及时将国际法的必要条款纳入其国内法，以便其当局行使《禁止酷刑公约》第5条第2款规定的普遍管辖权；塞内加尔没有因哈布雷被指控犯有酷刑、战争罪、危害人类罪和灭绝种族罪在内等行为的主犯、共同主犯或从犯而对他提起刑事诉讼，也没有将他引渡到比利时以接受比利时法院的刑事审判，这违反了《禁止酷刑公约》第6.2条和第7.1条以及其他国际法规则规定的义务，塞内加尔以其国内财政困难或其他困难作为其违反其国际义务的理由不能成立；要求塞内加尔停止上述国际不法行为。

【主要法律问题】

一、国际法院对本案是否具有管辖权？
二、塞内加尔的行为是否违反《禁止酷刑公约》？

【主要法律依据】

一、《引渡示范条约》第1条❶、第3条❷；

---

❶《引渡示范条约》第1条　引渡之义务：缔约国同意根据请求并根据本条约各项规定，向对方引渡为了对可引渡罪行提出起诉或者为了对这类罪行作出判决或执行判决在请求国受到通缉的任何人。
❷《引渡示范条约》第3条　拒绝引渡之强制性理由：遇下述任一情况，不得准予引渡：
一、被请求国认为作为请求引渡原因的犯罪行为属政治性罪行；
二、被请求国有充分理由确信，提出引渡请求是为了某人的种族、宗教、国籍、族裔本源、政治见解、性别或身份等原因而欲对其进行起诉或惩处，或确信该人的地位会因其任一原因而受到损害；
三、作为请求引渡原因的犯罪行为系军法范围内的罪行，而并非普通刑法范围内的罪行；
四、在被请求国已因作为请求引渡原因的罪行对被要求引渡者作出终审判决；
五、根据缔约国任何一方的法律，被要求引渡者因时效已过或大赦等任何原因而可免予起诉和惩罚；

二、《禁止酷刑公约》第 8 条❶。

【理论分析】

一、国际法院对本案是否拥有管辖权？

两国在《禁止酷刑公约》的解释和适用的理解上存在重大分歧。根据该公约第 30 条第 1 款，两国在公约项下的争议若不能协商解决，则应在一方提出要求后通过仲裁解决。若六个月内无法就仲裁机构的选择达成合意，则争议双方均有权将争议提交到国际法院。因此，根据该条款的规定以及两国间存有争议的事实，本案可以由国际法院管辖。在可受理性方面，双方对比利时是否有权提起诉讼存有争议。国际法院认为，反对酷刑是每一个国家应当履行的国际义务，它对每个国家都是有益的。因此，受害人或施害人的国籍以及所在地不应该成为反对酷刑的阻滞。因而，根据"对一切义务"，比利时有权提起诉讼。

二、塞内加尔的行为是否违反《禁止酷刑公约》？

根据《禁止酷刑公约》的规定，在任何缔约国的领土范围内如有任何人被指控犯有《禁止酷刑公约》第 4 条之罪行，该国应当对此进行调查并采取必要的合乎该国法律规定的措施（如拘留等）确保此人留在当地，其时间不得超过引渡程序所需时间或任何刑事诉讼所需时间，并且该缔约国应当立刻对此人的罪行等问题展开初步调查。国际法院认为，第 6 条第 2 款规定的初步调查目的是证实嫌疑人是否犯罪。就本案来说，塞内加尔必须对酷刑行为切实行使管辖权，调查有关事实，但是塞内加尔却并没有进行真正的初步调查，所以国际法院最终得出结论：塞内加尔的行为是对《禁止酷刑公约》规定的义务的违背。

《禁止酷刑公约》同时还规定，在缔约国领土范围内如若发现有任何人被指控犯有《禁止酷刑公约》第 4 条之罪行，如不进行引渡，则该缔约国应当立即进行起诉。国际法院认为，塞内加尔将案件提交给非洲联盟的行为以及存在财政困境的辩护均不能为

（接上注）

六、被要求引渡者在请求国内曾受到或将会受到酷刑或其他残忍、不人道或有辱人格的待遇或处罚，或者没有得到或不会得到《公民权利和政治权利国际盟约》第 14 条所载的刑事诉讼程序中的最低限度保障；

七、请求国的判决系缺席判决，被定罪的人未获有审判的充分通知，也没有机会安排辩护，没有机会或将不会有机会在其本人出庭的情况下使该案获得重审。

❶ 《禁止酷刑公约》第 8 条

一、第 4 条所述各种罪行应视为属于缔约各国间现有的任何引渡条约所列的可引渡罪行。缔约各国保证将此种罪行作为可引渡罪行列入将来相互之间缔结的每项引渡条约。

二、以订有条约为引渡条件的缔约国，如收到未与其签订引渡条约的另一缔约国的引渡请求，可将本公约视为对此种罪行要求引渡的法律根据。引渡必须符合被请求国法律规定的其他条件。

三、不以订有条约为引渡条件的缔约国，应在相互之间承认此种罪行为可引渡罪行，但须符合被请求国法律规定的各种条件。

四、为在缔约国间进行引渡的目的，应将此种罪行视为不仅发生在行为地，而且发生在按照第 5 条第 1 款必须确定管辖权的国家领土内。

其未履行立刻对哈布雷采取诉讼措施或引渡他的义务作出合理解释。同时，塞内加尔的国内法也不能为不履行条约义务的行为进行解释。《禁止酷刑公约》第7条第1款要求塞内加尔立即采取相应措施，但是塞内加尔既拒绝了比利时的引渡请求，又未立刻对哈布雷进行追诉。

综上所述，国际法院认定，塞内加尔违反了《禁止酷刑公约》第7条第1款规定的义务，没有将哈布雷移交有关当局起诉，并认定，如果塞内加尔不引渡哈布雷，则应毫不拖延地将他的案件移交有关当局起诉。

本案的判决是关于或引渡或起诉义务的适用。比利时在提起诉讼时，主张或引渡或起诉的义务不仅是国家应承担的国际习惯义务，同时也是《禁止酷刑公约》规定的条约义务。国际法院在判决中只根据《禁止酷刑公约》审理了比利时的主张和请求，同时认为国际法院对比利时依据国际习惯提出的请求没有管辖权。所以，对于或引渡或起诉原则是否已成为习惯国际法的一部分，国际法院并没有予以回答。不过，我国学者认为，或引渡或起诉是一项条约法义务，不是习惯法上的义务。❶

该案判决的重要性十分显要：首先，在该案中，承认受害国以外的国家有权以"共同利益"为由向国际法院提出上诉，这可能对国际法中的诉讼制度产生重要影响；其次，该判决澄清了《禁止酷刑公约》中的或引渡或起诉义务，有助于加强国际共同责任，减少国际社会中犯有严重罪行却"有罪不罚"的现象。

但是，本判决也引起了国际社会对国际法上关于这一问题的争论。塞内加尔称其对比利时在审判哈布雷的问题上作出了巨大努力，其理由是塞内加尔修改了国内法来为审判哈布雷做准备。联合国前人权事务高级专员路易丝·阿巴指出，一个国家的首脑被另一个国家审判在国际社会上是非常罕见的，塞内加尔为此不惜修改其国内法的表率行为值得称赞。国际社会其他成员认为，比利时不遗余力地想要对哈布雷进行审判到底是寻求国际正义还是仅仅寻求选择性司法？比利时1993年通过和颁布的《惩治严重违反国际人道主义法行为法》规定，比利时法院对战争罪、灭绝种族罪和不人道罪等国际罪行拥有管辖权，无论这些罪行何时发生、被告是否在比利时境内、被告或受害者是否拥有比利时国籍，或是否居住在比利时。该法还明确规定，被告不享有任何源于其身份或职位的豁免。由于该法管辖权范围之广令人震惊，人们经常将该法称为《万国管辖权法》。这项法律令美国非常不满，因为这部法律通过后，很多人开始在比利时对美国的前任、现任高官提出控诉。比利时在美国的压力下修改了该法，并以修订后的《万国管辖权法》为基础，在国内启动了对哈布雷的刑事诉讼程序，据此要求引渡。之后，比利时转向国际法院，向塞内加尔施加压力。这种行为的动机和目的令人诟病。比利时对美国"睁一只眼闭一只眼"，但对非洲国家的要求完全谴责，这是"选择性司法"或"非洲偏见论"的体现。在本案中，塞内加尔是世界上最不发达的国家之一，国内政局不稳定，考虑到各种政治因素，没有及时审理哈布雷应该是有理

---

❶ 黄风. 或引渡或起诉法律问题研究[J]. 中国法学, 2013, (3): 180.

由的。但是，无论有什么理由，只要不履行条约，该国都将冒着违反条约的风险，对其他当事国承担国际法上的责任。

【思考题】

一、本案是如何体现"或引渡或起诉"原则的？

二、国际人权法有哪些特点？

案例四 加勒比海主权权利和海洋空间受侵犯的指控
——尼加拉瓜诉哥伦比亚

【基本案情】

尼加拉瓜于 2013 年 11 月 26 日根据《波哥大公约》第 31 条对哥伦比亚提起诉讼，事由是"法院 2012 年 11 月 19 日关于领土和海洋争端（尼加拉瓜诉哥伦比亚）案判决书中宣告的尼加拉瓜主权权利和海区受到侵犯以及哥伦比亚威胁使用武力以实施这些侵犯行为"引起的争端。

哥伦比亚于 2014 年 12 月 19 日提出了对法院管辖权的初步反对意见。法院在 2016 年 3 月 17 日判决书中认定，根据《波哥大公约》第 31 条，法院有管辖权，可以裁断尼加拉瓜与哥伦比亚之间关于哥伦比亚侵犯尼加拉瓜有关海区权利的指控争端。据尼加拉瓜称，法院在其 2012 年 11 月 19 日的上述判决书中已宣告这些海区属于尼加拉瓜。哥伦比亚在 2016 年 11 月 17 日的辩诉状中提出了四项反诉（详见后文）。根据《国际法院规约》第 80 条第 1 款，法院受理反诉必须满足两项要求，即反诉"在其管辖范围内"且"与另一当事国主张的诉讼事由直接相关"，因而认为在本案中，应当首先审议哥伦比亚的各项反诉是否与尼加拉瓜的主诉直接相关。

2017 年 11 月 15 日，国际法院就哥伦比亚在加勒比海主权和海洋空间权利受侵犯的指控（尼加拉瓜诉哥伦比亚）案中提交的反诉的可受理性发布命令。法院在其命令中认定哥伦比亚提出的第 3 项和第 4 项反诉可以受理，并设定了进一步提交书状的时限。

【主要法律问题】

一、哥伦比亚的各项反诉是否与尼加拉瓜的主诉直接相关？

二、哥伦比亚的第 3 项和第 4 项反诉是否符合《国际法院规约》第 80 条第 1 款规定的管辖权要求？

【主要法律依据】

《国际法院规则》第 80 条❶、第 45 条第 2 款❷。

【理论分析】

一、哥伦比亚的各项反诉是否与尼加拉瓜的主诉直接相关？

1. 第 1 项和第 2 项反诉。

哥伦比亚的第 1 项和第 2 项反诉的表述在其辩诉状末尾载列的诉求中、在辩诉状正文中以及在书面意见中各不相同。虽然在范围上大体相似，但这些表述采用了不同的措辞方式。因此，双方当事国在诉状末尾表述的诉求必须结合这些文件正文部分展开的论述来解读。在本案中，双方当事国关于直接相关性的论述都是基于哥伦比亚在其辩诉状正文和书面意见中所使用的措辞。因此，为审议第 1 项和第 2 项反诉本身的可受理性，法院需要参考哥伦比亚在其辩诉状正文和书面意见中使用的措辞。

首先，法院注意到，第 1 项和第 2 项反诉都涉及诉称尼加拉瓜违反其保护和保全海洋环境的义务。第 1 项反诉是指控尼加拉瓜违反其保护和保全西南加勒比海海洋环境的尽责义务。第 2 项反诉涉及尼加拉瓜违反其在保障某群岛居民享受一个健康、完好和可持续的环境所提供的惠益权利方面应尽的义务。法院注意到，哥伦比亚把第 2 项反诉定性为第 1 项反诉的"合理推论"，而且尼加拉瓜并未质疑这一论断。因此，法院可以一并审查第 1 项和第 2 项反诉，但同时意识到二者相互独立。

其次，法院注意到，哥伦比亚在其第 1 项和第 2 项反诉中提及的大多数事件发生在尼加拉瓜的专属经济区内，更具体而言，发生在 L 浅滩周围的海域，这片海域位于海洋生物圈保护区内。同时，哥伦比亚在反诉中还提到发生在哥伦比亚领海和哥伦比亚与牙买加共同开发区的某些事件。然而，由于这些事件数量有限，而且哥伦比亚提及的多数事件发生在尼加拉瓜专属经济区内的 L 浅滩周围的海域。法院认为哥伦比亚的第 1 项和第 2 项反诉基本上涉及尼加拉瓜的主诉所重点关注的同一地理区域。

关于哥伦比亚第 1 项和第 2 项反诉及尼加拉瓜的主诉所各自依据的基础事实，法院注意到，哥伦比亚指控尼加拉瓜未能保护和保全西南加勒比海的海洋环境，特别是哥伦比亚辩称尼加拉瓜的私人船只从事掠夺性捕捞，一直在破坏西南加勒比海的海洋

---

❶ 《国际法院规则》第 80 条
1. 反诉可以提出，但以与当事国另一方的诉讼请求的标的直接有关并属法院管辖范围之内为限。2. 反诉应在提出诉辩状中提出，并应作为该当事国的诉讼主张的一部分。3. 遇有以反诉方式提出的问题和当事国另一方的诉讼请求的标的之间的关系有怀疑时，法院在听取当事国双方意见后，应裁定是否将所提的问题并入本案原来的诉讼程序之中。

❷ 《国际法院规则》第 45 条第 2 款　如果当事国双方同意，或者法院自动地或应当事国一方请求作出裁定认为有必要，法院得授权或指示请求国提出答辩状和被告国提出复辩状。

环境，从而阻碍了某群岛居民享有一个健康、完好和可持续的环境带来的惠益。与此形成对应的是，尼加拉瓜指控哥伦比亚海军干扰和侵犯尼加拉瓜在其专属经济区内的专属主权权利和管辖权。尼加拉瓜表示，哥伦比亚阻止尼加拉瓜渔船及其海军和海岸警卫队船只在尼加拉瓜专属经济区内航行、捕鱼和行使管辖权。因此，法院认定，哥伦比亚第1项和第2项反诉与尼加拉瓜主诉所依据的事实在性质上不同，并且这些事实并不涉及同一事实组合。

此外，法院认为，哥伦比亚的第1项和第2项反诉与尼加拉瓜的主诉之间没有直接的法律相关性。首先，双方当事国所依据的法律原则不同。哥伦比亚在其前两项反诉中主要援引了与保全和保护环境有关的习惯国际法规则和国际文书；而尼加拉瓜在其主诉中援引了《联合国海洋法公约》第5部分和第6部分所体现的与沿海国在其海域内的主权权利、管辖权和职责有关的国际海洋法习惯规则。其次，双方当事国各自的主张所寻求的法律目的不同。哥伦比亚力求证实尼加拉瓜未能履行其保护和保全西南加勒比海海洋环境的义务，尼加拉瓜则力求表明哥伦比亚侵犯了尼加拉瓜在其海域内的主权权利和管辖权。

法院因此得出结论认为，哥伦比亚的第1项和第2项反诉与尼加拉瓜的主诉之间在事实和法律上都没有直接相关性。

2. 第3项反诉。

在第3项反诉中，哥伦比亚请求法院宣告尼加拉瓜已经侵犯了某群岛当地居民出入和利用其传统渔场进行手工捕鱼的权利。哥伦比亚特别提及尼加拉瓜海军对该群岛手工渔民进行恐吓和骚扰的行为，例如扣押手工渔民的产品、渔具、食物和其他财产。

法院指出，双方当事国同意，哥伦比亚第3项反诉和尼加拉瓜主诉所依据的事实涉及同一时间段（即2012年判决书作出之后）和同一地理区域（即尼加拉瓜的专属经济区）。法院进一步指出，哥伦比亚第3项反诉和尼加拉瓜主诉的基础事实具有相同性质，因为二者指控一方当事国海军部队对另一方当事国国民采取的行为是相类似的。具体而言，哥伦比亚控诉尼加拉瓜海军在L水域和A地与B地之间的水域以骚扰、恐吓、强制措施等方式对待哥伦比亚渔民，而尼加拉瓜则控诉哥伦比亚海军在相同水域采取骚扰、恐吓、强制措施等方式对待尼加拉瓜持照渔船。关于双方当事国所依据的法律原则，法院指出，哥伦比亚的第3项反诉依据的是一国及其国民在某些条件下有权获取和利用另一国专属经济区内的生物资源。法院还指出，尼加拉瓜的主诉依据的是沿海国在其专属经济区内的主权权利和管辖权，包括与沿海国对该区域内海洋资源权利有关的习惯规则。因此，双方当事国各自的主张涉及沿海国在其专属经济区内的权利和义务的范围。此外，双方当事国在其各自的权利主张中追求相同的法律目的，因为它们各自都控诉对方侵犯了己方在同一海域获取和利用海洋资源的权利，借此试图确立对方负有的责任。

因此，国际法院得出结论认为，哥伦比亚的第3项反诉与尼加拉瓜的主诉之间存在《国际法院规则》第80条要求的直接相关性。

3. 第 4 项反诉。

在第 4 项反诉中，哥伦比亚请求法院宣告，尼加拉瓜于 2013 年 8 月 19 日通过确定领海基线的第 33-2013 号法令侵犯了哥伦比亚的主权权利和管辖权。哥伦比亚称，上述法令将尼加拉瓜内水和海区延伸到了国际法允许的范围之外。哥伦比亚认为，其第 4 项反诉与尼加拉瓜针对哥伦比亚 2013 年 9 月 9 日关于建立"固有毗连区"的第 1946 号法令（后经 2014 年 6 月 17 日第 1119 号法令修正）提出的主诉直接相关。哥伦比亚回顾，尼加拉瓜辩称哥伦比亚通过上述法令，对法院已确定属于尼加拉瓜的该海域的大部分面积主张权利，因此诉称哥伦比亚"侵犯了尼加拉瓜海区和主权权利"。法院注意到，哥伦比亚第 4 项反诉和尼加拉瓜主诉所依据的事实，即通过国内法律文书来确定两国各自海区的界限或范围，属于同一个时期。法院指出，最重要的是双方当事国都控诉对方颁布的国内法规定，对同一地理区域内两国各自的海洋空间进行划界。法院还指出，尼加拉瓜要求尊重该国在其专属经济区内的权利，并且主张尼加拉瓜的专属经济区界限取决于其基线，这正是哥伦比亚第 4 项反诉所质疑的。法院还注意到，尼加拉瓜和哥伦比亚在各自的权利主张中，都有与专属经济区和毗连区的界限、制度和空间范围有关的习惯国际规则，特别是在海岸相向的国家之间这些区域相互重叠情况下的习惯国际规则，声称其主张拥有的主权权利受到了侵犯。此外，法院还指出，双方当事国在各自的权利主张中寻求的法律目的相同，每一方都试图让法院宣告对方的法令违反国际法。因此，法院得出结论认为，哥伦比亚的第 4 项反诉与尼加拉瓜的主诉之间存在《国际法院规则》第 80 条要求的直接相关性。

二、哥伦比亚的第 3 项和第 4 项反诉是否符合《国际法院规则》第 80 条第 1 款规定的管辖权要求？

法院在审查哥伦比亚的第 3 项和第 4 项反诉是否符合《国际法院规则》第 80 条第 1 款规定的管辖权要求中回顾，在本案中尼加拉瓜已援引《波哥大公约》第 31 条作为法院管辖权的依据。该条款规定，"只要该条约有效"，其缔约国就承认法院有强制管辖权。根据《波哥大公约》第 56 条，该公约无限期有效，但是缔约国也有"可提前一年通知宣布退约"的约定。因此，任何一个缔约国在发出退约通知之日后的一年期间内，该公约在退约国和其他缔约国之间仍然有效。

哥伦比亚于 1968 年 10 月 14 日批准了《波哥大公约》，但后来于 2012 年 11 月 27 日发出退约通知。本案的请求书是 2013 年 11 月 26 日提交法院的，系哥伦比亚发送退约通知后，第 56 条规定的一年期间届满之前。法院在 2016 年 3 月 17 日关于初步反对意见的判决书中指出，在本案请求书提交之日，《波哥大公约》第 31 条在双方当事国之间仍然有效，并认为该公约后来在双方当事国之间终止效力的事实并不影响提起诉讼之日已经存在的管辖权。哥伦比亚依据《波哥大公约》第 31 条，于 2016 年 11 月 17 日（即《波哥大公约》在双方当事国之间终止效力之后）提交了反诉，作为该国辩诉状载列的诉求的一部分。因此产生的问题是，如果被告国在其反诉中援引的管辖依据与原告国在提起诉讼时援引的管辖依据相同，而该管辖依据在请求书提交日与反诉提出日之间失效，是否可以此为由不允许被告国依赖该管辖依据。法院认为，一旦法院确立了审理案件的管辖权，则有权在任何阶段处理该案件，不会丧失对该案件的管辖权。虽然反诉是自主的法律行为，其目标是向法院提出新的主张，但反诉同时也与主诉相关联。因此，原告为支持其主张所援引的管辖依据在请求书提交后失效，不会剥夺法院审理基于同一管辖依据所提出的反诉的管辖权。法院回顾，哥伦比亚的第3项和第4项反诉是基于与尼加拉瓜主诉相同的管辖依据，已认定反诉与主诉直接相关。法院接着表示，《波哥大公约》在双方当事国之间终止，本身并不会剥夺法院审理反诉的管辖权。法院指出，为了确定反诉是否在其管辖范围内，必须审视该文书载列的管辖权条件是否得到满足，对此必须首先确定双方当事国之间存在有关反诉事由的争端。关于第3项反诉，法院认为双方当事国就其在尼加拉瓜专属经济区内各自的权利和义务的范围持有相反观点。尼加拉瓜知悉其观点受到哥伦比亚明确反对，因为在2012年判决作出后，双方当事国的高级官员接连发表公开声明，就哥伦比亚援引的某居民继续传统渔业捕捞的权利与尼加拉瓜主张的该国在其专属经济区内授权捕鱼的权利之间的关系问题发表不同意见。哥伦比亚称，尼加拉瓜海军部队恐吓了试图在传统渔场捕鱼的哥伦比亚手工渔民。因此，最晚从2013年11月起，双方当事国之间就存在关于尼加拉瓜侵犯所涉权利一事的争端。关于第4项反诉，法院认为在其发布2012年判决书之后，双方当事国在加勒比海西南部各自海洋空间的划界问题上持有相反意见。哥伦比亚外交部长在2013年11月1日给联合国秘书长的外交抗议照会中指出，"哥伦比亚共和国谨向联合国及其会员国告知，尼加拉瓜在2013年8月19日第33-2013号法令中主张的领海基线完全违背国际法"。法院还注意到，尼加拉瓜在提及该外交照会时承认，"因此，关于这个问题存在'争端'"。最晚从2013年11月起，双方当事国在这个问题上就存在争端。法院随后开始论述，按照《波哥大公约》第2条规定的条件，双方当事国是否认为哥伦比亚在其反诉中提出的事项无法通过直接谈判解决。关于第3项反诉，法院指出，尽管2012年判决书发布之后，双方当事国都已经就圣安德列斯群岛居民的捕鱼活动发表了一般性声明，但从未启动直接谈判以解决这些问题。这表明双方当事国认为不可能通过正常外交渠道以直接谈判方式找到办法来解决它们在传统捕鱼权问题上的争端。因此，法院认为，就第3项反诉而言，《波哥大公约》第2条规定的条件已经满足。关于第4项反诉尼加拉瓜通过2013年8月19日第33-2013号法令以及哥伦比亚于2013年11月1日由外交部长以外交抗议照会的方式反对该法令，表明无论如何，双方当事国通过正常外交渠道就此事进行直接谈判已经没有用处。法院因此认定，就第4项反诉而言，《波哥大公约》第2条规定的条件已经满足。法院得出结论认为，其有权审理哥伦比亚的第3项和第4项反诉。

鉴于上述原因，法院得出结论认为，哥伦比亚提出的第3项和第4项反诉可以受理。法院认为有必要让尼加拉瓜提交答辩状，让哥伦比亚提交复辩状，处理双方当事国在当前诉讼程序中的主张，同时保留后续程序。

【思考题】

结合本案，思考国际法院诉讼程序。

案例五　请求国际法院解释 1962 年 6 月 15 日对 A 寺案所作判决——柬埔寨诉泰国

【基本案情】

2011 年 4 月 28 日，柬埔寨向国际法院书记官处提出了对泰国提起诉讼的请求书，其中援引《国际法院规约》第 60 条和第 98 条，要求法院解释法院在 A 寺案（柬埔寨诉泰国）中作出的 1962 年 6 月 15 日判决书（以下简称 1962 年判决）。同日，在提交其请求书备案之后，柬埔寨援引《国际法院规约》第 41 条和第 73 条，向国际法院书记官处提出了指示临时措施的申请，以"使（泰国）入侵其领土的行为停止"。2011 年 7 月 18 日，法院发布命令，向双方指示临时措施。

概括来说，A 寺是两国在扁担山脉东段的柏威夏寺高地这一地区的分界线，往南是柬埔寨，往北是泰国。1904 年 2 月 13 日，法国（柬埔寨当时是法国的一个被保护国）和暹罗（泰国当时被称为暹罗）签订一项条约，根据条约编制了一系列共 11 份地图，其中绘制了一份题为"扁担山-印度支那和暹罗划界委员会"的地图，在这份地图上，边界一直延伸到 A 寺以北，从而将 A 寺留给了柬埔寨。柬埔寨于 1953 年 11 月 9 日独立，之后泰国于 1954 年占领 A 寺。双方就该寺进行的谈判没有成功，柬埔寨于 1959 年 10 月 6 日单方面请求国际法院受理裁断。在诉讼审理的过程中，柬埔寨依据的是上述题为"扁担山-印度支那和暹罗划界委员会"的地图，主张该地图曾经得到泰国认可，并且写入达成的条约，对两国具有约束力，因此，该地图所示分界线已经成为两国之间的边界。泰国否认曾经认可该地图，并否认该地图对其有约束力，坚持认为正如上述 1904 年双方达成的条约中的案文所规定的那样，两国的边界线以分水线为界，因此，泰国称 A 寺位于泰国领土境内。❶

【主要法律问题】

国际法院对于柬埔寨的解释申请是否具有管辖权和可受理性？

---

❶ 《国际法院判决书、咨询意见和命令摘要 2013-2017》，https://www.icj-cij.org/public/files/summaries/summaries-2013-2017-ch.pdf。

【主要法律依据】

《国际法院规约》第60条❶。

【理论分析】

一、《国际法院规约》第60条规定的法院的管辖权。

基于《国际法院规约》第60条的管辖权不以原案件当事双方之间存在任何其他管辖权依据为前提条件，且根据《国际法院规约》第60条之规定，只要对法院作出的任何判决的"含义或范围"存在争议，法院就可受理关于要求解释的申请。

根据国际法院的以往判例，《国际法院规约》第60条意义上的争端必须与所涉判决的执行条款有关，并且不能涉及判决的理由，除非这些理由与执行条款不可分离。这就是说，针对某个要点是否已被法院裁判并具有约束力的问题产生的意见分歧也属于《国际法院规约》第60条意义上的情况。

1. 当事方之间存在争端。

法院查明，根据1962年判决之后一段时间内发生的事件以及各方作出的声明，可以证明泰国对法院作出的判决中的"A寺邻近地区"一语含义不明，并认为泰国因此可以单方面确定该"邻近地区"的边界。这一立场尤其反映在泰国部长理事会的1962年决议之中，在该决议中，泰国部长理事会确定了"泰国有义务将警察部队、守卫或看守人员从邻近地区的分界线位置撤走"。在执行这项决议时，泰国沿该决议所确定的分界线修建了一道铁丝网，并且设置了标志，声称"A寺邻近地区不超过这条分界线"。与泰国的主张相反，提交法院的记录表明，柬埔寨并未认可泰国的撤出是完全执行了1962年判决。对于泰国人驻扎在柬埔寨领土（声称已由1962年判决承认的柬埔寨领土）的行为，柬埔寨表示抗议。柬埔寨还申诉称，泰国修建铁丝网的行为违背了国际法院的判决，"显然严重侵犯了"柬埔寨的领土主权。这种意见分歧再次出现于双方在柬埔寨申请将A寺遗址列入2007—2008年《联合国教科文组织世界遗产名录》之后的往来信件之中。国际法院认为，这些事件和声明都明确表明，在柬埔寨提出解释申请之时，双方对1962年判决的含义和范围存在争端。法院随后谈到该争端的具体事由，目的是要厘清其是否属于《国际法院规约》第60条规定的法院管辖权范围。

2. 提交法院争端的事由。

法院认为，双方在1962年判决之后、在柬埔寨申请将A寺遗址列入《联合国教科文组织世界遗产名录》之后以及在本诉讼期间表达的立场表明，双方之间关于1962年判决的含义和范围的争端涉及三个具体方面。第一，双方对1962年判决是否有约束力地决定地图上所绘分界线就是双方在A寺区域的边界存在争议。第二，双方对1962年

---

❶《国际法院规约》第60条　法院之判决系属确定，不得上诉。判词之含义或范围发生争端时，经任何当事国之请求后，法院应予解释。

判决书执行部分第二段提到的"柬埔寨领土上的邻近地区"一语的含义和范围存在密切相关的争议，对此，法院指出第二段是由执行部分第一段所认定内容（即 A 寺位于"柬埔寨拥有主权的领土内"）推论而出的结果。第三，双方对执行部分第二段规定的泰国的撤出义务的性质存有争议。

二、柬埔寨的解释申请的可受理性。

考虑到双方对 1962 年判决书的含义和范围存在上述不同意见，法院认为有必要解释 1962 年判决书的执行部分第二段以及法院对地图所绘分界线表达的意见的法律效力。在此范围内，柬埔寨的申请是可受理的。

三、结论。

鉴于以上原因，法院认定其拥有受理由柬埔寨提出的关于解释 1962 年判决之申请的管辖权。

【思考题】

结合本案，谈谈国际法院的管辖权范围。

案例六 梅盖求偿案——美国诉意大利[1]

【基本案情】

美国人梅盖 20 岁时嫁给意大利丈夫，后随夫前往意大利定居并取得意大利国籍。1937 年至 1946 年，梅盖与丈夫一同在日本生活，她在此期间持意大利护照。同时，美国驻东京总领事馆应她要求，将其登记为美国人。第二次世界大战期间，日本曾把她作为敌侨拘留。1946 年 12 月，她持美国政府签发的有效期为 9 个月的护照前往美国旅游，1947 年返回意大利，在此期间她在美国使馆登记为美国人。1948 年，她按《对意和约》第 78 条向意大利要求赔偿她在战争期间的个人财产损失遭拒。1950 年，她请求美国向"美意调解委员会"提出赔偿要求。

意大利认为，梅盖具有意大利国籍，是意大利人，不属于《对意和约》中规定的联合国家的国民，拒绝赔偿请求。

美国认为，梅盖一直保有美国国籍，按照《对意和约》第 78 条，意大利应该向她赔偿其在战争期间的个人财产损失。

针对案件的争议问题，调解委员会作出如下认定：第一，认定梅盖具有美国和意大利双重国籍；第二，《对意和约》中只规定了对美国国民给予赔偿，未涉及双重国籍的情况。调解委员会认为，根据"有效国籍"原则，梅盖自婚后长期居住在意大利，她的家庭在美国并没有住所，也无其他密切联系。梅盖及其丈夫显然与意大利这个国

---

[1] 王花. 国际法案例研习 [M]. 北京：中国政法大学出版社，2012：32.

家的联系更加密切，梅盖的意大利国籍相较于美国国籍处于优先地位，因此根据"国籍国不能为其国民向另一国籍国行使外交保护"的原则，美国无权为梅盖向意大利求偿。综上，调解委员会一致同意驳回美国的请求。

【主要法律问题】

一、自然人国籍的取得方式有哪些？

二、梅盖是否具有意大利和美国的双重国籍？

三、美国是否可以向梅盖提供外交保护？

【主要法律依据】

一、1930年《关于国籍法冲突的若干问题的公约》第4条❶、第5条❷；

二、《国际法院规约》第3条第2款❸。

【理论分析】

一、自然人国籍的取得方式有哪些？

自然人的国籍，是指个人作为某一特定国家的国民或公民的一种法律资格或身份，是个人与国家之间一种稳定的法律联系。国家据此可以行使管辖权，进行外交保护。国籍的取得方法可以分为因出生取得和因加入取得两种。其一，因出生取得国籍是最基本的国籍取得方式，又称为原始取得，包括血统主义、出生地主义和混合主义三个原则。其二，因加入取得国籍，又称为继有国籍或转承国籍，分为自愿申请入籍、婚姻入籍、因收养入籍、由于领土转移入籍等。

二、梅盖是否具有意大利和美国的双重国籍？

梅盖具有意大利和美国的双重国籍。

首先，梅盖出生在美国，因此自出生时取得美国国籍，这是她的原始国籍。在日本生活期间，梅盖请求美国驻东京使领馆将其登记为美国人，此后持美国护照进入美国境内旅行、返回意大利。梅盖的美国国籍一直处于持续状态。后来梅盖结婚后与意大利丈夫一同前往意大利定居，根据意大利国籍法，外国女子与意大利国民结婚可取得意大利国籍，梅盖由此获得意大利国籍，而后持意大利护照前往日本，这是她的继有国籍。因此可知，梅盖具有意大利和美国的双重国籍。

---

❶ 1930年《关于国籍法冲突的若干问题的公约》第4条　国家对于兼有另一国国籍的本国国民不得违反该另一国而施以外交庇护。

❷ 1930年《关于国籍法冲突的若干问题的公约》第5条　具有一个以上国籍的人，在第三国境内，应被视为只有一个国籍。第三国在不妨碍适用该国关于个人身份事件的法律以及任何有效条约的情况下，就该人所有的各国籍中，应在其领土内只承认该人经常及主要居所所在国家的国籍，或者只承认在各种情况下似与该人实际上关系最密切的国家的国籍。

❸《国际法院规约》第3条第2款　就充任法院法官而言，一人而可视为一个国家以上之国民者，应认为属于其通常行使公民及政治极利之国家或会员国之国民。

三、美国是否可以向梅盖提供外交保护？

美国无权为梅盖向意大利请求赔偿。

在本案中，梅盖向意大利请求赔偿，意大利称她已取得意大利国籍，不是《对意和约》中规定的美国居民，不符合获得赔偿的条件。求偿遭拒后，她向美国求助。美国认定梅盖是具有美国国籍的在意美国人，因此为她提供了外交保护，向"美意调解委员会"提出赔偿要求。所谓外交保护，就是国家为其在国外的本国国民合法权益受损而得不到适当救济时，通过外交途径向加害国进行谈判和寻求补偿的行为。

国家行使外交保护有条件限制：第一，本国国民的合法权益遭受所在国的非法侵害；第二，在所在国已经穷尽当地救济方式；第三，国籍持续原则和国籍实际联系原则。梅盖具有美国国籍，是美国人，其按照《对意和约》第78条的规定向意大利请求对其在战争期间遭受的个人财产损失进行赔偿却遭到拒绝，她的诉求未能得到满足，无法获得救济。《对意和约》第78条只说明了对美国居民的赔偿，对于梅盖这种具有双重国籍的情况并未作出解释。

具有美国和意大利双重国籍的梅盖是否能在意大利领土内被认定为美国居民呢？根据1930年《关于国籍法冲突的若干问题的公约》中有关双重国籍认定的规定，双重国籍的公民在一国境内只承认与其有最密切联系的国家国籍。梅盖自婚后与其丈夫一同来到意大利，在美国没有经常住所，也没有其他经济、政治、工作等方面的联系。而梅盖与其丈夫长年在意大利定居，出行时梅盖持有意大利护照，外出旅行或因公离乡后仍会返回意大利。虽然她仍持续享有美国国籍，但她与意大利的联系显然更加密切，与美国国籍相比，意大利国籍处于更加优先的地位。因此，美国无权为梅盖向意大利请求赔偿。

从本案可以看出，自然人国籍积极冲突有时会给国家和个人带来消极影响。我国政府一贯对我国公民是否可享有双重国籍持否定态度，当前的司法实践明确表示中华人民共和国境内不存在中国公民国籍积极冲突的情况。

【思考题】

一、自然人国籍冲突会产生哪些负面影响，应当如何解决？

二、一国如何对本国国民实行外交保护，又有哪些条件限制？

案例七 伊朗伊斯兰共和国诉美利坚合众国案

【基本案情】

2016年6月14日，伊朗伊斯兰共和国（伊朗）提交请求书，对美利坚合众国（美国）提起诉讼，诉讼争端涉及美利坚合众国所采取的一系列措施，这些措施违反了1955年8月15日签订的《友好、经济关系和领事权利条约》，已经或正在对伊朗伊斯兰共和国和伊朗公司（包括伊朗国有公司）行使其权利而控制并享有其包括在伊朗境外、美利坚合众国境内财产的能力产生严重不利影响。特别是，伊朗伊斯兰共和国请求国际法院作出裁断、发布命令并宣布美利坚合众国违反了《友好、经济关系和领事权利条约》规定的义务，并应当对损害作出充分赔偿。请求国提出将《友好、经济关系和领事权利条约》第21条第2款作为管辖依据。

国际法院于2016年7月1日发布命令，设定2017年2月1日为伊朗伊斯兰共和国提交诉状的时限，2017年9月1日为美利坚合众国提交辩诉状的时限。伊朗伊斯兰共和国的诉状得以在设定时限内提交。

2017年5月1日，美利坚合众国对伊朗的受理请求提出初步反对意见。按照《国际法院规约》，审理案情实质的程序随即暂停。

2018年10月8日至12日进行公开听审。2019年2月13日，国际法院对美利坚合众国提出的初步反对意见作出判决。国际法院认为，其有权对伊朗伊斯兰共和国提交的请求书部分内容作出裁判，并且上述请求可以受理。特别是，国际法院的结论认为《友好、经济关系和领事权利条约》没有赋予其管辖权，以审议伊朗伊斯兰共和国关于据称违反关于主权豁免的国际法规则的主张。国际法院还裁定，涉及"所有关于据称违反基于给予伊朗政府或马卡齐银行的待遇……的主张"的第3条初步反对意见，就本案的情形而言，并不完全具有初步性质。

国际法院于同日发布命令，将2019年9月13日定为美利坚合众国提交辩诉状的新时限。

根据2019年8月15日的命令，国际法院院长应美利坚合众国的请求，将后者提交辩诉状的时限延长至2019年10月14日。该辩诉状得以在设定时限内提交。

2019年11月15日，法院发布命令，国际法院院长授权伊朗伊斯兰共和国提交答辩状，美利坚合众国提交复辩状，并分别设定2020年8月17日和2021年5月17日为提交这两份书面文件的时限。

【主要法律问题】

一、《友好、经济关系和领事权利条约》第21条是否构成管辖权依据？
二、美国的反对意见是否应当得到支持？
三、本案中法院是如何确定管辖权的？

【主要法律依据】

一、《友好、经济关系和领事权利条约》第 20 条❶、第 21 条❷；

二、《国际法院规约》。

【理论分析】

本案关注焦点在于针对美国对伊朗财产实施的制裁措施，国际法院对伊朗的请求是否能够受理。1955 年两国缔结《友好、经济关系和领事权利条约》，但随后于 1980 年断交。美国于 1984 年将伊朗认定为支持恐怖主义国家，并基于此取消了伊朗的有关豁免权，伊朗也拒绝执行美国法院的判决。在此背景下，美国 2012 年颁布第 13599 号命令，对伊朗财产采取了措施、进行控制。伊朗提出关于财产的诉讼请求。

伊朗依据《友好、经济关系和领事权利条约》第 21 条，认为应提交国际法院管辖，美国对此提出反对意见。第一，美国依据第 20 条规定，认为针对财产的措施不属于国际法院的管辖之内。国际法院认为先前判例已经认定了第 20 条不构成管辖限制，对美国的此项意见予以驳回，应当按照实体问题处理。第二，美国请求驳回伊朗基于《友好、经济关系和领事权利条约》主权豁免方面的相关主张，认为不属于第 21 条的

---

❶ Article XX

1. The present Treaty shall not preclude the application of measures:

（a）regulating the importation or exportation of gold or silver;

（b）relating to fissionable materials, the radio-active by-products thereof, or the sources thereof;

（c）regulating the production of or traffic in arms, ammunition and implements of war or traffic in other materials carried on directly or indirectly for the purpose of supplying a military establishment; and

（d）necessary to fulfill the obligations of a High Contracting Party for the maintenance or restoration of international peace and security, or necessary to protect its essential security interests.

2. The present Treaty does not accord any rights to engage in political activities.

3. The stipulations of the present Treaty shall not extend to advantages accorded by the United States of America or its Territories and possessions irrespective of any future change in their political status, to one another, to the Republic of Cuba, to the Republic of the Philippines to the Trust Territory of the Pacific Islands or to the Panaina Canal Zone.

4. The provisions of Article II, Paragraph 1 shall be construed as extending to nationals of either High Contracting Party seeking to enter the territories of the other High Contracting Party solely for the purpose of developing and directing the operations of an enterprise in the territories of such other High Contracting Party in which their employer has invested or is actively in the process of investing a substantial amount of capital: provided that such employer is a national or company of the same nationality as the applicant and that the applicant is employed by such national or company in a responsible capacity.

❷ Article XXI

1. Each High Contracting Party shall accord sympathetic consideration to, and shall afford adequate opportunity for consultation regarding, such representations as the other High Contracting Party may make with respect to any matter affecting the operation of the present Treaty.

2. Any dispute between the High Contracting Parties as to the interpretation or application of the present Treaty not satisfactorily adjusted by diplomacy shall be submitted to the International Court of Justice, unless the High Contracting Parties agree to settlement by some other pacific means.

管辖范围。对于此项意见，国际法院予以支持，理由是认为其对伊朗的主权豁免问题无管辖权依据。第三，美国请求驳回基于《友好、经济关系和领事权利条约》第 3 条、第 4 条、第 5 条的请求，对伊朗政府或中央银行是否符合条约第 3 条 "公司" 的范围存在异议。国际法院经过目的解释和宗旨解释，认为美国并未提供充分证据证明伊朗中央银行的活动性质，认为此项意见需要留待双方对实体问题的进一步论证后才能判断是否具有初步管辖权。

对于美国提出的滥用程序和 "不干净的手"❶ 辩论意见，国际法院认为其对本案具有充足的管辖权基础，只有在特定情况下才能基于滥用程序的理由推翻国际法院管辖权，且《友好、经济关系和领事权利条约》的有效性更加佐证了管辖权依据。国际法院认为尽管伊朗存在 "不干净的手" 的行为，应当受到谴责，但不足以因为这个理由就否定国际法院的管辖权。

【思考题】

一、请思考 "不干净的手" 理论在司法实践中的可行性以及对管辖权的影响。

二、结合本案，总结主权豁免相关的法律基础。

三、滥用程序能否构成管辖权障碍？在什么情况下适用？

第四节　国际海洋法

案例一　英法大陆架仲裁案❷

【基本案情】

1975 年 7 月 10 日，英法两国签署仲裁协议，希望通过仲裁的方式解决两国在英吉利海峡和大西洋西南口的大陆架划界的争端。双方请求法院根据国际法原则，确定英法两国在大西洋西经 0°30′至 1000 米等深线范围内的大陆架界限。

对于如何适用法律的问题，两国有不同的观点。英国和法国都是 1958 年《大陆架公约》的缔约国，但法国在加入《大陆架公约》时对第 6 条提出了保留，认为第 6 条的等距离中间线原则不适用于有 "特殊情况" 的地区，即法国海岸外的北海海域。英国则认为《大陆架公约》整体应当对英法两国有效，边界应由等距离中间线划定。仲裁法庭认为 1958 年《大陆架公约》在两国之间有效，但不适用于法国提出保留的范

---

❶ 不干净的手（Unclean Hand），出自衡平法的一句谚语，即 "援引衡平法的人，自己也必须清白"。原告自己的手不干净，例如违反限制竞争的规定，就无权追究被告的责任。

❷ 朱文奇. 国际法学原理与案例教程 [M]. 北京：中国人民大学出版社，2009：54.

围。因此，在海峡群岛区必须适用国际习惯法规则，在大西洋区原则上可以适用《大陆架公约》第 6 条的等距离中间线原则。仲裁法庭于 1977 年 6 月 30 日就本案边界应适用的法律规则和海峡群岛地区、大西洋地区的大陆架界限作出了判决，但随后英国提出了纠正边界线的技术错误，法庭在 1978 年 3 月 14 日的判决中作出答复。关于海峡群岛地区的边界，英国和法国有不同的主张，英国希望在海峡岛和法国海岸之间划上中间线，法国则主张将中间线划在两国海岸中间，海峡岛有 3 海里领海和 3 海里大陆架组成的 6 海里海域。法庭认为，在适用自然扩张原则划定边界时，必须确保这一边界符合公平原则。法庭主张划两条边界线，第一条是法国海岸和英国本土海岸之间的等距中间线，第二条是海峡群岛北侧和西侧距离海峡群岛领海基线 12 海里的边界线。关于大西洋地区的边界，英国主张以两国领海基线之间的等距离中间线为边界，其中英国的 A 群岛和法国的 B 岛可以分别作为两国基线的一部分。法国声称不考虑这些岛屿，而是以指示两国海岸一般方向的两条直线之间的中间线为界。法庭认为，从 A 群岛和 B 岛的具体情况来看，划定边界时不应忽视它们的存在，应纠正其位置对边界方向的扭曲效应。法庭认为，首先不应以这些岛屿为基点在两国海岸之间划等距离线，而应以 B 岛为基点划等距离线，最后在这两条等距离线之间划出一条中间线，作为大西洋区大陆架的分界线。这就是能产生给 B 岛一半效果的大陆架边界线。

【主要法律问题】

一、国际法院是如何运用公平原则的？
二、运用公平原则划界的步骤为何？
三、调整大陆架边界需要考虑什么因素？

【主要法律依据】

一、《大陆架公约》第 6 条[1]；

---

[1] 《大陆架公约》第 6 条

一、如果同一大陆架邻接两个或两个以上海岸相向的国家的领土，属于这些国家的大陆架的疆界应由这些国家之间的协定予以确定。在无协定的情形下，除根据特殊情况另定疆界线外。疆界是一条其每一点与测算各国领海宽度的基线的最近点距离相等的中间线。

二、如果同一大陆架邻接两个相邻国家的领土，大陆架的疆界由两国之间的协定予以决定。在无协定的情形下。除根据特殊情况另定疆界线外，疆界应适用与测算各国领海宽度的基线的最近点距离相等的原则予以决定。

三、在划定大陆架疆界时，按照本条第一和第二两款所载的原则划定的任何线均应参照一定日期所存在的海图和地形予以确定，同时应参照陆地上永久固定的标明点。

二、《联合国海洋法公约》第83条[1]。

【理论分析】

一、自然延伸原则是否存在？

《大陆架公约》规定，大陆架是陆地领土向海底的自然延伸，因此，国际法院认为，国际法允许沿海国主张大陆架权利的前提是，该沿海国实际行使统治权的领土的延伸部分虽然被海水覆盖，但仍然是其领土在海底的延伸。由此可见，大陆架是不是陆地领土的自然延伸，是大陆架划界的基本考虑因素。从上述论述可以看出，地理、地质因素在大陆架划界中处于决定性的地位。

在这一点上，国际法院在大陆架划界案的判决中修改了其最初的观点。国际法院的判决表明，当沿海国之间的相对距离小于200海里，在确认沿海国对海域的权利或在划界时要考虑的因素时，没有任何地球物理学的规则。即使海底有一个明显的标志性向下的斜坡，在适用公平原则时也不能考虑这一事实，除非这一明显下沉的斜坡中断了大陆架的整体统一，或者这一下沉位于200海里以外的区域。[2]

二、运用公平原则划界的步骤。

1958年《大陆架公约》第6条界定的等距（中间）线特殊情况规则无疑为相邻或有疑问的国家之间的大陆架划界提供了一个简单明了的参考标准。适用习惯法规则的公平原则-相关情况规则也需要按照一定的步骤进行。因此，在确定分界线的具体过程中，需求方总是需要有一条线作为考虑适用公平原则的各种因素的起点。国际法院的通常做法是以等距（中间）线为临时分界线，然后在等距（中间）线的基础上，参考与公平原则相关的所有相关因素，调整临时分界线。调整后确定的分界线为最终大陆架分界线。

在国际法院对划界适用公平原则的早期案例中，国际法院没有采用先确定临时分界线，然后根据临时分界线进行调整的划界方法。这一做法的明确采用始于C岛和D岛海洋划界案（挪威诉丹麦）。在该案中，丹麦的C岛和挪威的D岛之间的捕鱼区的划界是确定的，国际法院使用C岛和D岛之间的中线作为临时分界线。这一做法随后在国际法院的其他海洋划界案件中得以延续。在现代国际法院的划界案件中，国际法院以中间线作为相对国之间临时分界线的做法，实际上产生了与适用

---

[1] 《联合国海洋法公约》第83条 海岸相向或相邻国家间大陆架界限的划定

一、海岸相向或相邻国家间大陆架的界限，应在国际法院规约第38条所指国际法的基础上以协议划定，以便得到公平解决；

二、有关国家如在合理期间内未能达成任何协议，应诉诸第XV部分所规定的程序；

三、在达成第1款规定的协议以前，有关各国应基于谅解和合作的精神，尽一切努力作出实际性的临时安排，并在此过渡期间内，不危害或阻碍最后协议的达成，这种安排应不妨害最后界限的划定；

四、如果有关国家间存在现行有效的协定，关于划定大陆架界限的问题，应按照该协定的规定加以决定。

[2] Case Concerning the Continental Shelf (*Libya v. Malta*), judgment, at para.39-40.

《大陆架公约》第 6 条相同的结果，即公平原则-相关情况规则和等距离（中线）-特殊情况规则产生了适用结果趋同现象。在这方面，国际法院在格陵兰和扬驶岛海洋划界案中评论说：由于 1958 年《大陆架公约》第 6 条的"特殊情况"和习惯法下"相关情况"的目标是得到公平的结果，即使"特殊情况"和"相关情况"在命名和来源上有所不同，但两者不可避免地有趋同化的现象。这在为国家大陆架划定边界时尤为明显，正如我们所见，《大陆架公约》第 6 条的措辞是中间线取得公平结果的初步证据。关于相对国的边界，在大陆架界限、渔区界限或多目的单一界线的边界上，也具有使用等距离-特殊情况规则与获取和运用公平原则-相关情况规则完全一样的结果。[1]

三、调整大陆架边界考虑的因素。

从国际法实践来看，适用公平原则-相关情况规则，实际上是在确定临时分界线后，根据相关情况对临时分界线进行一定的调整。临时分界线的调整需要考虑很多因素，包括海岸线走向、海底地形和所涉及国家的地理位置等，但并非所有因素都对临时分界线有影响。国际法院认为，一些因素无关紧要，特别是大陆架划界不会受到经济和安全因素的影响。

【思考题】

中日东海划界纠纷需要划定大陆架的分界线和专属经济区的分界线，双方各自主张的区域有重合，根据所学思考在确定中日大陆架分界线时应该考虑什么因素？

案例二　秘鲁诉智利海域划界案

【基本案情】

2008 年 1 月 16 日，秘鲁向国际法院（法院）书记官处提交请求书，提起对智利的诉讼。秘鲁提出以下主张：一、两国之间不存在任何形式的划界协议；二、请求国际法院采用等距离划界法，以两国陆地领土边界为起点，对两国海洋边界进行划分。但智利则认为，根据 1952 年《圣地亚哥宣言》，两国海上边界已得到确定，为以两国陆地边界为起点，与其所穿过的纬度线重合的、向西 200 海里的线段。根据国际法基本原则，国际法院无权对两国已达成一致的海上边界线进行重新划定，要求国际法院将秘鲁的诉讼请求予以驳回。

秘鲁寻求划界的区域位于太平洋。在该区域中，秘鲁海岸线自双方陆上边界在太平洋海岸的起点朝西北延伸，而智利海岸线大体上自北向南延伸。

---

[1] Case Concerning Maritime Delimitation in the Area Between Greenland and Jan Mayen (*Denmark v. Norway*), judgment of 14 June, 1993, at para. 56.

在简要回顾相关历史事实之后，国际法院指出秘鲁和智利之间的陆上边界是由1929年《利马条约》确定的。它还指出，1947年，双方均单方面宣告将某些海洋权利延伸到自各自海岸线起200海里的范围（相关文书以下合称为"1947年《圣地亚哥宣言》"）。在其后的几年里，智利、厄瓜多尔和秘鲁通过谈判签订了十二项文书，而且本案双方都提及这些文书。其中四项文书，包括《关于海区的宣言》，即所谓的《圣地亚哥宣言》，于1952年8月在开发和养护南太平洋海洋资源大会上通过。另外六项文书，包括《1952年圣地亚哥宣言补充公约》《关于签署国海区的监督和控制措施的协定》以及《关于海上边境特区的协定》等，于1954年12月在利马通过。最后还有两项关于南太平洋常设委员会职能运作的协定系于1967年5月签署。

秘鲁和智利在本案中的立场具有根本性差异。秘鲁辩称两国之间不存在任何商定的海上边界，并请求国际法院采用等距法标绘一条边界线以实现公平结果。智利一方则坚称1952年《圣地亚哥宣言》确立了国际海上边界，沿着穿过秘鲁-智利陆上边界起点的纬线平行延伸至少200海里。因此，智利请求国际法院据此确认该边界线。

秘鲁还辩称，在共同海上边界的终点以外，秘鲁有权对从其领海基线起量200海里为限的海区行使专属主权权利。智利回应称，对于智利主张的国际海上边界所沿纬线以南的任何海区，秘鲁不享有任何权利。

【主要法律问题】

一、秘鲁和智利两国之间是否已存在关于两国海域划界的协议？
二、如何划定两国的海上边界？

【主要法律依据】

一、1952年《圣地亚哥宣言》；
二、《条约法公约》第31条[1]、第32条[2]；
三、1954年《关于海上边境特区的协定》。

---

[1] 《条约法公约》第31条解释之通则
一、条约应依其用语按其上下文并参照条约之目的及宗旨所具有之通常意义，善意解释之。
二、就解释条约而言，上下文除指连同弁言及附件在内之约文外，并应包括：
（一）全体当事国间因缔结条约所订与条约有关之任何协定；
（二）一个以上当事国因缔结条约所订并经其他当事国接受为条约有关文书之任何文书。
[2] 《条约法公约》第32条解释之补充资料
为证实由适用第31条所得之意义起见，或依第31条作解释而：
（一）意义仍属不明或难解；或
（二）所获结果显属荒谬或不合理时，为确定其意义起见，得使用解释之补充资料，包括条约之准备工作及缔约之情况在内。

【理论分析】

一、秘鲁和智利两国之间是否已存在关于两国海域划界的协议？

本案判决结果：（1）以十五票对一票，裁定划分秘鲁和智利各自海域的单一海上边界的起点为穿过1号界碑的纬线与低潮线的相交点。（2）以十五票对一票，裁定该单一海上边界的起始段应沿穿过1号界碑的纬线往西延伸。（3）以十票对六票，裁定该起始段应于距离单一海上边界起点80海里处的一点（A点）终止。（4）以十票对六票，裁定该单一海上边界应从A点起沿着与秘鲁海岸线和智利海岸线等距离线向西南方向继续延伸直至与智利的领海基线而定的200海里界限相交处（B点）。从B点开始，该单一海上边界应沿该界线向南继续延伸，直至分别与自秘鲁领海基线起量而定的200海里界线和自智利领海基线起量而定的200海里界线的相交点（C点）重合。（5）以十五票对一票，鉴于上文所给出的理由，裁定已不需要就秘鲁的第二项最后诉讼请求作出裁定。

为了解决本案争端，国际法院必须查明秘鲁与智利之间是否已经存在海上划界协议，国际法院主要从以下几个方面论证。

第一，智利和秘鲁的1947年《圣地亚哥宣言》。法院首先审查了1947年《圣地亚哥宣言》，其中，智利和秘鲁单方面宣告将某些海洋权利延伸到从各自海岸线起量200海里的范围。法院注意到，双方一致认为1947年《圣地亚哥宣言》本身并没有确定国际海上边界，对它们进行审议仅仅是为了查明这些文本是否证明了双方就确定双方未来海上边界一事达成了谅解。法院注意到，1947年《圣地亚哥宣言》的语言以及它们的临时性质排除了将它们解释为体现双方关于海洋划界共识的可能性。同时，法院还指出，双方的1947年《圣地亚哥宣言》载有关于其在这些海区内权利和管辖权的类似主张，从而有必要在未来确定这些区域的横向界限。

第二，1952年《圣地亚哥宣言》。关于1952年《圣地亚哥宣言》，法院指出，对于该文书是一项国际条约的事实，不再存在异议。法院的任务是查明该文书是否确立了双方之间的海上边界。为此，法院采用了《条约法公约》所反映的、习惯国际法承认的各项解释规则。法院首先考虑了1952年《圣地亚哥宣言》用语在上下文中的通常意义。它指出，尽管《圣地亚哥宣言》没有明确提及缔约国大陆海岸线所形成区域的海上边界划界问题，但它包含着某些与海洋划界问题相关的内容。但是，在审查了该宣言的相关段落之后，法院得出结论，认为这些段落仅仅确定了各方就某些岛屿海区与大陆海岸线所形成的与这些岛屿海区相邻的区域之间的界线问题达成一致。法院随后审议了1952年《圣地亚哥宣言》的目的和宗旨，并指出，序言部分着重强调了通过延伸海区的方式养护和保护各方的自然资源，以实现经济发展。法院补充说，原则上不需要采用补充解释资料，如1952年《圣地亚哥宣言》的准备工作材料及其缔结的情形，以确定该宣言的含义。不过，如同面对其他案件一样，法院还是审议了相关的材料，这些材料证实了上述对该宣言的解释。法院指出，各项内容，例如，智利向1952

年会议提交的最初提案（似乎有意沿横向线路进行一般划界）以及使用纬线作为距离某一缔约国广义海区不足 200 海里的另一缔约国某个岛屿的海区界线，这些都表明，缔约国之间就其海上边界问题可能存在某种更具一般性的共识。法院得出结论认为，与智利所提相反，1952 年《圣地亚哥宣言》并没有沿着从秘鲁和智利陆上边界的向海终点朝太平洋延伸的纬线在两国之间确定一条横向海上边界。

第三，1954 年各项协定。法院接下来审议了秘鲁和智利在 1954 年通过的各项协定，智利援引了这些协定以支持其关于纬线构成海上边界的主张。在 1954 年各项协定中，智利特别强调了《1952 年圣地亚哥宣言补充公约》《关于签署国海区的监督和控制措施的协定》以及《关于海上边境特区的协定》。法院指出，双方均认同所提到的《1952 年圣地亚哥宣言补充公约》是智利、厄瓜多尔和秘鲁为筹备南太平洋常设委员会会议和 1954 年最后几个月在利马举行的国家间会议而提出的主要文件。鉴于若干国家针对 1952 年《圣地亚哥宣言》提出了质疑，《1952 年圣地亚哥宣言补充公约》的主要目的是供智利、厄瓜多尔和秘鲁维护它们在 1952 年联合提出的对自海岸线起量至少 200 海里范围内区域主权和管辖权的主张。该公约还旨在帮助它们针对其他国家提出的异议准备共同抗辩以维护该主张。不过，法院认为，这并不意味着"主要目的"是唯一目的，更不意味着该主要目的决定了 1954 年若干会议的所有成果。智利还从 1954 年各项协定中的另一项协定，即《关于签署国海区的监督和控制措施的协定》中寻求支持。不过，法院得出结论，认为该文本并没有指明这些区域的边界位置或性质。法院随后查阅了智利、厄瓜多尔和秘鲁签署的 1954 年《关于海上边境特区的协定》，该协定建立了一个容许区，始于海岸线起 12 海里处，范围是"构成海上边界的纬线两侧 10 海里"。设置该区域的目的在于惠及设备简陋的小型船只，从而避免因这些船只无意中侵犯海洋边境之举导致"相关国家之间的摩擦"。法院首先指出，该协定中没有任何条款将容许区局限于厄瓜多尔—秘鲁海上边界。它还指出，智利推迟批准该协定和提交登记之举对其范围和效力没有影响。智利一旦批准该协定，就受其约束。

第四，法院指出，尽管 1954 年《关于海上边境特区的协定》的执行条款和目的非常狭窄和具体，但它并不属于本阶段考虑的事项。相反，法院的焦点落在一个核心问题上，即海上边界存在与否。关于这个问题，法院指出，1954 年《关于海上边境特区的协定》的各条款，尤其是第 1 条连同序言部分表述很明确：它们在一项有约束力的国际协定中承认存在一条海上边界。不过，法院指出，1954 年《关于海上边境特区的协定》并没有指明该边界是在何时、以何种方式商定的。因此，它认为，双方明确承认存在海上边界的行为只能反映它们早先达成的一项默示。在这方面，法院指出，正如它已经提到的，1947 年《圣地亚哥宣言》和 1952 年《圣地亚哥宣言》的某些内容暗示了双方就其海上边界问题正在逐步形成一种共识。在先前的一起案件中，在承认"确立永久性海上边界是极为重要的事情"的同时，法院强调了"默示法律协定的证据必须令人信服"。[1] 在本案中，法院收到了一项表明双方之间已经存在一条沿纬线延伸的海上边界的《海上边境特区协定》。为此，该协定具有决定意义。该协定巩固了这一默示。法院还指出，1954年《关于海上边境特区的协定》并没有指明该海上边界的性质，也没有指明其范围，只有若干条款说明该海上边界延伸到海岸线起12海里以外。法院指出，双方在这一背景下还提及了1964年编写的一份意见，智利外交部法律咨询办公室主任劳尔·巴桑·达维拉先生在该意见中审查了两国之间是否存在关于海洋划界问题的具体协定。法院认为，巴桑先生针对智利边界司关于"智利和秘鲁领海的边境划分"的请求所编写的意见中没有任何内容引导法院修改其结论，而请求提供一项意见的事实也没有使其改变这一结论，即双方在1954年承认存在一条商定的海上边界。

第五，1968—1969年灯塔安排（第96—99段）。法院接着审查了双方在1968—1969年订立的关于"在共同边界的入海点、近一号界碑处"各建一座灯塔的安排。法院认为，这些安排的目的和地理范围有限，正如双方事实上承认的那样。它还指出，订立这些安排的过程记录以及建造灯塔的记录都没有提到任何既有划界协定。不过，法院认为重要的是，订立这些安排的依据是：已经存在一条沿着纬线延伸超过12海里范围的海上边界。这些安排与1954年《关于海上边境特区的协定》共同承认了这一事实。而且，这些安排也与该协定一样，并没有指明该海上边界的范围和性质。

综上所述，法院既否定了秘鲁关于两国之间不存在划界协议的主张，也否定了智利关于1952年《圣地亚哥宣言》确立了两国海上边界的主张，认为两国之间存在默示海洋划界协议。这一默示协议的性质必须在1947年的主张和1952年《圣地亚哥宣言》的背景下去理解。这些文件明确主张水域、海床及其资源的权利，双方在当时及其后的实践中都没有就这些区域进行区分。因此，法院认为默示协议确立的海洋边界是一条既适用于大陆架，又适用于水域的单一边界。同时，无论是1954年协定，还是1968—1969年建设灯塔的安排，都没有国际法对默示协议所确定的海洋边界范围进行说明。

二、如何划定两国的海上边界？

1. 海上边界起点的确定。

法院既然得出结论认为双方之间存在海上边界，那么就必须确定该边界的起点位置。法院指出，双方均认为两国间的陆上边界已经确定，并且是80多年前根据1929年《利马条约》第2条划定的，而该条约明确规定"智利和秘鲁之间的边界……应始自海岸线上被称为'康科迪亚'的一点，该点位于跨越A河的桥以北10公里处"。法院还指出，根据1929年《利马条约》第3条，该边界系由一个混合委员会划定，陆上边界

---

[1] 尼加拉瓜和洪都拉斯在加勒比海的领土和海洋争端案（尼加拉瓜诉洪都拉斯），判决书，《2007年国际法院案例汇编（二）》，第735页，第253段，https://www.icj-cij.org/public/files/summaries/summaries-2003-2007-ch.pdf。

的物理标界线上的第一个标志就是1号界碑。不过，双方对于B点的准确位置存在分歧。秘鲁坚称1号界碑并不是为了标示商定的陆上边界由此起始，而智利声称这一标志即是陆上边界的起点。在这个问题上，法院指出，双方所提交的大量论据涉及一个明显不属于法院审议范畴的问题，即1929年《利马条约》第2条称为"B"点的这一陆上边界起点的位置。法院指出它的任务是查明双方是否已就彼此之间海上边界的起点达成一致，以及它在解决海上边界问题方面的管辖权未遭受质疑。

为了确定海上边界的起点，法院对形成1968—1969年灯塔安排的过程记录和双方提交的某些制图证据进行了审议，并且审议了就该区域内渔业和其他海事实践提交的证据。法院认为后两项内容与这个问题无关，因此将焦点集中在1968—1969年灯塔安排上。它认为，双方意图通过灯塔安排来标示的海上边界是由穿过1号界碑的纬线构成的，同时指出，双方随后依照协议建造了灯塔，从而标示了这条穿过1号界碑的纬线。因此，1968—1969年灯塔安排是证明商定的海上边界沿着穿过1号界碑的纬线延伸的有力证据。

法院指出，它并不需要就双方陆上边界起点所在的B点的位置表明立场，同时指出，该点与刚刚定义的海上边界的起点可能并不重合。不过，法院指出，出现这样一种情形是双方达成的若干协定的结果。

法院得出结论，认为双方海上边界的起点是穿过1号界碑的纬线和低潮线的相交点。

2. 海上边界线的范围。

法院得出结论，认为双方之间存在商定的单一海上边界，该边界始于穿过1号界碑的纬线和低潮线的相交点，并沿着该纬线继续延伸80海里（至A点），下一步应确定海上边界自该点之后的走向。

法院就此进行的工作所依据的是其已经确认反映了习惯国际法的《海洋法公约》第74条第1款和第83条第1款的规定。[1] 这两项条款的案文是一致的，唯一区别在于，第74条所涉的是专属经济区，而第83条所涉的是大陆架。这些案文内容如下：

"海岸相向或相邻的国家间专属经济区'大陆架'的界限，应在《国际法院规约》第38条所指国际法的基础上以协议划定，以便得到公平解决。"

为寻求公平解决，法院通常采用的方法包含三个阶段。在第一阶段，它会构建一条临时等距线，除非有令人信服的理由阻止这个做法。在第二阶段，它会考虑是否因存在某些相关情况而需要对这条线加以调整，从而实现公平的结果。在第三阶段，法院将进行一次比例失调性测试，通过这个测试来评估这条线经调整后是否还会导致双

---

[1] 卡塔尔和巴林间海洋划界和领土问题案（卡塔尔诉巴林），案情实质，判决书，《2001年国际法院案例汇编》，第91页，第167段，https://www.icj-cij.org/public/files/summaries/summaries-1997-2002-ch.pdf；领土和海洋争端案（尼加拉瓜诉哥伦比亚），判决书，《2012年国际法院案例汇编（二）》，第674页，第139段，https://www.icj-cij.org/public/files/summaries/summaries-2008-2012-ch.pdf。

方在相关地区所占份额与各自相关海岸线长度明显不成比例。❶

在本案中，该海区划界必须从经法院确定为 80 海里长的商定海上边界的终点处（A 点）起始。法院在援引自身判例法的基础上解释说，在实践中，有一些划界并非始于低潮线，而是依据双方之间某项既有协定，从位置更加靠海的某个点开始。不过，法院目前面临的情形却非同寻常，因为本案中划界的起点远离海岸线：距离智利海岸线上的最近点 80 海里，距离秘鲁海岸线上的最近点约 45 海里。

法院随后着手实施其通常方法的第一阶段，即始于现有海上边界的终点（A 点）构建一条临时等距线。为了构建这样一条线，法院首先选取了若干适当的基点。鉴于 A 点位于纬线上距离海岸线 80 海里处，智利海岸线上最近的第一个基点就定在智利和秘鲁之间海上边界起点的附近，秘鲁海岸线上最近的第一个基点就定在以 A 点为圆心、80 海里长度为半径的圆弧与秘鲁海岸线的相交处。为了构建一条临时等距线，只能选取秘鲁海岸线上距离 A 点 80 海里以上的点。用于构造这条临时等距线的其他基点则选定为海岸线上位置最靠海且"距离有待划界的地区最近的"点。这些基点分布在秘鲁海岸线上第一个基点的西北方位以及智利海岸线上第一个基点以南方位。秘鲁海岸线上第一个基点的东南方位海岸线上没有一点能够与智利海岸线上的点匹配，因为它们到 A 点的距离都不足 80 海里。如此构建的临时等距线大体上呈西南走向，且几乎是一条直线，体现了双方海岸线平滑的特征，直到与距离智利领海基线 200 海里的界线相交（B 点）。而这一点向海一侧，双方海岸线的 200 海里的投射范围就不再重叠了。

在继续应用这一通常方法之前，秘鲁在提交的第二项诉讼请求中请求法院裁断并宣告，在共同海上边界终点之外，秘鲁有权对从其领海基线起 200 海里的海区行使主权权利。对此，智利坚持以 1952 年《圣地亚哥宣言》针对缔约各国的所有海区（无论是现有的还是未来的）建立单一的横向界线，并援引该《圣地亚哥宣言》第二段中提及"至少 200 海里距离"的文字。然而，法院已经得出结论，认为商定的沿着纬线延伸的边界线止于距离海岸线 80 海里处，因此，智利论据的基础已不复存在。而且，由于法院已决定通过划定等距线的方式继续对双方重叠的海洋权利进行划界，秘鲁的第二项诉讼请求已经没有实际意义，法院无须就其进行裁定。

法院在继续应用其通常方法时指出，在 B 点向海一侧，依照等距法划定的双方海洋权利的 200 海里界线不再重叠。它指出，从 B 点开始，智利海洋权利的 200 海里界线大体上朝南边延伸。该海上边界的最终段从 B 点起到 C 点（双方海洋权利的 200 海里界线相交点）。

法院在实施通常方法的第二阶段，必须确定是否需要对该临时等距线作出调整，

---

❶ 黑海海洋划界案（罗马尼亚诉乌克兰），判决书，《2009 年国际法院案例汇编》，第 101 至 103 页，第 115 至 122 段，https://www.icj-cij.org/public/files/summaries/summaries-2008-2012-ch.pdf；领土和海洋争端案（尼加拉瓜诉哥伦比亚），判决书，《2012 年国际法院案例汇编（二）》，第 695 至 696 页，第 190 至 193 段，https://www.icj-cij.org/public/files/summaries/summaries-2008-2012-ch.pdf。

以实现其自始至终追求的公平结果。在本案中，该等距线避免了过分切断任何一国的海洋投射范围，而法院收到的记录中也没有显示此类相关情况。因此，没有理由对该临时等距线进行调整。

接下来的第三阶段是确定从 A 点划定的这条临时等距线是否会导致相关海岸线长度与相关区域划分的比例严重失调的结果。其目的是评估结果的公平性。

正如法院之前指出的，存在一条沿着纬线延伸 80 海里的分界线是一种异常情况。如果要就这一比例进行一般的数学计算，相关海岸线长度和相关区域范围将难以计算，甚至无法实现。法院指出，由于案件的特殊情况所导致的各种实际困难，它并没有进行过这种计算。法院指出，在划界过程的这一最后阶段，计算并非意在精确，而是近似；"划界的目标是实现一种能够公平而非平等分配海区的划界"。[1] 在这类案件中，法院会大致评估比例失调性。鉴于本案情况非同寻常，法院在此沿用了同样的做法，并得出结论，认为没有出现比例严重失调以致质疑临时等距离线公平性的状况。

法院因此得出结论，认为从 A 点起双方之间的海上边界是沿着等距线延伸到 B 点，然后又从 B 点沿着从智利的领海基线起 200 海里的界线延伸到 C 点。

3. 结论。

法院最终结论是双方的海上边界始于穿过 1 号界碑的纬线与低潮线的相交点，沿该纬线延伸 80 海里到达 A 点。从 A 点起，该海上边界沿着等距线延伸到 B 点，然后再沿自智利领海基线起 200 海里界线延伸到 C 点。

考虑到本案的情况，法院在界定双方之间海上边界的走向时并没有确定精确的地理坐标。而且，双方在最后诉讼请求中也没有要求法院确定精确的地理坐标。法院期望双方本着睦邻友好的精神，根据本判决书确定这些坐标。

4. 深度分析。

国际法院在 2014 年裁决了秘鲁诉智利海域划界案，也结束了两国长达数十年的海洋争端。较之以往国际法院和国际仲裁的裁决，秘鲁诉智利海域划界案的判决容量相对较少，整个判决只有 69 页。但是这并不妨碍该案成为国际海洋划界的一个重要案例，因为国际法院对本案的裁决极具争议性，其对焦点问题的论述和思路将有可能影响未来国际法院和国际仲裁对相关案件的审理。

本案最重要的争议焦点就是秘鲁和智利两国之间是否存在海洋划界协议。为此，国际法院考察了和本案相关的一系通用国际文件，包括智利和秘鲁两国分别发表的 1947 年《圣地亚哥宣言》等。最终，法院否定了 1952 年《圣地亚哥宣言》确立了两国海洋界限的主张，而是根据秘鲁、智利和厄瓜多尔于 1954 年签订的《关于海上边境特区协定》以及 1968—1969 年两国有关建设灯塔的安排，来认定秘鲁和智利两国之间

---

[1] 黑海海洋划界案（罗马尼亚诉乌克兰），判决书，《2009 年国际法院案例汇编》，第 100 页，第 111 段，https://www.icj-cij.org/public/files/summaries/summaries-2008-2012-ch.pdf。

存在默示的海洋划界协议。[1]

　　法院的观点值得商榷。认定争端方之间业已存在海洋划界协议必须小心谨慎，因为这涉及争端方海洋权利的实质变更和永久改变。这就要求证明默示海洋划界协议的存在需要严密的逻辑推理以及充分有效的证据。而在本案中，法院的欠妥之处在于，其主观臆测的成分太多而对客观实践的考察太少，孤零零的个别证据就能推导出争端方之间单一边界的存在，这无论如何都有失之偏颇之嫌。这一切操之过急的逻辑链条和对默示海洋划界协议的擅断，显示了国际法院似乎有意偏离在以往国际法院和国际仲裁中树立起来的认定默示海洋划界协议的高标准。[2] 而这种高标准在2007年的尼加拉瓜诉洪都拉斯案和2012年孟加拉国诉缅甸案中都得到裁决机构的认真遵守，并为国际社会所接受。即使是本案中的一些法官，也通过发表独立意见的方式表达了对裁决意见的保留和遗憾。

　　在具体的划界方法方面，国际法院遵循了海洋划界的先例，使用了"等距离/相关情况"方法，也就是构筑临时等距离线，考察相关情况以调整临时等距离线，进行比例检验保证划界结果的公平性。值得一提的是，本案划界的起点是在海上而非传统的海岸之上，这是尊重争端方既存的海洋划界协议的结果。本案判决另一个需要注意的内容是划界中的比例检验。在国际法院和国际仲裁以往的海洋划界案例中，比例检验经历了一个动态的发展过程。目前，比例检验一般被作为海洋划界的最后一个步骤来检验海洋划界结果的公平性。[3] 而在本案中，由于秘鲁和智利已经在该案诉讼之前达成了一条平行于纬线、离岸80海里的分界线，国际法院裁定两国海洋划界的起点并非其海岸低潮线上的点，而是在更远处的海上。[4] 法院承认，这将使秘鲁和智利相关海岸的长度计算以及两国按照调整后的临时等距线确定的相关海域份额的计算变得无比困难，甚至不可能。[5] 于是，在没有任何具体评判的情况下，法院直接得出结论称，比例检验已经完成，本案划定的临时等距线没有明显的不合比例情况。[6] 法院的做法似乎欠缺考虑。即使比例检验已经在如今的国际海洋划界中沦为形式而对划界结果的影响微乎其微，但是法院对其缺乏必要论述的做法仍然令人讶异，这种在判决的字里行间里浸淫出来的漫不经心和轻视，不知是出于国际法院对本案划界结果的极其自信还是认为没必要进行比例检验的态度的流露。

　　最终，本案判决以10:6的结果通过，反映出了国际法院法官对本案判决结果

---

[1] 黄瑶，廖雪霞. 国际法院海洋划界的新实践——2014年秘鲁诉智利案评析 [J]. 国际法研究，2014，(01): 42.

[2] *Peru v. Chile*, Declaration of Judge Sepulveda-Amor, para. 17.

[3] *Territorial and Maritime Dispute (Nicaragua v. Colombia)*, Judgement, I. J. C Reports (hereinafter as *Nicaragua v. Colombia*), 2012, p.72, para. 193.

[4] 张国斌. 论海洋划界争端中"相关海岸"的识别 [J]. 中国海商法研究，2015，26 (02): 56.

[5] 张国斌. 论海洋划界争端中"相关海岸"的识别 [J]. 中国海商法研究，2015，26 (02): 56.

[6] 黄瑶，廖雪霞. 国际法院海洋划界的新实践——2014年秘鲁诉智利案评析 [J]. 国际法研究，2014，(01): 46.

的严重分歧。但是，与之形成鲜明对比的是，本案争端方秘鲁和智利都对裁决结果表示满意，并表态将认真履行判决。从这个意义上说，国际法院为两国的海洋争端的和平解决作出了贡献，尽管本案的判决仍有待于相关国际司法实践的进一步检验和评判。

【思考题】

本案中，引起国际法院法官对国际法院最终判决结果严重分歧的原因有哪些？

案例三　索马里诉肯尼亚案

【基本案情】

2014年8月28日，索马里提交请求书，对肯尼亚提起诉讼，诉讼涉及两国均有主张的印度洋海洋空间划界争端。索马里在请求书中请法院"根据国际法，确定划分印度洋上属于索马里和肯尼亚的所有海域、包括200海里以外大陆架的单一海洋边界的完整走向"。作为法院管辖权的依据，请求国援引了《国际法院规约》第36条第2项的规定，并提及索马里于1963年4月11日和肯尼亚于1965年4月19日作出的承认法院强制管辖权的声明。此外，索马里还提出，双方当事国均在1989年批准《联合国海洋法公约》，其中第282条强调了国际法院管辖权。

法院院长于2014年10月16日发布命令，设定索马里提交诉状和肯尼亚提交辩诉状的时限。索马里的诉状得以在设定时限内提交。2015年10月7日，肯尼亚提出反对意见。按照《国际法院规约》，审理案情实质的程序随即暂停。

2016年9月19日至23日公开听审。2017年2月2日，法庭驳回了肯尼亚提出的反对意见，认定"法院具有审理索马里联邦共和国于2014年8月28日提交之请求书的管辖权，而且该请求书可以受理"。

法院于2017年2月2日发布命令，设定2017年12月18日为肯尼亚提交辩诉状的新时限。该辩诉状得以在设定时限内提交。

法院于2018年2月2日发布命令，准许索马里提交答辩状、肯尼亚提交复辩状，并分别设定2018年6月18日和2018年12月18日为提交这些诉答状的时限。这些诉答状均得以在设定时限内提交。

法院原定于2019年9月9日至13日就案情实质举行公开听审，但在肯尼亚接连请求推迟听审后，法院考虑到索马里就这些请求表达的意见，先是决定将口头诉讼程序推迟至2019年11月4日开始的那一周，后又决定推迟至2020年6月8日开始的那一周。

2020年5月，法院决定将听审推迟至2021年3月15日开始的那一周。法院是在肯尼亚因COVID-19大流行而提出推迟请求后作出了这一决定，作出决定前适当考虑了双方当事国在这方面提出的意见和论点。

【主要法律问题】

一、本案国际法院管辖权如何确定？

二、本案涉及海洋划界的争端解决应依据哪些原则？

【主要法律依据】

一、《国际法院规约》第36条❶；

二、《联合国海洋法公约》第282条❷。

【理论分析】

《联合国海洋法公约》于1982年通过后，在海洋划界领域展开法律适用，印度洋在相关争端解决方面提供了许多宝贵经验和法律实践，形成了许多国际司法案例，如红海划界案、孟缅划界案、卡塔尔诉巴林案等，为本案争端的解决提供了借鉴。

印度洋基于其重要的战略位置和地缘政治，形成法律与政治相互影响下的划界问题，解决划界争议的方法一般包括国家协议解决和司法解决两种。依据划界的公平原则和等距离原则，分析划界的影响因素，例如政治问题等，有利于促进争端的解决。

对于本案，应结合已有的、公信力较高的司法判例，创新法律技术，虑及政治影响因素，结合划界的基本原则，促进争端解决。关于本案的管辖权问题，索马里依据《国际法院规约》第36条、《联合国海洋法公约》第282条请求法院受理诉讼请求，肯尼亚提出反对意见，但被法院驳回。最终法院还是受理了该案。

---

❶ 《国际法院规约》第36条

一、法院之管辖包括各当事国提交之一切案件，及联合国宪章或现行条约及协约中所特定之一切事件。

二、本规约各当事国得随时声明关于具有下列性质之一切法律争端，对于接受同样义务之任何其他国家，承认法院之管辖为当然而具有强制性，不须另订特别协定：

（子）条约之解释。

（丑）国际法之任何问题。

（寅）任何事实之存在，如经确定即属违反国际义务者。

（卯）因违反国际义务而应予赔偿之性质及其范围。

三、上述声明，得无条件为之，或以数个或特定之国家间彼此拘束为条件，或以一定之期间为条件。

四、此项声明应交存联合国秘书长并由其将副本分送本规约各当事国及法院书记官长。

五、曾依常设国际法院规约第36条所为之声明而现仍有效者，就本规约当事国间而言，在该项声明期间尚未届满前并依其条款，应认为对于国际法院强制管辖之接受。

六、关于法院有无管辖权之争端，由法院裁决之。

❷ 《联合国海洋法公约》第282条 一般性、区域性或双边协定规定的义务：

作为有关本公约的解释或适用的争端各方的缔约国如已通过一般性、区域性或双边协定或以其他方式协议，经争端任何一方请求，应将这种争端提交导致有拘束力裁判的程序，该程序应代替本部分规定的程序而适用，除非争端各方另有协议。

【思考题】

一、印度洋划界的司法解决途径有哪些？

二、海洋划界争端和平解决的国际法意义有哪些？

三、结合公平原则和等距离划界方法，分析印度洋划界存在哪些影响因素？

四、搜集红海划界案、孟缅划界案、卡塔尔诉巴林案等相关判例，分析其对本案的启示。

第五节　国际条约法

案例一　伯利劳夫人案

【基本案情】

1981年5月，瑞士公民马兰·伯利劳夫人参加了示威游行，并由于该示威游行未经授权而被洛桑警方罚款。伯利劳夫人不服，提起上诉，认为瑞士政府允许警方在未经独立和公正的法院审查的情况下作出事实上的决定，违反了《欧洲人权公约》第6条第1款的规定。瑞士联邦法院驳回了上诉，理由是瑞士对《欧洲人权公约》第6条第1款作了解释性说明。❶ 瑞士联邦委员会在解释性声明中称，瑞士认为该公约第6条第1款的规定只是为了保证可以对公共当局作出的决定进行司法控制。因此，《欧洲人权公约》对瑞士的适用受到限制。伯利劳夫人不服该解释，在1983年向欧洲人权委员会提起诉讼，欧洲人权委员会经审议认为，该解释性声明不是保留，即使是保留，也不符合《欧洲人权公约》第64条的规定，可认定为无效。瑞士对判决不服，向欧洲人权法院上诉，法院于1988年4月20日作出判决。

【主要法律问题】

一、瑞士政府所作的是"解释性声明"还是"保留"？

二、如果上一个问题的答案是保留，那么该保留是否有效？

---

❶ 瑞士对《欧洲人权公约》第6条第1款作的解释性声明：瑞士联邦委员会认为，该公约第6条第1款关于在决定某人的民事权利和义务或者确定对某人的任何刑事罪名时应予公正审讯的保证，仅为了确保对公共当局所作的有关确定这种权利或义务或此种罪名的行为或决定有最后的司法控制。

【主要法律依据】

一、《条约法公约》第21条❶、第23条❷、第48条❸、第50条❹;

二、《欧洲人权公约》第6条第1款❺、第64条❻。

【理论分析】

一、瑞士政府所作的是"解释性声明"还是"保留"?

根据《条约法公约》对保留的相关规定,保留有以下三个特点:第一,保留是某个国家的单方面的声明,即国际法的主体单方面所作出的行为,无须经过他人同意或授权即可提出,其目的在于排除或更改条约中的某些条款对该国的效力。由于保留是单方面国际法主体的行为,保留的提出不一定会产生保留方所期望的法律效果。一般来说,一项保留必须得到至少一个缔约方的接受,才能产生法律效力。第二,保留的

---

❶ 《条约法公约》第21条 保留及对保留提出之反对之法律效果

一、依照第19条、第20条及第23条对另一当事国成立之保留:(a)对保留国而言,其与该另一当事国之关系上照保留之范围修改保留所关涉及条约规定;及(b)对该另一当事国而言,其与保留国之关系上照同一范围修改此等规定。

二、此项保留在条约其他当事国相互间不修改条约之规定。

三、倘反对保留之国家未反对条约在其本国与保留国间生效,此项保留所关涉之规定在保留之范围内于该两国间不适用。

❷ 《条约法公约》第23条 关于保留之程序

一、保留、明示接受保留及反对保留,均必须以书面提具并致送缔约国及有权成为条约当事国之其他国家。

二、保留系在签署须经批准、接受或赞同之条约时提具者,必须由保留国在表示同意承受条约拘束时正式确认。遇此情形,此项保留应视为在其确认之日提出。

三、明示接受保留或反对保留系在确认保留前提出者,其本身无须经过确认。

四、撤回保留或撤回对保留提出之反对,必须以书面为之。

❸ 《条约法公约》第48条 错误

一、一国得援引条约内之错误以撤销其承受条约拘束之同意,但此项错误以关涉该国于缔结条约时假定为存在且构成其同意承受条约拘束之必要根据之事实或情势者为限。

二、如错误系由关系国家本身行为所助成,或如当时情况足以使该国知悉有错误之可能,第一项不适用之。

三、仅与条约约文用字有关之错误,不影响条约之效力,在此情形下,第79条适用之。

❹ 《条约法公约》第50条 对一国代表之贿赂

倘一国同意承受条约拘束之表示系经另一谈判国直接或间接贿赂其代表而取得,该国得援引贿赂为理由撤销其承受条约拘束之同意。

❺ 《欧洲人权公约》第6条第1款 在决定某人的公民权利和义务或者在决定对某人确定任何刑事罪名时,任何人有理由在合理的时间内受到依法设立的独立而公正的法院的公平且公开的审讯。判决应当公开宣布。但是,基于对民主社会中的道德、公共秩序或者国家安全的利益,以及对民主社会中的少年的利益或者是保护当事人的私生活权利的考虑,或者是法院认为,在特殊情况下,如果公开审讯将损害公平利益的话,可以拒绝记者和公众参与旁听全部或者部分审讯。

❻ 《欧洲人权公约》第64条

一、任何国家在签订本公约或者交存批准书时,如因该国领土内现行有效的任何法律与本公约的任何规定不相符合,必须声明对此作出保留。一般性质的保留不得根据本条规定获得许可。

二、根据本条规定所作出的任何保留,应当记载对有关法律的简要说明。

目的在于保留方想要排除或改变条约中的某些条款对保留方适用时的法律效力。因此，不具备这一特征的所谓"保留"不是真正的保留。第三，保留必须以书面形式提出。对于本案中瑞士政府所作的"解释性声明"是不是"保留"的问题，法院认为，必须根据起草声明者的真实意图来决定。法院认为有文件可以表明，瑞士正在考虑正式保留，但随后使用了"声明"一词。此外，从解释性声明的内容来看，瑞士联邦委员会关心的是过于诉诸法院可能会有损瑞士联邦各州的公共行政和司法制度的权威。因此，发表该声明可以判断为瑞士同意受条约约束的条件，该解释性声明也限制了瑞士在条约下的义务。因此，法院判断该解释性声明本质上是保留。

二、如果上一个问题的答案是保留，那么该保留是否有效？

欧洲人权法院认为，瑞士的"解释性声明"在内涵和形式上均不符合《欧洲人权公约》有关保留的规定，因此是无效的。一方面，在内涵上，瑞士所作的"解释性声明"所用的语言相对模糊，意义太广，无法确定真实的范围和意义。另一方面，在形式上，这一保留没有按照《欧洲人权公约》第64条第2款的规定附加有关法律的简要说明。因此，该保留无效。欧洲人权法院最终认为，瑞士政府违反了《欧洲人权公约》第6条的义务。

伯利劳夫人案判决了国际上第一个地区法院无效搁置的案例。这个事件中提出的难题之一是"保留"和"解释性声明"的区别问题。解释性声明是指缔约方在签署、批准或加入某一条约时对条约某一规定的理解性声明。关于"解释性声明"是否被视为"保留"，是个极其复杂的问题。国际法委员会在起草1969年《条约法公约》草案时，菲茨莫里斯和沃尔多克认为，解释性声明不是保留，保留的规则也不适用于解释性声明。然而，国际法委员会1962年通过的《关于条约法公约草案的报告》认为，一国的解释性声明可能是澄清其立场，也可能等同于保留，是否等同于保留需要根据声明是否具有排除或更改条约中某些条款适用的法律效果来决定。在1969年维也纳条约法会议上，委员会的上述观点基本上被所有国家接受。因此，一般而言，如果一国的解释性声明具有修改或排除条约适用的法律效力时，应被视为保留。若相反，则只是对条约的解释，不具有保留的效果。❶

【思考题】

现代条约保留制度的形成源于1951年国际法院就《防止及惩治灭绝种族罪公约》的保留问题发表的咨询意见。试述现代条约保留制度的主要规则，并分析其有何利弊。

---

❶ 石磊. 试论条约保留的概念及与解释性声明的区别 [J]. 信阳师范学院学报（哲学社会科学版），2003（4）：55.

第一章 国际公法

案例二 贾达夫案

【基本案情】

印度共和国（印度）于2017年5月8日在书记官处提交请求书，起诉巴基斯坦伊斯兰共和国（巴基斯坦）在拘禁和审判印度国民库勒布山·苏德希尔·贾达夫先生事项上违反了1963年4月24日《维也纳领事关系公约》（以下简称《领事关系公约》），贾达夫先生在巴基斯坦被判死刑。印度在提交请求书的同时还提出了一项关于指示采取临时措施的请求，请求国际法院（法院）指示：

（a）巴基斯坦伊斯兰共和国政府采取一切必要措施，确保库勒布山·苏德希尔·贾达夫先生不被处决；

（b）巴基斯坦伊斯兰共和国政府向法院报告其依照（a）分段采取的行动；

（c）巴基斯坦伊斯兰共和国政府确保不采取任何行动损及印度共和国或库勒布山·苏德希尔·贾达夫先生与法院就案件实质可能作出的任何判决有关的权利。

应印度的请求，法院院长根据《国际法院规则》第74条第4款，要求巴基斯坦政府在法院就指示临时措施的请求作出裁定之前，注意使法院针对临时措施请求可能发出的任何命令能够产生适当效果。

2017年5月18日，国际法院就印度在贾达夫案（印度诉巴基斯坦）中提交的关于指示采取临时措施的请求发布了命令。在其命令中，国际法院指示了多项临时措施，命令巴基斯坦采取其能够采取的一切措施，确保在本诉讼终局判决作出之前不处决贾达夫先生，并向法院通报为执行本命令采取的全部措施。

【主要法律问题】

国际法院为什么支持了印度的诉求并指示了多项临时措施？

【主要法律依据】

一、《国际法院规则》第74条❶、《国际法院规约》第36条❷；

---

❶《国际法院规则》第74条
一、指示临时措施的请求应较一切其他案件居优先地位。
二、如果在提出这项请求时法院不开庭，法庭应立即开庭，作为紧急事项为这项请求作出裁定。
三、法院或院长在法院不开庭时，应确定审讯日期，提供当事国双方派人出席的机会。法院应听取和考虑在口述程序结束前向其提出的任何意见。
四、在法院开会前，院长得要求当事国双方以适当的方式行事，使法院对其指示临时措施的请求所发出的命令能具有适当的效果。
❷《国际法院规约》第36条
一、法院之管辖包括各当事国提交之一切案件，及联合国宪章或现行条约及协约中所特定之一切事件。

045

二、《领事关系公约》附带的《关于强制解决争端之任择议定书》第 1 条❶；

三、《领事关系公约》第 36 条第 1 款❷。

【理论分析】

一、法院的初步管辖权。

法院一开始就指出，只有在原告国所依据的规定初步看来为设定管辖权提供了依据时，法院才能指示临时措施，但法院不需要明确确定其对案件实质拥有管辖权。法院指出，在本案中，印度力求以《国际法院规约》第 36 条第 1 款和《领事关系公约》附带的《关于强制解决争端之任择议定书》（以下简称《任择议定书》）第 1 条的规定作为法院管辖权的依据。因此，法院必须首先寻求确定《任择议定书》第 1 条是否初步赋予其裁定案件实质的管辖权，使得法院在其他必要条件得到满足的情况下能够指示临时措施。此外，印度声称当事国之间在《领事关系公约》第 36 条第 1 款的解释和适用上存在争端。

原告国寻求以《国际法院规约》第 36 条第 1 款和《任择议定书》第 1 条，而非以当事国根据《国际法院规约》第 36 条第 2 款作出的声明作为其管辖权的依据。在这方面，法院指出，如果其管辖权是根据《国际法院规约》第 36 条第 1 款基于具体的"现行条约及协约"，则无须考虑对其他可能的针对管辖权依据提出的反对意见。因此，当事国根据《国际法院规约》第 36 条第 2 款所作声明中包含的任何保留均不妨碍《任择议定书》中专门规定的法院管辖权。法院因此认为，它不需要进一步审查这些保留。

关于在请求书提交之日当事国之间是否看起来存在关于《领事关系公约》的解释

（接上注）

二、本规约各当事国得随时声明关于具有下列性质之一切法律争端，对于接受同样义务之任何其他国家，承认法院之管辖为当然而具有强制性，不须另订特别协定：（子）条约之解释。（丑）国际法之任何问题。（寅）任何事实之存在，如经确定即属违反国际义务者。（卯）因违反国际义务而应予赔偿之性质及其范围。

三、上述声明，得无条件为之，或以数个或特定之国家间彼此拘束为条件，或以一定之期间为条件。

四、此项声明应交存联合国秘书长并由其将副本分送本规约各当事国及法院书记官长。

五、曾依常设国际法院规约第 36 条所为之声明而现仍有效者，就本规约当事国间而言，在该项声明期间尚未届满前并依其条款，应认为对于国际法院强制管辖之接受。

六、关于法院有无管辖权之争端，由法院裁决之。

❶《领事关系公约》附带的《关于强制解决争端之任择议定书》第 1 条　公约解释或适用上发生之争端均属国际法院强制管辖范围，因此争端之任何一方如系本议定书之缔约国，得以请求书将争端提交国际法院。

❷《领事关系公约》第 36 条第 1 款　为便于领馆执行其对派遣国国民之职务计：

一、领事官员得自由与派遣国国民通讯及会见。派遣国国民与派遣国领事官员通讯及会见应有同样自由；

二、遇有领馆辖区内有派遣国国民受逮捕或监禁或羁押候审或受任何其他方式之拘禁之情事，经其本人请求时，接受国主管当局应迅即通知派遣国领馆。受逮捕、监禁、羁押或拘禁之人致领馆之信件亦应由该当局迅予递交。该当局应将本款规定之权利迅即告知当事人。

三、领事官员有权探访受监禁、羁押或拘禁之派遣国国民，与之交谈或通讯，并代聘其法律代表。领事官员并有权探访其辖区内依判决而受监禁、羁押或拘禁之派遣国国民。但如受监禁、羁押或拘禁之国民明示反对为其采取行动时，领事官员应避免采取此种行动。

或适用的争端的问题，法院注意到，关于印度根据《领事关系公约》向贾达夫先生提供领事协助的问题，当事国之间确实看起来曾有分歧并且至今仍有分歧。印度多次坚持说，以前和现在都应当向贾达夫先生提供《领事关系公约》规定的领事协助，但巴基斯坦却表示，对此种协助，要视印度对巴基斯坦在调查贾达夫先生的过程中所提协助请求的答复情况而加以考虑。法院得出结论认为，上述要素在这一阶段足以初步确立，在请求书提交之日，对于就贾达夫先生的逮捕、拘禁、审判和判刑提供《领事关系公约》规定的领事协助问题，当事国之间存在争端。

法院随后指出，为确定其是否有管辖权，哪怕是初步管辖权，必须先确定其可以基于《任择议定书》第1条，对此种争端拥有属事管辖权。在这方面，法院指出，印度指称的行为属于《领事关系公约》第36条第1款的范围，该款除保障派遣国有权与被接受国羁押的派遣国国民通讯和会见，也保障其国民有权被告知他们的权利。法院认为，巴基斯坦据控未能就贾达夫先生的逮捕和拘禁提供所要求的领事通知，也不允许印度进行通信和探访，这看起来属于《领事关系公约》的属事管辖范围。

法院认为，上述因素在这一阶段足以确立一点，即当事国之间存在符合《领事关系公约》有关条款规制并涉及该公约第36条第1款的解释或适用的争端。

法院还指出，《领事关系公约》并没有任何条款明确将涉嫌从事间谍活动或恐怖主义活动的人员排除在该公约的适用范围之外。法院的结论是，在这个阶段，不能得出结论认为《领事关系公约》第36条不适用于贾达夫先生的案件，并因此依据初步证据排除法院根据《任择议定书》拥有的管辖权。

因此，法院认为，根据《任择议定书》第1条的规定，其拥有审理当事国之间这一争端的初步管辖权。

二、所寻求予以保护的权利和所请求的措施。

《国际法院规约》第41条授予国际法院指示临时措施的权力，其目的在于在它对案件实质作出裁决之前保全案件当事方各自主张的权利。因此，法院必须有意通过这些措施保全以后会被其判定属于其中一方的权利。因此，只有在法院确信请求采取此类措施的当事方所诉求的权利至少看似有理时，法院才可行使上述权力。此外，构成由法院裁决案件实质的诉讼之事由的权利与寻求采取的临时措施之间必须存在联系。

因此，法院首先考虑印度就案件实质所主张并寻求保护的权利是否具有表面合理性。法院指出，《领事关系公约》第36条第1款确认，存在一国与其国民之间的领事通知权和探访权，拘禁国有义务迅速告知所涉人员其在领事协助方面的权利，并有义务允许行使领事协助。

法院回顾说，印度诉称，该国一位国民在巴基斯坦被逮捕、拘禁、审理并判处死刑，但巴基斯坦却没有通知印度，也没有向其提供探访其国民的机会。印度还声称，贾达夫先生没有被迅速告知其享有领事协助方面的权利，也未被允许行使这些权利。巴基斯坦没有反驳这些指控。

法院认为，考虑到当事国提出的法律论点和证据，印度在本案中根据《领事关系公约》第 36 条第 1 款援引的权利具有表面合理性。

法院接着审议所主张的权利与所请求的临时措施之间的关联问题。法院注意到，印度寻求的临时措施是要确保巴基斯坦政府不采取任何有可能损及印度所诉权利的行动，特别是采取一切必要措施防止贾达夫先生在法院作出终局判决前被处决。法院认为，这些措施的目的是保全印度和贾达夫先生根据《领事关系公约》第 36 条第 1 款享有的权利。法院得出结论认为，印度所主张的权利和寻求的临时措施存在关联。

三、造成无法弥补的损害的风险及紧迫性。

法院回顾说，其有权在争端所涉权利可能受到不可弥补的损害时指示采取临时措施，但仅在有关权利面临迫在眉睫的真实风险、可能受到不可弥补的损害的紧急情况下才行使这一权力。

在不预判对贾达夫先生死刑判决的任何上诉或申请结果的前提下，法院认为，就印度所主张的权利遭受不可弥补的损害风险而言，仅凭贾达夫先生被判决并因此可能被执行死刑的事实，就足以证明存在这样的风险。

法院认为，何时能就上诉或申请作出裁判，以及在维持原判情况下贾达夫先生何时会被处决，均有相当大的不确定性。巴基斯坦表示，对贾达夫先生的行刑不太可能在 2017 年 8 月底之前进行。对法院而言，这意味着在那之后，在法院尚未就本案作出终局判决之前，处决可能随时发生。法院还指出，巴基斯坦并未保证在法院作出终局判决之前不处决贾达夫先生。在这种情况下，法院认为本案存在紧迫性。

法院补充说，就不可弥补的损害和紧迫性标准而言，贾达夫先生最终可能向巴基斯坦当局申请宽大处理或者其行刑日期尚未确定的事实本身并不属于阻止法院指示临时措施的情形。法院指出，本案中提交其审理的问题并不涉及一国是否有权实施死刑的问题。

法院从上述所有考虑中得出结论认为，《国际法院规约》规定的法院指示临时措施应符合的条件已得到满足，因此必须指示采取特定措施，在其作出终局判决前保护印度主张的权利。

【思考题】

结合本案谈谈，国际法院在裁判时是如何适用国际条约的？国际条约有何作用？

案例三　美国诉伊朗"人质危机"案

【基本案情】

伊朗人质危机发生于伊朗伊斯兰革命后。伊朗人民对于美国帮助巴列维推翻摩萨台政府、长年干涉伊朗内政的行为十分不满。在伊朗举国上下反美情绪高涨的背景下，美国无视伊朗当局的强烈抗议，准许巴列维赴美治病，更是激化了伊朗人民对美方的仇视心理。

1979年11月4日，伊朗首都的学生袭击并占领了美国驻伊朗的使馆，扣押了数十位当时位于馆舍内的美国人作为人质，以迫使美国政府引渡巴列维回国接受审判。该事件发生后，美国试图通过外交途径解决人质危机，但伊朗当局支持伊朗人占领美国使领馆、拒绝释放人质，美、伊两国就此问题谈判未果。随后美方对伊朗采取报复，伊朗亦对美方回以反报。美国政府于同月29日通过国际法院对伊朗提起诉讼，请求法院判决伊朗违反了美、伊两国间的国际条约以及一般国际法规则中对美国所负的国际法律义务并应承担相应国际责任。然而，伊朗政府却对国际法院的管辖权提出异议，认为"人质危机"本质上是伊朗主权问题，属于国内管辖事项。

国际法院于同年12月10日开庭审理本案，并于次年5月24日作出实质判决：判定伊朗政府未履行其应当承担的条约义务，必须立即终止非法扣押行为并释放美方人质。然而，国际法院的判决未能得到及时有效执行。1981年1月20日，经过长达444天的漫长谈判斡旋，美方人质最终获释。

【主要法律问题】

一、美国与伊朗的"人质危机"是否属于国际争端？
二、国际法院能否对美国诉伊朗一案行使诉讼管辖权？
三、美国对伊朗采取报复是否符合国际法？

【主要法律依据】

一、1961年《维也纳外交关系公约》（以下简称《外交关系公约》）第22条第1款❶、第22条第2款❷；
二、1963年《领事关系公约》第33条❸、第40条❹。

【理论分析】

一、美国与伊朗的"人质危机"是否属于国际争端？

国际争端是指两个或者两个以上公认的国际法主体（主要是国家）之间，由于法律权利或政治利益的冲突所产生的争执和对立。具有以下特点：第一，国际争端当事方是国家以及其他国际法主体；第二，国际争端涉及的利益范围较广、关系重大，需

---

❶ 1961年《外交关系公约》第22条第1款　使馆馆舍不得侵犯。接受国官吏非经使馆馆长许可，不得进入使馆馆舍。
❷ 1961年《外交关系公约》第22条第2款　接受国负有特殊责任，采取一切适当步骤保护使馆馆舍免受侵入或损害，并防止一切扰乱使馆安宁或有损使馆尊严之情事。
❸ 1963年《领事关系公约》第33条　领馆档案及文件无论何时，亦不论位于何处，均属不得侵犯。
❹ 1963年《领事关系公约》第40条　接受国对于领事官员应表示适当尊重并应采取一切适当步骤以防其人身自由或尊严受任何侵犯。

要慎重解决,处理后果不仅影响某一地区,甚至会辐射全球其他国家;第三,由于国家是最高的主权者,在处理国际争端时,国际法庭的判决以及执行法院判决的公共权力不可能凌驾于国家主权之上,这使得处理国际争端时往往阻力较大,国际法院作出的实质判决在执行时有遭到无视的可能。[1] 本案中"人质危机"的争端当事方系美国、伊朗两个独立的主权国家,二者都是公认的国际法主体。伊方辩称袭击美国驻伊朗使领馆、扣押美方人质的行为是伊朗国内革命运动的一个缩影,属于伊朗的国内管辖事项,显然伊朗政府的行为属于国家行为,本案中的"人质危机"是美、伊两国在国际交往中因意识形态、宗教问题、民族问题等原因诱发的国际争端。此外,本案涉及重大国家利益、当事方有违反国际条约规定的应尽国际义务之嫌,国内法和国内法庭无法处理复杂的争端事项。因此,美国与伊朗的"人质危机"属于国际争端,而并非伊朗政府向国际法院辩称的国家主权问题。

二、国际法院能否对美国诉伊朗一案行使诉讼管辖权?

国际法院是联合国的六个主要机关之一,是《联合国宪章》规定设立的联合国的司法机关。然而,国际法院并非受理所有的国际争端,并非所有国家都可以向国际法院提起诉讼,为此《国际法院规约》规定了详细的适用规则。

首先,国际法院是为了执行解决国际争端之任务而设立的国际机构,且只受理国家间的争端。本案中涉及的国家间冲突属于国际争端,符合国际法院的受案范围。其次,个人、法人等权益受损时无法直接向国际法院请求司法救济,国家才是向国际法院提起诉讼的唯一合法主体,只有联合国会员国、接受安理会规定参加《国际法院规约》的"条件"的非会员国以及事先承诺接受法院管辖的国家,承诺遵守判决并承认安理会有执行判决的权利的非会员国和非规约当事国,这四类国家可以向国际法院提起诉讼。美国作为联合国会员国,有向国际法院提起诉讼的主体资格。再次,《国际法院规约》在诉讼程序方面同样有所要求。美国政府自愿向国际法院书记处提交起诉伊朗政府的申请书,采取以单方自愿为基础的单方请求书方式启动诉讼程序。综上,在本案中美国符合《国际法院规约》中向国际法院提起诉讼的相关规定,国际法院就美国诉伊朗一案享有诉讼管辖权。

国际法院作出的判决虽然具有法律约束力,但国际法院是为了解决国家之间的争端而设立的,并非凌驾于国家主权之上的组织,对其作出的判决没有强制执行的权力。在本案中,国际法院作出实质判决后,并未对美、伊人质危机问题的解决起到决定性的效果。

三、美国对伊朗采取报复是否符合国际法?

在本案中,美国与伊朗的"人质纠纷"分为两个阶段:第一,事件的起因是,在美国驻伊朗大使馆门前抗议示威的一部分伊朗人冲进美国使领馆,占领并扣押了多名美国人质。事出突然,伊朗政府未能及时尽到对使馆馆舍、领馆馆舍以及外交人员、

---

[1] 曾令良. 国际公法学 [M]. 北京:高等教育出版社,2018:360.

领事人员的保护义务。第二,美国和伊朗双方就解决人质问题进行谈判时,伊朗政府未充分履行其根据有效条约所负担的义务,拒不配合美方使领馆请求保护的合理要求,拒不采取有效措施迫使袭击者撤出使馆馆舍、释放人质。"人质纠纷"从袭击者与美国之间的矛盾转变为伊朗政府与美国政府之间的争执。美、伊谈判破裂,美方针对伊朗的不法行为采取报复。

报复是解决国际争端的强制方法。传统国际法中规定了解决国际争端的方法分为强制方法和非强制方法,战争最初在传统国际法中被规定为合法的争端解决手段。随着和平解决国际争端作为一项国际法原则在现代国际法中确立,战争手段已从解决国际争端的合法方法中剔除。现代国际法中解决国际争端的方法亦可分为强制方法和非强制方法两种,强制方法是争端一方为解决国际争端而单方面采用的某些具有强制性的措施和方法。在现代国际法中,强制方法包括平时封锁、干涉、报复和反报等。报复是指一国对他国的国际不法行为采取与之相应的强制措施。在本案中,伊朗政府的行为违反了根据美、伊两国之间有效的国际条约和长期公认的一般国际法规则而产生的义务,是国际不法行为。美国政府有权对伊朗的不法行为采取报复。此外,美国向国际法院提起对伊朗政府的诉讼、与伊朗政府进行外交谈判分别属于非强制方法中的法律解决方法和政治解决方法。

根据和平解决国际争端的国际法原则,争端双方可以自愿选择一切合法的争端解决方法。因此,美国政府在与伊朗政府进行谈判的同时,向国际法院提起对伊朗政府的诉讼、对伊朗采取制裁措施都是符合国际法规定的合法行为。

【思考题】

一、试比较思考解决国际争端的强制方法和非强制方法在解决国际争端方面的实际效果。

二、试思考如何加强国际法院判决的有效执行。

案例四 卡塔尔诉阿联酋案

【基本案情】

2018年6月11日,卡塔尔对阿拉伯联合酋长国(阿联酋)提起诉讼,认为其违反了1965年12月21日《消除一切形式种族歧视国际公约》,而两国都是该公约的缔约国。卡塔尔在请求书中称,"阿联酋颁布并实施了一系列明确基于民族身份而针对卡塔尔人的歧视性措施,而且这些措施至今仍然有效",因此导致了所指控的侵犯人权行为。请求国请求法院裁断并宣布阿联酋违反了《消除一切形式种族歧视国际公约》第2条、第4条、第5条、第6条和第7条规定的义务,并且阿联酋必须采取一切必要步骤履行这些义务。请求国要求根据《国际法院规约》第36条第1款和两国同为缔约国的《消除一切形式种族歧视国际公约》第 22 条确立法院的管辖权。

2018 年 6 月 11 日,卡塔尔还提交了一份指示采取临时措施的请求,目的是在等待案件最终判决之前,"防止卡塔尔人及其家人基于《消除一切形式种族歧视国际公约》的权利受到更严重的损害……并防止争端加剧或扩延"。

法院于 2018 年 7 月 23 日就该请求发布命令,其中特别指出,阿联酋必须确保:第一,因阿联酋 2017 年 6 月 5 日采取的措施而分离的卡塔尔—阿联酋家庭团聚;第二,受阿联酋 2017 年 6 月 5 日采取的措施影响的卡塔尔学生有机会在阿联酋完成学业,如果他们希望在其他地方继续学习,也可以获得教育记录;第三,受阿联酋 2017 年 6 月 5 日采取的措施影响的卡塔尔人可以诉诸阿联酋的法庭和其他司法机关。

2018 年 7 月 25 日,法院院长发布命令,设定卡塔尔提交诉状和阿联酋提交辩诉状的时限。卡塔尔的诉状得以在设定时限内提交。

2019 年 3 月 22 日,阿联酋向法院书记官处提出指示采取临时措施的请求,以"在本案中维护其程序性权利;防止卡塔尔在本案作出最终裁判之前进一步加剧或扩大双方之间的争端"。

2019 年 4 月 30 日,阿联酋提出初步反对意见,按照《国际法院规约》,审理本案案情实质的程序随即暂停。

2019 年 6 月 14 日,法院发布命令,驳回阿联酋提交的关于指示采取临时措施的请求。

2019 年 8 月 30 日,卡塔尔在法院院长确定的时限内提交了一份书面陈述,其中载有对阿联酋提出的初步反对意见的看法和结论。

法院定于 2020 年 8 月 31 日至 9 月 7 日就初步反对意见举行公开听审。

【主要法律问题】

一、本案中国际法院对卡塔尔的诉讼是否享有管辖权?
二、阿联酋提交的临时措施是否具有国际法依据?

【主要法律依据】

一、《消除一切形式种族歧视国际公约》第 2 条、第 4 条、第 5 条、第 6 条、第 7 条、第 22 条;[1]
二、《国际法院规约》第 36 条、第 41 条。

【理论分析】

一、本案中国际法院对卡塔尔的诉讼是否享有管辖权?
2018 年 7 月 23 日,法院裁定其具有临时管辖权,认为没有理由改变先前的结论,

---

[1] 法条具体内容详见"法邦网",https∥/code.fabao365.com/law_29736_3.html。

因此对本案具有临时管辖权。

2018年3月8日，卡塔尔依据《消除一切形式种族歧视国际公约》第11条向消除种族歧视委员会递交来文。2019年8月29日，消除种族歧视委员会在第九十九届会议中受理了卡塔尔与沙特阿拉伯、阿联酋之间的来文。阿联酋要求采取的临时措施包括：要求法院命令卡塔尔撤回提交给消除种族歧视委员会的信函，并采取一切必要行动结束对信函的审查；要求法院立即命令卡塔尔停止阻挠阿联酋协助卡塔尔公民的努力，包括不要阻止卡塔尔公民访问申请返回阿联酋的网站；要求法院命令卡塔尔立即采取措施，防止媒体机构散布有关阿联酋的纠纷，防止争端扩大化；要求卡塔尔终止相关扩大纠纷的行动。

二、阿联酋提交的临时措施是否具有国际法依据？

2019年6月14日，法院驳回阿联酋的临时措施申请。对于第一项申请，当事人只有确定享有特定权利才能指示临时措施，法院认为这是条约解释问题，而不是一项具体权利。对于第二项申请，法院认定它不影响阿联酋在《消除一切形式种族歧视国际公约》下的权利。对于第三项、第四项申请，法院认为上述两项申请均是为了避免加重纠纷，不能单独提出，且2018年的命令也指示双方应避免加重纠纷。法院得出结论认为，根据《国际法院规约》第41条，该申请不符合采取临时措施的条件，但该结论不影响实质性阶段的任何方面。

【思考题】

一、分析本案，思考消除种族歧视委员会来文机制的运行程序。
二、国际法院的管辖范围有哪些？
三、指示临时措施的申请条件有哪些？

案例五　关于就停止核军备竞赛和实行核裁军进行谈判的义务——马绍尔群岛诉印度案

【基本案情】

2014年4月24日，马绍尔群岛向国际法院（法院）提交了针对印度的申请书，认为印度作为有核国家，没有尽早就停止核军备竞赛和核裁军与其他有核国家进行谈判，请求国际法院判决印度违反了《不扩散核武器条约》和一般国际法。由于印度曾按照《国际法院规约》第36条第2款发表过单方面声明，承认国际法院的管辖权，因此，国际法院在收到马绍尔群岛的申请书后，将马绍尔群岛诉印度案件列入国际法院的案件总表。对于马绍尔群岛提起的诉讼，印度认为国际法院对指称的争端没有管辖权。法院在2014年6月16日的命令中认为，根据《国际法院规约》第79条第2款，就本案而言，有必要首先确认法院管辖权问题，相应地，应在关于案情实质的任何诉讼程序前单独裁定这一问题。为此目的，法院决定，书面的诉辩应首先讨论上述问题。

【主要法律问题】

国际法院对该案件是否有管辖权？

【主要法律依据】

《国际法院规约》第36条❶、《不扩散核武器条约》第6条❷。

【理论分析】

法院在概述双方论点之后，回顾了这一问题的法律适用。法院解释说，双方之间存在争端是法院行使管辖权的条件之一。要确定争端存在，就必须证明一方的主张遭到另一方的明确反对；双方必须就某些国际义务的履行或未履行问题持明确相反的意见。法院对是否存在争端的确定，属于实质问题，而非形式或程序问题。如果法院依据各缔约方根据《国际法院规约》第36条第2款所作声明受理案件，则无须以当事方进行事先谈判为条件，除非有关声明另有规定。此外，虽然正式的外交抗议可能是提请一方注意另一方主张的重要步骤，但这种正式抗议并非确立争端存在的必要条件。同样，通知对方提起诉讼的意图也并非法院受理的必要条件。法院接着强调，是否存在争端是法院需要客观认定的问题，而这一认定必须立足于对事实的审查。因此，法院特别考虑了双方互通的全部声明或文件，以及在多边环境中进行的全部交流。在此过程中，法院特别注意了声明或文件的作者、其预期或实际接收者及内容。此外，双方行为也可能具有相关性，尤其是在缺少外交交流的情况下。特别是，法院先前指出，如当时情况要求一国对有关主张作出答复而该国却未作回应，则可推断存在争端。有关证据则必须表明，对于提请法院审理的请求问题，当事双方"持有明确相反的意见"。法院在以往审议争端是否存在问题的判决中曾指出，如证据显示被告方知悉或不可能不知悉其意见遭到原告方的"积极反对"，则证明争端存在。

---

❶ 《国际法院规约》第36条
一、法院之管辖包括各当事国提交之一切案件，及联合国宪章或现行条约及协约中所特定之一切事件。
二、本规约各当事国得随时声明关于具有下列性质之一切法律争端，对于接受同样义务之任何其他国家，承认法院之管辖为当然而具有强制性，不须另订特别协定：（子）条约之解释。（丑）国际法之任何问题。（寅）任何事实之存在，如经确定即属违反国际义务者。（卯）因违反国际义务而应予赔偿之性质及其范围。
三、上述声明，得无条件为之，或以数个或特定之国家间彼此拘束为条件，或以一定之期间为条件。
四、此项声明应交存联合国秘书长并由其将副本分送本规约各当事国及法院书记官长。
五、曾依常设国际法院规约第36条所为之声明而现仍有效者，就本规约当事国间而言，在该项声明期间尚未届满前并依其条款，应认为对于国际法院强制管辖之接受。
六、关于法院有无管辖权之争端，由法院裁决之。
❷ 《不扩散核武器条约》第6条　每个缔约国承诺就及早停止核军备竞赛和核裁军方面的有效措施，以及就一项在严格和有效国际监督下的全面彻底裁军条约，真诚地进行谈判。

法院进一步解释说，原则上，用于确定争端是否存在的截止日期是向法院提出请求书的日期。请求之后的行为（或请求本身）可用于多种目的，特别是用于确认争端存在、澄清其主题事项或确定争端在法院作出裁决时是否已消失。然而，请求书或当事方随后在司法程序期间的行为和陈述都不能使法院认定在该司法程序中争端存在的条件已获满足。如法院对其主持的诉讼程序中当事方之间交流所引起的争端拥有管辖权，则剥夺了被告在诉讼程序启动前就针对其自身行为的某一主张作出回应的机会。此外，这也违背了要求原则上争端必须在请求书提交之前即已存在的规则。

法院随后开始论述本案，首先指出马绍尔群岛被用作很多核试验方案的场地，致使人民遭受痛苦，有关切核裁军问题的特别理由。但这一事实并不意味着本案不需要满足确定法院管辖权的条件。法院确定是否具有相关管辖权固然属于法律事项，但原告国仍需通过其案件所基于的事实证明争端存在。法院指出，印度认为双方之间没有争端，理由是马绍尔群岛未曾启动谈判，也未曾将其请求书的主题事项即其主张通知印度。印度提及国际法委员会《国家对国际不法行为的责任条款草案》第43条，受害国"应将其要求通知"据称责任国。第48条第3款将该规定比照适用于受害国以外的其他援引责任的国家。但法院指出，国际法委员会的评注明确指出，这些条款"不涉及国际法院和法庭的管辖权问题，而总的来说，也不涉及提交此类法院或法庭的案件可予受理的条件"。此外，法院驳斥了如下意见，即如果认为法院应依据各缔约方根据《国际法院规约》第36条第2款所作声明来审理案件，则当事方需要通知对方或进行事先谈判，除非有关声明另有规定。法院判例将争端是否存在问题作为管辖权问题处理，认为这取决于双方是否实质上存在争端，而不取决于争端形式或是否已通知被告方。

首先，法院注意到，马绍尔群岛提及马绍尔群岛在请求书提交日之前在若干多边论坛上作出的两项声明，马绍尔群岛认为这两项声明足以确定争端存在。马绍尔群岛引证2013年9月26日马绍尔群岛外交部长在核裁军问题大会高级别会议上发表的声明，声明"敦促所有核武器国家加紧努力，履行它们在实现有效和安全裁军方面的责任"。但是，法院认为，此声明使用的是劝诫性措辞，不能被理解为是对印度（或其他核国家）违反其法律义务的指控。这一声明并未提及谈判义务，也未提出核武器国家未能履行自身这方面的义务。声明表示核武器国家正在"努力"履行义务，呼吁加强这些努力，并非谴责它们不采取行动。法院补充说，只有当一项声明充分明确地提到某一权利主张所涉主题事项，使该权利主张所针对的国家能够确定存在或可能存在关于这一主题事项的争端时，该声明才能证明争端存在。马绍尔群岛引证的2013年声明不符合这些要求。法院注意到，马绍尔群岛在2014年2月13日纳亚里特会议上的声明比2013年声明更加深入，因为该声明有一句话声称"拥有核武库的国家未能履行"《不扩散核武器条约》第6条和习惯国际法规定的"法律义务"。印度参加了此次纳亚里特会议。但是，该会议的主题并非专指以核裁军为目的的谈判问题，而是更广泛的核武器的人道主义影响问题，虽然这一声明包含对所有核武器国家行为的一般性批评，但并未具体说明印度实施了何种相关行为而导致其据指控违反了义务。马绍尔群岛辩称，纳亚里特声明旨在以被告国多年不变的行为为由援引被告方的国际责任，但法院认为，倘若如此，具体说明就特别必要。鉴于其内容和背景都非常笼统，该声明并未要求印度作出具体回应。因此，没有回应也就无法推断出意见的对立。纳亚里特声明不足以证明马绍尔群岛和印度之间存在关于以下问题的具体争端：一是所称习惯国际法义务的存在或范围，这一义务指的是秉持诚意开展并完成谈判，进而实现在严格和有效的国际控制下全面核裁军并及早停止核军备竞赛；二是印度遵守此类义务的情况。法院的结论是，在所有情况下，根据这些声明（无论是单独还是作为整体），均不能确定印度知悉或者不可能不知悉马绍尔群岛正在指控印度违反自身义务。

其次，法院审议了马绍尔群岛提出的另一论点，即提交请求书的行为和双方在诉讼过程中所作的陈述足以证明存在争端。法院认为，马绍尔群岛援引的判例法无法证明这一点。在某些财产案中，当事方早在请求书提交日之前就在双边交流中明确提及争端存在。马绍尔群岛所提及的后来的喀麦隆诉尼日利亚案的材料涉及的是争端范围问题，而非争端是否存在问题。此外，在关于《防止及惩治灭绝种族罪公约》的适用案（波斯尼亚和黑塞哥维那诉南斯拉夫）中，虽然法院在判决书中没有明确提及任何证明争端在提交请求书之前即已存在的证据，但在该案涉及持续武装冲突的特殊背景下，双方的先前行为足以确定争端存在。在该案中，法院关注的焦点并非争端发生的日期，而是争端的确切主题事项为何，争端是否属于有关仲裁条款的范围，以及争端是否"持续至"法院裁决之日。法院重申，在请求书中或之后作出的陈述或主张可用于各种目的，特别是用于澄清所提交争端的范围，但由此产生一个之前并不存在的新争端。

法院评估了马绍尔群岛的论点，即印度维护和升级核武库以及未配合开展某些外交举措的行为显示双方之间存在争端。法院回顾，具体诉讼案件中是否存在争端的问题取决于是否有证明意见对立的证据。为此，被告行为有助于国际法院认定各方意见是否对立。然而，正如法院之前得出的结论，在本案中，马绍尔群岛在多边环境中所作声明无一述及印度的行为细节，无法根据这些声明确定印度知悉或不可能不知悉马绍尔群岛正在指控其违反相关义务。在这种情况下，印度的行为并非法院认定两国间存在争端的依据。

因此，国际法院得出结论认为，必须支持印度提出的第一项反对意见。由此可见，国际法院不具有《国际法院规约》第36条第2款规定的管辖权。因此，国际法院不必处理印度提出的其他反对意见。核裁军领域习惯国际法义务的存在和范围以及印度遵守此类义务情况的问题涉及案情实质。法院认定，在提交请求书之前，当事双方之间不存在争端，因此，法院没有审理这些问题的管辖权。

【思考题】

简述国际法院管辖权。

第六节　国家责任法

案例一　美国轰炸中国驻南斯拉夫联盟大使馆

【基本案情】

1999 年，以美国为首的北约部队用 B-2 隐形轰炸机投放了 5 枚联合直接攻击弹药（JDAM），击中了南斯拉夫首都的中华人民共和国驻南斯拉夫联盟大使馆。新华社记者邵云环、光明日报记者许杏虎和朱颖当场遇难，数十人受伤，使馆建筑严重受损。中方认为该次事件属于蓄意轰炸，可能是对中国此前反对北约轰炸南斯拉夫的报复，因此向美国提出强烈抗议。北约解释说，这是一次意外，因为使用了一张过时的美国中央情报局地图，而中国大使馆距离北约轰炸的真正目标南斯拉夫军事总部只有 180 米，两座建筑的大小和形状非常相似。

1999 年 5 月 8 日，中国政府就北约轰炸中国驻南斯拉夫大使馆发表声明称，5 月 7 日午夜，以美国为首的北约从不同角度悍然用导弹袭击了中华人民共和国驻南斯拉夫联盟共和国大使馆。大使馆严重受损，导致三人死亡，两人失踪，二十多人受伤。以美国为首的北约对南斯拉夫进行四十多天的狂轰滥炸，造成大量无辜平民伤亡。北约的这一行为是对中国主权的粗暴侵犯，是对《外交关系公约》和国际关系基本准则的践踏，这在外交史上是极其罕见的。中国政府和人民对这一野蛮暴行表示极大愤慨和严厉谴责，并提出最强烈抗议。以美国为首的北约必须对此承担全部责任，中国政府保留采取进一步措施的权利。

5 月 9 日，美国总统克林顿致函时任主席江泽民同志表示："对昨天在中国驻贝尔格莱德大使馆发生的悲惨场面和人员死亡，表示我的歉意和诚挚哀悼。"关于赔偿问题，中美双方经历了较长的谈判。截至 1999 年 12 月 16 日，经过五轮谈判，中美两国就赔偿问题达成一致。根据协议，美国政府将向中国政府支付 2800 万美元，作为对美国轰炸中国驻南联盟大使馆造成的中方财产损失的赔偿。

【主要法律问题】

一、什么是国际不法行为？
二、哪些实体的行为可以被视为国家行为？

【主要法律依据】

《国家对国际不法行为的责任条款草案》（联合国国际法委员会第 53 届会议 2001 年

11月通过）（以下简称《国家责任条款草案》）第1条❶、第2条❷、第4条❸、第5条❹、第6条❺、第7条❻、第8条❼、第9条❽、第10条❾、第11条❿。

【理论分析】

一、什么是国际不法行为？

根据《国家责任条款草案》第1条的规定，国际不法行为需要满足两个条件：一是该行为可归因于国家，属于国家行为；二是该行为违反了该国的国际义务，因此是"不法"的。两个条件缺一不可。

二、哪些实体的行为可以被视为国家的行为？

1. 国家机关的行为。

根据《国家责任条款草案》第4条的规定，可以被视为国家行为的实体有以下几种：第一，一个国家的立法、行政、司法或行使任何其他职能的机关的行为可以被视为该国的国家行为。第二，一个国家的中央政府机关和地方政府机关的行为都可以被视为国家的行为。第三，具有国家机关地位的个人或实体的行为被视为国家行为。

一个国家任何机构的行为都被视为该国的国家行为，这是国际习惯法规则。关于违反国家机关和国家指示的代理人越权行为，国家是否需要承担责任的问题，国际上

---

❶《国家责任条款草案》第1条 一国的每一国际不法行为都引起该国的国际责任。

❷《国家责任条款草案》第2条 一国的国际不法行为在下列情况下发生：（a）由作为或不作为组成的行为依国际法归于该国；并且（b）该行为构成对该国国际义务的违背。

❸《国家责任条款草案》第4条

一、任何国家机关，不论其行使立法、行政、司法或任何其他职能，不论其在国家的组织中具有何种地位，也不论它作为该国中央政府机关或一领土单位的机关的特性，其行为应视为国际法所指的国家行为。

二、机关包括依该国国内法具有此种地位的任何人或实体。

❹《国家责任条款草案》第5条 虽非第4条所指的国家机关，但经该国法律授权行使政府权力要素的个人或实体，其行为依国际法应视为该国的行为，但以个人或实体在特定情形下系以政府资格行事者为限。

❺《国家责任条款草案》第6条 由一国交由另一国支配的机关，如果为行使支配该机关的国家的政府权力要素而行事，其行为依国际法应视为支配该机关的国家的行为。

❻《国家责任条款草案》第7条 国家机关或经授权行使政府权力要素的任何个人或实体，如果以此种资格行事，即使逾越权限或违背指示，其行为仍应视为国际法所指的国家行为。

❼《国家责任条款草案》第8条 如果一人或一群人实际上是在按照国家的指示或在其指挥或控制下行事，其行为应视为国际法所指的一国的行为。

❽《国家责任条款草案》第9条 如果一个人或一群人在正式当局不存在或缺席并需要行使上述权力要素的情况下实际上行使政府权力的要素，其行为应视为国际法所指的国家的行为。

❾《国家责任条款草案》第10条 叛乱运动或其他运动的行为：

1. 成为一国新政府的叛乱运动的行为应视为国际法所指的该国的行为。

2. 在一个先已存在的国家的一部分领土或其管理下的某一领土内组成一个新的国家的叛乱运动或其他运动的行为，依国际法应视为该新国家的行为。

3. 本条不妨碍把不论以何种方式涉及有关运动的、按照第4条至第9条的规定应视为该国行为的任何行为归于该国。

❿《国家责任条款草案》第11条 按照前述各条款不归于一国的行为，在并且只在该国确认并当做其本身行为的情况下，依国际法视为该国的行为。

曾出现过两种截然不同的观点。一种是以英国为代表的欧洲各国的主张，认为所有政府必须对作为其代理人的所有公职人员实施的行为负责，否则，最终可能会允许这些政府工作人员或其代理人滥用其权力。因为在大多数情况下，无法证明政府工作人员或其代理人是否按照国家指示行事。另一种观点以美国为代表，认为主权国家在其外交进程中，对其代理人超出实际权限，且明显渎职的行为造成的损害不应承担责任。后来，经过一系列国际法案件，世界上越来越多的国家接受了当时英国代表的观点。

2. 行使政府权力要素的个人或实体的行为。

根据《国家责任条款草案》第5条的规定，"实体"是一个非常广泛的词，涵盖那些非国家机构，包括该国法律允许行使政府权力的机构。在某些情况下，这类实体如果获得国家法律授权，行使通常只有国家机关才可以行使的政府权力，如果该实体的行为确实与国家权力的行使有关，则这类实体可以是私营企业。例如，在一些国家，私营保安公司可以通过与政府签订合同的方式，派遣本公司的保安人员担任监狱警卫并根据司法判决行使拘留权等公共权力。[1]

将上述个人和实体的行为归于国家是因为有其国内法的授权。因此，如果个人或实体的行为被视为国家行为，那么该行为应该是政府行为，而不是私人或商业行为。[2]

3. 由一国交由另一国支配的机关的行为。

根据《国家责任条款草案》第6条的规定，如果A国的一个国家机关实际上被B国所支配，并且该机关所实施的行为完全是为了B国的利益，则应视为B国的行为。所以，要确定这种情况的存在，就必须确定国家机关是否被另一个国家所支配，也就是说此种情形下的国家机关是一个特定的国家机关，它服从于接受国的权威，在接受国的同意下，为了接受国的利益而实施接受国政府的某些权力。因此，根据上述条件，不具备国家机关资格的个人或实体，包括为一国提供建议的专家和顾问，在两国商定的技术援助方案下，不可能受另一国控制。此外，即使一个国家的国家机关被派往另一个国家，如果不行使接受国政府权力，其行为也不能归于接受国。比如A国为了行使集体自卫权，派出部队进驻B国，但部队仍在A国指挥之下行动，那么此时部队行使的是A国政府的权力。

4. 逾越权限或违背指示。

根据《国家责任条款草案》第7条的规定，该规定呼应上述"国家机关行为"和"被授权行使政府权力要素的个人或实体行为"，明确回答了"国家机关"和"被授权行使政府权力的个人或实体"的越权行为，甚至是违背指示的问题。根据这一原则，一国不能以国内法的规定或交付给行使国家机关或政府权力的个人或实体的指示为理由，主张他们的行为不符合国内法或不符合指示，因此不能归于该国。否则，任何国家都可以将其作为"挡箭牌"，与《国家责任条款草案》第3条的有关规定相矛盾。

---

[1] See Draft Articles on Responsibility of States for Internationally Wrongful Acts with Commentaries, 2001, pp. 92-94.

[2] See Draft Articles on Responsibility of States for Internationally Wrongful Acts with Commentaries, 2001, pp. 92-94.

在确定《国家责任条款草案》第 7 条是否适用于行使政府权力要素的国家机关或个人或实体的未经授权的行为时，需要注意的一个问题是，这些行为是不是以官方身份实施的。如果这一行为是以官方身份作出的，它将归于国家，否则，国家将不对这一行为承担国际责任。

5. 受到国家指挥或控制的行为。

根据国际法的一般原则，个人或实体的行为不能归于国家。但是，当国家与行为人或实体之间存在明确的指挥或控制关系时，行为人或实体的行为将归于国家。事实上，《国家责任条款草案》第 8 条规定，有两种行为可以归于国家，一是行为人或者实体按照国家的指示实施了违法行为；二是行为人或者实体在国家指挥或控制下实施非法行为。但需要指出的是，如果要根据这两种情况将个人或实体的行为归于国家，重要的是要证明行为人或实体与国家之间存在实际联系。❶

国际法中"将国家实际授权或指示的行为归于该国"的原则被广泛接受。在这种情况下，最常见的是国家机关招募或鼓励个人或团体作为国家正式编制以外的人员，辅助该机关的行动。例如，一些个人和团体没有明确接受国家的委托，也没有被纳入警察的编制和军队的序列，但作为警察和军队的辅助人员和志愿者，他们也可以在国内工作或被送往国外工作。❷

6. 正式当局不存在或缺席时实施的行为。

根据《国家责任条款草案》第 9 条的规定，要根据这一条款追究一个国家的国家责任，需要满足三个条件。首先，本条所指的行为必须是有效行使政府权力的行为。行为人的行为是主动为之，且是在行使政府权力。换句话说，行为人是在积极行使政府的职能。在这里，行为人行使政府职能比行为人与国家机关之间的正式联系更重要。其次，该行为必须在正式当局"不存在或缺席"的情况下进行。"不存在或缺席"，包括国家机构完全崩溃、国家机构部分崩溃、政府当局失去对部分领土的控制权等政府当局无法行使某些职能的情况。最后，在正式当局不存在或缺席的情况下，有必要行使政府权力。

7. 反叛运动或其他运动的行为。

根据《国家责任条款草案》第 10 条的规定，在两种情况下，反叛运动或其他运动的行为可归咎于国家。第一种情况是，反叛运动或其他运动推翻了旧政府，建立了新政府。在这种情况下，反叛运动在武装斗争中的行为应该归咎于新成立的政府所代表的国家。第二种情况是，尽管反叛运动未能推翻政府，但它成功地在政府统治的部分领土上建立了一个新的国家。在这种情况下，反叛运动在武装斗争中的行为应该归咎

---

❶ See Draft Articles on Responsibility of States for Internationally Wrongful Acts with Commentaries, 2001, pp. 103-104.

❷ 参见联合国《国际仲裁裁决报告》[R]. 第 4 卷, 1927, 265 页。在斯蒂芬斯案（美国诉墨西哥，1927 年）中，墨西哥军队招募了一批不包括在编制内的辅助人员作为警卫部队，其中一名警卫在执勤时开枪打死了美国人斯蒂芬斯。本案中，美墨综合索赔委员会认为，这些警卫是为墨西哥或墨西哥政府部门服务的，因此必须被视为士兵。因此，委员会决定墨西哥应对这些警卫的行为负责。

于新建立的国家。除了这两种反叛运动在一定程度上取得成功的情况之外，不成功的反叛运动的行为不能归咎于国家。国家实践也普遍支持了这条规定，即不承认不成功的反叛运动的行为可归咎于国家，只有成功建立新政府的反叛运动的行为才被视为国家行为。

8. 经一国确认并当作其本身行为的行为。

根据《国家责任条款草案》第 11 条的规定，只有在不按照前述各条款归于一国的行为，并且由该国确认并作为其本身的行为的情况下，根据国际法该行为才被视为该国的行为。通过前面的介绍，个人或团体不以国家名义履行、不行使政府职能的行为不能归于国家。但是，如果个人或群体的行为被国家视为国家的行为，则国家对这种行为负有责任。

【思考题】

国际责任法是国际法的重要分支之一，许多国际事件都可以运用国家责任法的有关理论去解释，试回答哪些实体的行为可以被视为国家行为？请举例说明。

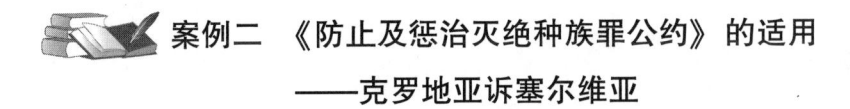

案例二　《防止及惩治灭绝种族罪公约》的适用
——克罗地亚诉塞尔维亚

【基本案情】

1999 年 7 月 2 日，克罗地亚就塞尔维亚涉嫌违反《防止及惩治灭绝种族罪公约》（以下简称《灭绝种族罪公约》）向国际法院（法院）提出针对塞尔维亚（当时为南斯拉夫联盟共和国）的请求书。克罗地亚在请求书中指控塞尔维亚在 1991 年至 1995 年的巴尔干战争期间对克罗地亚犯下了严重违反《灭绝种族罪公约》的罪行，包括惨无人道的屠杀、恐吓和强奸等，并要求塞尔维亚提供数十亿美元的战争赔偿。2002 年 9 月 11 日，塞尔维亚提出了与法院受理案件的管辖权以及与克罗地亚请求书的可受理性有关的初步反对意见；2010 年 1 月 4 日，塞尔维亚提出反诉并在反诉主张中称克罗地亚应对其在 1995 年针对塞尔维亚克拉伊纳共和国❶的两次军事行动（代号为"闪电"和"风暴"）中犯下的战争罪负责，该行为导致 20 多万塞族人被赶出家园。

本案主要涉及 1991 年至 1995 年克罗地亚仍然属于南斯拉夫社会主义联邦共和国一部分期间在克罗地亚领土上发生的事件。从政治角度来讲，克罗地亚政府与生活在克

---

❶ 塞尔维亚克拉伊纳共和国是一个在克罗地亚自南斯拉夫联邦中寻求独立时，于 1990 年至 1995 年间短暂出现的自治体。克拉伊纳是克罗地亚境内的塞族聚居区。1991 年 6 月，克罗地亚脱离南斯拉夫宣布独立，克拉伊纳的塞族坚决反对，遂宣布从克罗地亚独立。

罗地亚境内的塞族人之间的紧张关系于 20 世纪 90 年代初开始加剧。在克罗地亚于 1991 年 6 月 25 日宣布独立之后不久，克罗地亚武装部队与反对其独立的部队（即由克罗地亚境内塞族人成立的部队及各种准军事团体，统称为"塞族部队"）之间爆发武装冲突。至少从 1991 年 9 月起，南斯拉夫国防军开始插手对克罗地亚政府军的战斗。到 1991 年底，南斯拉夫国防军与塞族部队控制了前克罗地亚社会主义共和国约三分之一的领土。

1991 年底和 1992 年初，国际社会支持的谈判最终达成了《万斯计划》❶，并且部署了联合国保护部队。《万斯计划》对停火、塞族和南斯拉夫社会主义联邦共和国部队控制的克罗地亚地区解除武装、难民回返以及为解决持久政治冲突创造有利条件作出了规定。然而，《万斯计划》和联合国保护部队的目标未能完全实现：1992 年至 1995 年春，塞族共和国未解除武装，冲突两方均展开了军事行动，为实现和平解决冲突而作出的多次尝试也以失败告终。

1995 年春季和夏季，在经过一系列军事行动之后，克罗地亚成功夺回了其先前已经失去的大部分领土的控制权。因此，它在 5 月份通过"闪电"行动收复了西斯拉沃尼亚，又于 8 月通过"风暴"行动收复了克拉伊纳，反诉主张所描述的事实就是在此期间发生的。

【主要法律问题】

一、国际法院对本案是否具有管辖权？本案是否具有可受理性？
二、塞尔维亚是否违反《灭绝种族罪公约》？
三、塞尔维亚的反诉是否成立？

【主要法律依据】

一、《灭绝种族罪公约》第 2 条❷、第 9 条❸；

---

❶ 以联合国秘书长南斯拉夫问题特使赛勒斯·万斯的姓名命名。
❷《灭绝种族罪公约》第 2 条　本公约内所称灭绝种族系指蓄意全部或局部消灭某一民族、人种、种族或宗教团体，犯有下列行为之一者：
　(a) 杀害该团体的成员；
　(b) 致使该团体的成员在身体上或精神上遭受严重伤害；
　(c) 故意使该团体处于某种生活状况下，以毁灭其全部或局部的生命；
　(d) 强制实行办法，意图防止该团体内的生育；
　(e) 强迫转移该团体的儿童至另一团体。
❸《灭绝种族罪公约》第 9 条　缔约国间关于本公约的解释、适用或实施的争端，包括关于某一国家对于灭绝种族罪或第 3 条所列任何其他行为的责任的争端，经争端一方的请求，应提交国际法院。

二、《国家责任条款草案》第 4 条❶、第 5 条❷、第 6 条❸、第 7 条❹、第 8 条❺。

【理论分析】

国际法院对本案最终判决如下：第一，以十一票对六票驳回塞尔维亚提出的第二项管辖权反对意见，并且裁定其受理克罗地亚权利主张的管辖权及 1992 年 4 月 27 日之前的行为；第二，以十五票对两票驳回克罗地亚的权利主张；第三，一致通过驳回塞尔维亚的反诉主张。

一、国际法院对本案的管辖权和可受理性问题。

1. 国际法院对本案是否具有管辖权？

国际法院指出，根据其 2008 年就塞尔维亚提出的初步反对意见作出的判决，在 1992 年 4 月 27 日❻以后，法院对本案的管辖权和克罗地亚诉讼主张的可受理性问题已经确定，但对于此日期之前发生的事件，法院的管辖权和克罗地亚权利主张的可受理性问题仍未确定。确定本案管辖权的唯一依据是《灭绝种族罪公约》第 9 条，这意味着法院无权就涉嫌违反国际法的其他行为，特别是那些在武装冲突中违反保护人权的义务但尚不构成灭绝种族罪的行为作出裁定。

因此，要想确定塞尔维亚是否对违反《灭绝种族罪公约》行为负有责任，国际法院需要对以下问题作出决定，并明确其是否属于第 9 条的适用范围。首先，克罗地亚所依据的行为是否确实发生；如果确实发生，这些行为是否违反《灭绝种族罪公约》规定。其次，如果违反《灭绝种族罪公约》规定，这些行为发生时是否可归属于南斯拉夫社会主义联邦共和国且涉及该国的责任。最后，如果涉及南斯拉夫社会主义联邦共和国的责任，南斯拉夫联盟共和国是否继承了这一责任。虽然双方对克罗地亚所依据的很多行为已经发生没有争议，但双方对它们是否违反《灭绝种族罪公约》的问题持有不同意见。另外，塞尔维亚反对克罗地亚的观点，即无论依据什么，塞尔维亚都对这些行为负有责任。

法院认为，争端的问题涉及《灭绝种族罪公约》条款的解释、适用和履行。在这

---

❶ 《国家责任条款草案》第 4 条
一、任何国家机关，不论其行使立法、行政、司法或任何其他职能，不论其在国家的组织中具有何种地位，也不论它作为该国中央政府机关或一领土单位的机关的特性，其行为应视为国际法所指的国家行为。
二、机关包括依该国国内法具有此种地位的任何人或实体。
❷ 《国家责任条款草案》第 5 条　虽非第 4 条所指的国家机关，但经该国法律授权行使政府权力要素的个人或实体，其行为依国际法应视为该国的行为，但以该个人或实体在特定情形下系以政府资格行事者为限。
❸ 《国家责任条款草案》第 6 条　由一国交由另一国支配的机关，如果为行使支配该机关的国家的政府权力要素而行事，其行为依国际法应视为支配该机关的国家的行为。
❹ 《国家责任条款草案》第 7 条　国家机关或经授权行使政府权力要素的任何个人或实体，如果以此种资格行事，即使逾越权限或违背指示，其行为仍应视为国际法所指的国家行为。
❺ 《国家责任条款草案》第 8 条　如果一人或一群人实际上是在按照国家的指示或在其指挥或控制下行事，其行为应视为国际法所指的一国的行为。
❻ 南斯拉夫社会主义联邦共和国解体之日。

里，没有任何迹象表明《灭绝种族罪公约》条款具有追溯效力。双方均同意南斯拉夫社会主义联邦共和国在被指控的行为发生时受《灭绝种族罪公约》约束。就争端的第三个问题而言，要求法院确定的问题是南斯拉夫联盟共和国（以及塞尔维亚）是否对据称可归属于南斯拉夫社会主义联邦共和国的灭绝种族罪行为以及《灭绝种族罪公约》第3条所列举的其他行为负有责任。国际法院指出，第9条只一般性地谈到国家的责任，且未载明对可能应承担的方式的任何限制。

正如克罗地亚所主张的，无论被告国是否继承其被继承国违反《灭绝种族罪公约》的责任，都不受《灭绝种族罪公约》条款管辖，而是受一般国际法规则管辖。不过，这并不会使有关第三个问题的争端超出第9条的适用范围。对于与灭绝种族罪指控有关的国家责任或国家继承的某个方面的规则是否适用（甚至是否存在）问题，可能在依据第9条提起的案件诉讼的当事双方之间引起激烈争议，这一点并不意味着双方之间的争议不再属于"……关于《灭绝种族罪公约》的解释、适用或实施的争端，包括关于某一国家对于灭绝种族罪的责任的争端……"的类别。法院由此得出结论，既然克罗地亚的替代论点要求确定南斯拉夫社会主义联邦共和国是否对被指称在南斯拉夫社会主义联邦共和国是《灭绝种族罪公约》缔约方时所犯灭绝种族罪行为负有责任，则其关于第9条的时间范围的结论并不构成管辖权障碍。

因此，法院得出结论，据称在1992年4月27日之前所发生行为涉及的争端也属于第9条的适用范围，因此，法院裁定其对克罗地亚的所有权利主张拥有管辖权。据法院称，没有必要裁定南斯拉夫联盟共和国以及塞尔维亚是否实际上继承了可能已对南斯拉夫社会主义联邦共和国产生的任何责任，只需要裁定违反《灭绝种族罪公约》的行为是否发生在1992年4月27日之前，或如果发生在该日期之前，这些行为应归属于谁，而这些问题属于案情实质事项。

2. 本案国际法院的可受理性问题。

法院重点关注了塞尔维亚就权利主张的可受理性问题提出的两个替代主张。

第一个替代主张是：基于南斯拉夫联盟共和国以国家形式于1992年4月27日存在之前发生的事件的权利主张是不可受理的。国际法院在2008年的判决书中认定，这一论点涉及归属问题。法院认为，在其对克罗地亚所指称的行为进行案情实质的审议之前，没有必要确定这些问题。

第二个替代主张是：即使南斯拉夫联盟共和国以国家形式存在之前发生的事件有关的权利主张可以受理，克罗地亚也不能坚持它于1991年10月8日成为《灭绝种族罪公约》缔约方之前发生的事件有关的权利主张。法院指出，克罗地亚未就1991年10月8日之前和之后发生的事件分开提出权利主张，而是只提出一项权利主张，在整个1991年期间的行为强度在不断增加，并且提到在1991年10月8日前后在很多城镇和村庄发生了暴力行为。在这方面，在1991年10月8日之前发生的事件无论如何都与评估在该日期之后发生的事件是否涉及违反《防止及惩治灭绝种族罪公约》有关。在此情况下，法院认为，在其审查和评估克罗地亚所提出的全部证据之前没有必要就塞尔维亚的第二个替代主张作出裁定。

关于塞尔维亚的反诉，法院指出，要想能够被受理，反诉主张必须满足两个条件。一是必须在法院的管辖权范围之内，二是必须与主诉主张的主体直接相关。塞尔维亚的反诉主张只涉及在"风暴"行动过程中及其之后的 1995 年夏季发生的战斗。由于"风暴"行动发生时克罗地亚和南斯拉夫联盟共和国已经成为《灭绝种族罪公约》的缔约方，且克罗地亚未对反诉主张提出质疑，如此一来，依据《灭绝种族罪公约》第 9 条之规定，反诉主张属于法院的管辖权范围。另外，法院还认为，反诉主张在事实和法律两个方面都与克罗地亚的主诉主张直接相关。主诉主张和反诉主张的法律依据都是《灭绝种族罪公约》。因此，法院得出结论，认为反诉主张满足《国际法院规约》第 80 条第 1 款的要求。

二、塞尔维亚是否违反《灭绝种族罪公约》？

国际法院认为，在对这个问题作出说明前，首先应对《灭绝种族罪公约》的适用问题作出一定的说明。法院指出，在其对灭绝种族罪责任争端的裁决中，它都是以《灭绝种族罪公约》为依据，同时也以国际法的其他相关规则为依据，特别是与条约解释以及国际不法行为的责任有关的规则。在适用《灭绝种族罪公约》时，法院的责任是确定是否实施了灭绝种族罪行为，而不是确定实施此种行为的个人刑事责任，确定个人刑事责任是获得此种授权的刑事法院或法庭的工作。尽管如此，法院在审查本案中灭绝种族罪行为构成要件时还是会适当地考虑国际刑事法院或法庭的裁判，特别是前南斯拉夫问题国际刑事法庭（前南问题国际法庭）的裁判。如果确定实施了灭绝种族罪行为，法院将依据适用于国际法上关于国家不法行为责任的一般国际法规则确定国家的责任。

法院指出，根据《灭绝种族罪公约》第 2 条对于灭绝种族罪所作出的定义，灭绝种族罪包含两个构成要件：一个是物理要件，即所实施的行为或犯罪行为；另一个是精神要件，即犯罪意图。尽管从分析角度讲，这两者存在明显不同，但这两个要件是相互联系的。对犯罪行为的确定可能需要对犯罪意图进行调查。另外，对行为及其之间相互关系的定性可能有助于推论出意图。

首先，关于灭绝种族罪的犯罪意图，法院指出，"蓄意全部或局部消灭某一民族、人种、种族或宗教团体"是灭绝种族罪行为的基本特征，与其他严重犯罪存在区别。它被视为一种特殊犯意，也就是说属于一种特定的意图。要想确定犯有灭绝种族罪，除所涉每一项个人行为所需的意图之外，还必须要有这种特殊犯意。其次，关于灭绝种族罪的犯罪行为，根据《灭绝种族罪公约》第 2 条，法院进行了如下具体分析：（1）关于（a）款意义上的"杀害该团体的成员"，法院指出，这是指故意杀害该团体成员的行为。（2）关于"致使该团体的成员在身体上或精神上遭受严重伤害"，法院认为，"严重"是指该款所述的身体或精神伤害必须是对该团体实施全部或局部物理或生物消灭。强奸及其他性暴力行为也能够构成该条所指的灭绝种族罪的犯罪行为。另外，法院还认为，在涉嫌灭绝种族罪的案件中，当局始终拒绝向失踪人员的亲属提供其掌握的信息，致使这些亲属无法确定这些人员是否死亡，以及死亡者的死因，这种做法会给失踪人员的亲属造成心理痛苦。（3）关于"故意使该团体处于某种生活状况下，以毁灭其全部或局部的生命"，法院指出，第2条（c）款涵盖除直接杀害以外使得受害者被消灭的方法，包括：剥夺食物、医疗、住房或衣服，缺乏卫生设施，系统性地驱离家园或由于过度劳作或强体力活动导致精力耗尽。为了确定当事方指称的强迫流离失所是否构成《灭绝种族罪公约》所称的灭绝种族罪，法院设法弄清本案中的这些强迫流离失所行为的目的是否在于对该团体进行物理消灭。（4）关于"意图防止该团体内的生育"，法院认为，属于第2条（b）和（c）款适用范围的强奸和其他性暴力行为等也能够构成《灭绝种族罪公约》第2条（d）款意义上灭绝种族罪的犯罪行为，只要它们具有阻止该团体内生育的性质。为此，实施这些行为的情形及其后果必须能够影响到该团体成员的生育能力。同样，在确定它们是否能构成《灭绝种族罪公约》第2条（d）款意义上灭绝种族罪的犯罪行为时，对这种行为的系统性也必须予以考虑。

在对这些基本问题作出说明后，法院结合本案案情，对塞尔维亚是否违反《灭绝种族罪公约》作出了如下分析：

1. 是否存在灭绝种族罪的犯罪行为？

根据《灭绝种族罪公约》第2条之规定，灭绝种族罪涵盖蓄意全部或局部消灭某一民族、人种、种族或宗教团体。法院指出，在其书面诉状中，克罗地亚将该团体定义为克罗地亚领土内的克罗地亚民族或族裔团体，塞尔维亚未对此提出质疑。为了便于讨论，法院选择将用"克罗地亚人"或"被保护团体"来称呼该团体。

（1）第2条（a）款：杀害被保护团体的成员。

为了确定塞尔维亚是否实施了《灭绝种族罪公约》第2条（a）款所规定的杀害被保护团体的成员之行为，法院对相关地区的诉讼文件中所包含的证据进行了分析和研究。经过分析，法院认为，不仅能确定南斯拉夫国防军和塞族军队在冲突期间在东斯拉沃尼亚、巴尼亚、科尔敦、利卡和达尔马提亚等几个地方进行了大量屠杀，而且还能确定绝大多数受害者是被保护团体的成员，这表明他们可能成为系统性屠杀的对象。法院指出，虽然被告国对某些指控的准确性、受害者的人数、犯罪者的动机、屠杀的情形及其法律分类提出质疑，但没有对所涉地区被保护团体成员被杀害的事实提出质疑。因此，可以证实塞尔维亚实施了《灭绝种族罪公约》第2条（a）款所述灭绝种族罪的犯罪行为。

（2）第2条（b）款：致使该团体的成员在身体上或精神上遭受严重伤害。

法院研究和分析了克罗地亚对此的看法，即失踪人员的亲属所遭受的心理痛苦构成严重的精神伤害。不过，法院认为，克罗地亚未能提供证据证明他们所遭受的心理痛苦足以构成《灭绝种族罪公约》所规定的严重精神伤害。尽管如此，当事双方均表示愿意说明那些于1991年至1995年期间在克罗地亚境内失踪者的下落。法院注意到塞尔维亚保证其会在与克罗地亚合作过程中履行职责，因此鼓励双方善意开展合作，并利用一切可用手段，以期能够尽快解决失踪人员的下落问题。

最后，法院认为，确定在冲突期间，南斯拉夫国防军和塞族军队在东斯拉沃尼亚、西斯拉沃尼亚和达尔马提亚境内若干地方实施了伤害被保护团体的成员以及虐待、酷刑、性暴力和强奸行为。这些行为导致的身体或精神伤害起到了助长对被保护团体进行物理或生物消灭的作用。因此，塞尔维亚实施该款所述的灭绝种族罪的犯罪行为可以得到证实。

（3）第2条（c）款：故意使该团体处于某种生活状况下，以毁灭其全部或局部的生命。

对于该款，法院研究和分析了克罗地亚所提供的证据，以证实被告方是否实施了强奸、剥夺粮食和医疗保健、系统性地将克罗地亚人驱离其家园并使其被迫流离失所、限制行动、迫使克罗地亚展示其族裔标志、毁坏和洗劫克罗地亚人财产、肆意毁坏其文化遗产和强征劳役等被指控行为。

虽然部分被指控的行为可以得到证实，但法院还是得出结论，认为克罗地亚未能证明南斯拉夫国防军和塞族军队实施了这一款意义上的灭绝种族罪的犯罪行为。

（4）第2条（d）款：意图防止该团体内的生育。

关于是否对被保护团体实施了该款所述的灭绝种族罪的行为，法院认定，克罗地亚未能说明南斯拉夫国防军和塞族军队为了防止该团体内的生育而实施了强奸及其他性暴力行为，因此，《灭绝种族罪公约》第2条（d）款意义上的灭绝种族罪的犯罪行为未得到证实。

（5）结论。

法院完全相信，在东斯拉沃尼亚、西斯拉沃尼亚、巴尼亚、科尔敦、利卡和达尔马提亚境内各地，南斯拉夫国防军和塞族军队对被保护团体的成员实施了属于《灭绝种族罪公约》第2条（a）和（b）款范围内的行为，并且相信，塞尔维亚实施灭绝种族罪的犯罪行为已经得到证实。

2. 塞尔维亚是否具有灭绝种族罪的犯罪意图？

鉴于灭绝种族罪的犯罪行为已经得到证实，法院研究和分析了南斯拉夫国防军和塞族军队在实施这些犯罪行为时是否有意全部或局部消灭被保护团体。法院对构成《灭绝种族罪公约》第2条（a）和（b）款意义上的灭绝种族罪的犯罪行为的实施背景进行了分析，以确定这些行为的发起人所追求的目的。

谈及前南问题国际法庭的裁定，法院指出，根据该法庭的裁定，克拉伊纳塞族自治区和当时的塞族共和国的领导人与塞尔维亚及波斯尼亚和黑塞哥维那塞族共和国领导人追求相同的政治目标，那就是将克罗地亚及波斯尼亚和黑塞哥维那境内的塞族地区统一起来，以建立一个统一的领土，并通过迫害运动使克罗地亚人及其他非塞族人口流离失所，从而建立一个纯塞族人口的领土。因此，法院认为，构成《灭绝种族罪公约》第2条（a）和（b）款意义上灭绝种族罪的犯罪行为不是为了消灭克罗地亚人而实施的，而是为了迫使他们离开有关地区以便能够建立一个相同族裔的塞族国家。

这些行为有一个目标，即强迫克罗地亚人流离失所，但未必蕴含着要对他们进行物理毁灭。法庭裁定，从本质上讲，南斯拉夫国防军和塞族军队所实施的行为具有使克罗地亚人口逃离有关领土的作用。它不是为了系统性地毁灭克罗地亚的人口，而是强迫这些人离开塞尔维亚武装军队所控制的地区。

从前述信息中得出结论，克罗地亚未能证实其指控，即塞尔维亚具有种族灭绝罪的犯罪意图，因此，本案不存在塞尔维亚因犯有种族灭绝罪而承担相应的国家责任的问题。

鉴于克罗地亚未能证实塞尔维亚具有犯罪意图的事实，其对塞尔维亚有关实施灭绝种族罪行为、直接和公开煽动实施灭绝种族罪行为和企图实施灭绝种族罪行为的指控也必然会失败。因此，克罗地亚的指控必须予以全部驳回。

三、塞尔维亚的反诉是否成立？

塞尔维亚在反诉主张中提出：在"风暴"行动期间和之后针对克罗地亚境内生活的塞族团体实施的行为应可归属于克罗地亚的灭绝种族罪行为。对此，国际法院仍然从克罗地亚的行为是否属于灭绝种族罪的犯罪行为和克罗地亚是否具有灭绝种族罪的犯罪意图两个方面进行了分析。

1. 犯罪行为。

法院分析了塞尔维亚出示的证据，并且讨论了它们的证据力。

（1）由于被指称无差别炮击克拉伊纳镇而导致的平民死亡。

国际法院首先总结前南问题国际法庭在该问题上的裁判。法院指出，前南问题国际法庭审判分庭认定被告以无差别炮击克宁、本科瓦茨、奥布罗瓦茨和格拉查克这四个城镇的方式参与了旨在将塞族平民驱逐出克拉伊纳地区的犯罪，其目的是恐吓和摧残当地人口以迫使他们逃离。审判法庭依据所谓的"200米"标准（只有对可识别军事目标200米以内产生影响的炮弹可被视为针对该军事目标，而对军事目标200米以外产生影响的炮弹应被视为蓄意针对平民和军事目标发动袭击），裁定克罗地亚对上述四个城镇的炮击属于无差别炮击，因为大部分炮弹都落在所有可识别军事目标200米以外的地方。

然而，前南问题国际法庭上诉分庭不同意审判分庭的分析，并且撤销了审判分庭的裁判。上诉分庭认为，"200米标准"没有法律依据，并且没有令人信服的理由。因此，上诉分庭得出结论，认为审判分庭不能仅仅依据这一标准合理裁定所涉四个城镇受到无差别炮击。它还认定，审判分庭的推理是以所述标准为基础，且法院没有掌握令人信服的克罗地亚武装部队蓄意针对平民人口的证据。上诉分庭因此裁定，检方未能证明"共同犯罪"，并宣布两被告在起诉书中所列全部罪状上均无罪。

国际法院表示，它原则上认可前南问题国际法庭上诉法庭的分析。因此，没有证据表明克罗地亚因1995年8月"风暴"行动期间对该地区一些城镇的炮击行为实施了《灭绝种族罪公约》第2条意义上"对被保护团体成员的杀害"的行为。

（2）强迫克拉伊纳塞族人口流离失所。

法院指出，由于克罗地亚部队在"风暴"行动期间所实施军事行动的直接后果，克拉伊纳地区的大部分塞族人口逃离该地区，特别是被炮击的上述四个城镇。布里奥尼会议的文字记录明确表明最高克罗地亚政治和军事当局十分清楚"风暴"行动会激起塞族人口的大批外逃；甚至，从某种程度上讲，他们的军事计划的目的就是要引起塞族人口的大批外逃，他们认为这不仅是可能的，而且也是他们想要的。无论如何，即使能够证明克罗地亚当局有意引起克拉伊纳塞族人口的强迫流离失所，也只有在此种流离失所相当于对目标群体进行全部或局部毁灭时，才能构成灭绝种族罪的犯罪行为。法院裁定，它掌握的证据不支持这样的结论。即使实施了故意将塞族人驱离克拉伊纳的政策，也无法证明此种政策旨在对所涉人口进行物理毁灭。

（3）杀害从被炮击城镇成群结队逃出的塞族人。

法院认为，有充分证据证明塞族难民队伍确实遭到袭击，并证明这些行为部分是由克罗地亚军队实施的，或者是在他们默许下实施的。法院的结论是，杀害行为事实上是在难民队伍逃离期间实施的，这些属于《灭绝种族罪公约》第2条（a）款的适用范围的杀害行为构成了灭绝种族罪的犯罪行为。

（4）在"风暴"行动期间及之后虐待塞族人。

法院认为，有充分的证据证明克罗地亚当局对塞族人实施了虐待行为。前南问题国际法庭审判分庭在戈托维纳案中认定，这些行为事实上已经发生。法院认为，这证明所涉及的很多行为已达到一定的严重程度，能够被定性为属于《灭绝种族罪公约》第2条（b）款所规定的行为。

（5）"风暴"行动期间和之后大规模毁灭和洗劫塞族财产。

法院认为，要想属于《灭绝种族罪公约》第2条（c）款的适用范围，塞尔维亚所指控的行为必须是故意使该团体处于某种生活状况下，以毁灭其全部或局部的生命。法院认定，目前在本案中掌握的证据不能使它得出这样的结论。即使塞族财产被洗劫和毁灭，也不能证明这是为了从物理上毁灭克拉伊纳地区塞族人口。

（6）结论。

鉴于以上所述，法院完全相信，在"风暴"行动期间和之后，克罗地亚武装部队和警察对塞族人口实施了属于《灭绝种族罪公约》第2条（a）和（b）款适用范围内的行为，且这些行为构成灭绝种族罪的犯罪行为。

2. 犯罪意图。

（1）布里奥尼会议的文字记录。

法院认为，塞尔维亚所依据的、摘自布里奥尼会议的文字记录远不能证明克罗地亚领导人具有在物理上消灭克罗地亚塞族人团体以及生活在克拉伊纳地区由塞族人构成的民族团体的故意。至多可以表明克罗地亚领导人设想他们正在准备发动的军事进攻将会引起克拉伊纳绝大多数塞族人口逃亡，他们对这一后果感到满意，因为他们希望和鼓励塞族平民离开该地区。不过，即使这种解释（假定是正确的）也远不能为法院定性灭绝种族罪所需的犯罪意图提供充分依据。

法院还指出，这一结论得到前南问题国际法庭审判和上诉分庭在戈托维纳案裁判中处理布里奥尼会议文字记录时所采取方式的确认。

最后，法院认为，即使一并考虑且从同时代政治和军事背景角度来解释，与文件其余部分一样，塞尔维亚所引用的布里奥尼会议文字记录的一些段落，不能证明存在定性灭绝种族罪所需的特殊意图（特殊犯意）。

（2）是否存在表明具有灭绝种族罪意图的某种行为。

法院未能在克罗地亚当局于"风暴"行动之前、期间和之后的行为中看到表明克罗地亚具有种族灭绝意图的行为。正如法院已经指出的，并非塞尔维亚指控构成灭绝种族罪物理要件都可以在事实上得到证明，但得到证明的行为的实施规模不能证明存在灭绝种族罪意图。最后，即使塞尔维亚有关克罗地亚拒绝允许塞族难民返回家园的指控（这些指控受到克罗地亚质疑）是真的，也仍然不能证明存在特殊犯意：灭绝种族罪的前提条件是故意毁灭某个群体本身，而不是使其遭受痛苦或使其离开某一领土，无论此种行为在法律上可能如何定性。

（3）结论。

法院从前述情况中得出的结论是：未能证明克罗地亚存在特殊犯意。因此，法院认定不能证明克罗地亚在"风暴"行动期间及之后针对克罗地亚境内塞族人实施了灭绝种族罪的行为。因此塞尔维亚的反诉主张应当予以驳回。

【思考题】

一、简述本案中国际法院判决的逻辑。

二、结合本案，谈谈国家责任的构成要素。

第七节 国际争端解决方式

案例一 中国某石化公司与卢森堡英某达公司申请确认仲裁条款效力纠纷案

【基本案情】

2003年4月28日及6月15日，中国某石化公司（以下简称某石化公司）与卢森堡英某达公司（以下简称英某达公司）之间分别签署了两份技术许可协议。双方当事人在《技术许可协议》中约定：如出现双方无法友好协商解决的国际商事争议，则该争议提交仲裁解决；双方协商一致选择中国国际经济贸易仲裁委员会（CIETAC，以下简称贸仲委员会）作为仲裁机构、适用现行有效的《联合国国际贸易法委员会仲裁规则》（以下简称UNCITRAL仲裁规则）。约定原文为：The arbitration shall take place at

China International Economic Trade Arbitration Centre (CIETAC), Beijing, P. R. China and shall be settled according to the UNCITRAL Arbitration Rules as at present in force。

2012年7月11日，英某达公司向贸仲委员会对某石化公司提出仲裁申请。10月22日，仲裁庭组成。10月31日，仲裁庭告知仲裁双方当事人预备会议延期，择日举行。同年10月29日，某石化公司向宁波中院申请确认其与英某达公司签署的技术许可协议中的相关仲裁条款无效，理由如下：约定原文"The arbitration shall take place at China International Economic Trade Arbitration Centre (CIETAC), Beijing, P. R. China"中使用了"take place at"这一词组，有"在……举行、发生在……"之意，At 这一介词后往往跟地点。即该仲裁条款是对仲裁地点的选定，而非选定仲裁机构。在我国相关法律及司法实践中"仲裁委员会"是认定仲裁协议效力的必要要件，是不可或缺的。该仲裁条款并未约定仲裁委员会，因此应认定仲裁条款无效。此外，当事人约定适用的 UNCITRAL 仲裁规则是专门为了适应临时仲裁而颁布的，该仲裁条款的本质是为了适用临时仲裁，而非机构仲裁，人民法院应当认定该仲裁协议无效。

基于以上案情，宁波市中级人民法院作出裁定：第一，"take place at"后虽通常跟地点，但对仲裁条款的理解应以尊重当事人的仲裁意愿为准则，以保护当事人原本的仲裁意愿为原则，按照最有利于实现当事人仲裁意愿目的解释的方法可知，本案中的"China International Economic Trade Arbitration Centre (CIETAC), Beijing, P. R. China"并非只约定仲裁地点，还包含着仲裁机构的约定。第二，UNCITRAL 仲裁规则虽然常用于临时仲裁制度，但并不排斥在机构仲裁的场合中使用。该仲裁规则自 2010 年修订版实施之后，越来越多地运用于常设机构仲裁。综上，驳回某石化公司申请确认与英某达公司签订的技术许可协议中有关仲裁条款无效的申请。

【主要法律问题】

一、UNCITRAL 仲裁规则是否适用于常设机构仲裁？
二、涉案仲裁条款的效力的认定问题。

【主要法律依据】

一、《中华人民共和国仲裁法》（以下简称《仲裁法》）第 16 条第 2 款[1]；
二、《最高人民法院关于适用〈中华人民共和国仲裁法〉若干问题的解释》第 3 条[2]；
三、《中华人民共和国民事诉讼法》（以下简称《民事诉讼法》）第 157 条第

---

[1] 《仲裁法》第 16 条第 2 款 仲裁协议应当具有下列内容：（一）请求仲裁的意思表示；（二）仲裁事项；（三）选定的仲裁委员会。

[2] 《最高人民法院关于适用〈中华人民共和国仲裁法〉若干问题的解释》第 3 条 仲裁协议约定的仲裁机构名称不准确，但能够确定具体的仲裁机构的，应当认定选定了仲裁机构。

1款[1]。

【理论分析】

一、UNCITRAL 仲裁规则是否适用于常设机构仲裁？

1976 年 UNCITRAL 仲裁规则是专门为了适用临时仲裁制度而颁布的。2010 年修订版实施后，UNCITRAL 仲裁规则更加广泛地适用于世界各地的机构仲裁，如美国仲裁协会、斯德哥尔摩商会仲裁院、新加坡国际仲裁中心、香港国际仲裁中心等，均允许当事人在仲裁中选择适用 UNCITRAL 仲裁规则。因此，据以断定选择 UNCITRAL 仲裁规则作为仲裁规则就是约定进行临时仲裁是不合理的。

本案中，某石化公司与英某达公司的仲裁条款中并未选择贸仲委员会的仲裁规则，而是选择了 UNCITRAL 仲裁规则。其实，贸仲委员会在实践中允许当事人自行约定可适用的仲裁规则，并不拘泥于贸仲委员会的仲裁规则。因此，将贸仲委员会适用 UNCITRAL 仲裁规则的仲裁定性为机构仲裁，并认可相关仲裁条款的效力是有事实和规范依据的。当然，不同的仲裁规则在实际操作中的适用程序相差甚远。贸仲委员会的仲裁规则根植于我国的社会实际，是针对我国的相关法律、在只承认机构仲裁协议效力的背景下制定的。UNCITRAL 仲裁规则虽然可以适用于常设仲裁机构，但该规则亦可适用于临时仲裁，贸仲委员会的仲裁人员在适用 UNCITRAL 仲裁规则时难免会遇到规则冲突或操作困难的情况。

二、涉案仲裁协议的效力的认定问题。

本案中双方争议的焦点在于涉案的仲裁条款是否属于临时仲裁条款。

本案当事人在仲裁协议订立之初协商一致，自愿在发生国际商事冲突时选择仲裁方式解决争议，对于当事人双方的意愿法院应当予以尊重。仲裁事项是基于一方违反技术许可协议而提起的申请赔偿损失。在判断是否具有选定的仲裁委员会时，由于本案约定的仲裁条款均为英文，且中文和英文的语法结构差异巨大，双方对此处的含义解释存在分歧。约定原文中"The arbitration shall take place at China International Economic Trade Arbitration Centre（CIETAC, Beijing, P. R. China）"所对应的中文含义并不准确，但根据单词缩写"CIETAC"和地点"Beijing, P. R. China"，可以推定当事人约定的是常设仲裁机构——位于北京的中国国际经济贸易仲裁委员会。法院由此认定该仲裁条款是双方当事人为仲裁选定常设仲裁机构，因此涉案仲裁协议是具备《仲裁法》规定的三要件的有效仲裁协议。英某达公司依据协议项下的该仲裁条款向贸仲委员会提出仲裁请求也是合理的。

国际商事仲裁的方式以是否有常设的仲裁机构为划分标准，可以分为机构仲裁和临时仲裁两种不同的制度。临时仲裁是解决国际商事纠纷最原始的方式，早在古罗马时期的《十二铜表法》中就已经有关于临时仲裁的记载。从当今世界国际商事仲裁实

---

[1] 《民事诉讼法》第157条第1款 ……（十一）其他需要裁定解决的事项。

践来看，世界上大多数的国家都承认了临时仲裁制度和机构仲裁制度两种仲裁模式的效力。在某些国家，如葡萄牙和希腊，主要的仲裁制度就是临时仲裁制度。当前，我国仍排斥临时仲裁制度存在的合理性，仅承认机构仲裁。

为给我国自贸试验区法制建设的探索提供基础性指导，激发自贸试验区先试先行的创新活力，最高人民法院于2016年发布的相关法律在有关仲裁协议的效力方面规定了"三个特定"规则，在满足"三个特定"规则的情况下承认仲裁协议的效力。其中"三个特定"要件之一的"特定人员"并未拘泥于仲裁机构，这意味着根据该法律规定，临时仲裁协议的效力在自贸试验区有得到认可的可能性，为自贸试验区的仲裁制度提供了新的选择方式。虽然我国是《承认及执行外国仲裁裁决公约》的缔约国，在相关国际条约中承认了临时仲裁裁决的效力，但临时仲裁制度并没有以法律条文的形式规定在《仲裁法》中。这意味着临时仲裁只是个人间的行为，并不具有国家认可的法律地位。由此可以看出，虽然临时仲裁制度在我国有付诸实践的必要，但因为缺乏立法基础，其发展的空间是十分有限的。

【思考题】

一、试回答临时仲裁的含义及我国对临时仲裁制度的态度。
二、试比较机构仲裁与临时仲裁的区别。

案例二 国际法院就洛克比空难引起的《制止危害民用航空安全非法行为公约》解释和适用问题案

【基本案情】

1988年12月21日，A航空公司103号航班在苏格兰洛克比上空爆炸，机上乘客和机组人员全部遇难，地面部分人员伤亡。该事件发生后，美国和英国当局正式要求利比亚交出两名被指控在飞机上放置炸弹并导致飞机坠毁的利比亚特工，为利比亚官员的行为负责并给予适当赔偿。1992年2月3日，联合国安理会先后通过第731号决议和第748号决议，敦促利比亚政府立即全面有效地回应美国和英国的要求，以消除国际恐怖主义，并呼吁所有国家对利比亚政府采取安理会1992年4月15日制定的制裁措施，直至安理会决定利比亚政府已执行上述决定。

本案主要涉及对危害民用航空安全违法行为的处罚，特别是相关嫌疑人的管辖和引渡。利比亚认为，《制止危害民用航空安全非法行为公约》（以下简称《蒙特利尔公约》）是双方处理这一罪行的合适公约；在收到对两名嫌疑人的指控后，它将采取必要措施，根据《蒙特利尔公约》的规定，确立对两名嫌疑人的管辖权，利比亚已充分履行其根据《蒙特利尔公约》承担的所有义务，而美国已经并继续违反其根据该公约对利比亚承担的义务。据此，利比亚于1992年3月3日向国际法院对美国提起诉讼，要求国际法院判决并宣布美国有义务立即停止这种违反条约的行为，停止一切侵犯利比亚主权的行为。同时，利比亚请求国际法院指示以下两项临时措施：第一，英国和美国应得到指示，不得对利比亚采取任何行动，迫使利比亚将两名被告利比亚国民移交外国审判。第二，保证不采取任何措施或以任何方式来损害利比亚就申请书中提到的问题行使法律程序的权利。法院对此作出了裁决。

【主要法律问题】

一、和平解决争端的方法有哪些？
二、如何确定是否具有可裁判性？
三、国际法院的诉讼程序是什么？

【主要法律依据】

《联合国宪章》第2条❶、第31条❷、第36条❸。

【理论分析】

一、和平解决争端的方法有哪些？

和平解决国际争端是国际法的基本原则。《联合国宪章》第2条第4款规定，各会员国在其国际关系中不得使用威胁或武力，也不得以与联合国宗旨不一致的任何其他方式侵犯任何成员国或国家的领土完整或政治独立。和平解决国际争端的方式主要包括政治方法和法律方法。所谓法律方法是指通过仲裁和司法判决的手段来解决国家之

---

❶ 《联合国宪章》第2条　为求实现第一条所述各宗旨起见，本组织及其会员国应遵行下列原则：

一、本组织系基于各会员国主权平等之原则。

二、各会员国应一秉善意，履行其依本宪章所担负之义务，以保证全体会员国由加入本组织而发生之权益。

三、各会员国应以和平方法解决其国际争端，避免危及国际和平、安全及正义。

四、各会员国在其国际关系上不得使用威胁或武力，或以与联合国宗旨不符之任何其他方法，侵害任何会员国或国家之领土完整或政治独立。

五、各会员国对于联合国依本宪章规定而采取之行动，应尽力予以协助，联合国对于任何国家正在采取防止或执行行动时，各会员国对该国不得给予协助。

六、本组织在维持国际和平及安全之必要范围内，应保证非联合国会员国遵行上述原则。

七、本宪章不得认为授权联合国干涉在本质上属于任何国家国内管辖之事件，且并不要求会员国将该项事件依本宪章提请解决；但此项原则不妨碍第七章内执行办法之适用。

❷ 《联合国宪章》第31条　在安全理事会提出之任何问题，经其认为对于非安全理事会理事国之联合国任何会员国之利益有特别关系时，该会员国得参加讨论，但无投票权。

❸ 《联合国宪章》第36条

一、属于第33条所指之性质之争端或相似之情势，安全理事会在任何阶段，得建议适当程序或调整方法。

二、安全理事会对于当事国为解决争端业经采取之任何程序，理应予以考虑。

三、安全理事会按照本条作成建议时，同时理应注意见具有法律性质之争端，在原则上，理应由当事国依国际法院规约之规定提交国际法院。

间的纠纷。❶ 政治方法是指非法律手段解决争端的方法，也称为外交方法，即通过国家间的外交努力促进争端的解决，一般包括谈判、调查、调解、调停、和解等。法律方法和政治方法是解决国际争端的传统分类方法。近年来，随着国际法的发展，争端解决的方法呈现出多样化的特点，出现了一种准司法的方法，如世界贸易组织框架下的成员间争端解决机制，它不仅允许成员谈判争端，而且允许成员在协商失败时通过世界贸易组织争端解决机构采用世贸组织规则解决争端。其争端解决机制的一个显著特点是，它结合了和平解决争端的外交方法和法律方法，这些方法具有不同的性质，甚至在国际法中难以兼容。❷

二、如何确定是否具有可裁判性？

可裁判性问题是探索和平解决国际争端的司法方法的一个主要先决条件。

可裁判性，即当事国之间的纠纷是否具有通过适用法律的方法解决的性质。王铁崖承认传统政治纠纷和法律纠纷的分类，认为政治纠纷是"不可审判的纠纷"。从传统观点看，政治纠纷和法律纠纷的基本领域是讨论可裁判性问题的前提。但是，上述分类的方式不可避免地会产生这样的疑问：国家之间的任何法律纠纷是否都与国家的政治利益相关？法律纠纷的解决是否意味着国家的政治利益在一定程度上得到了分配？由此可见，政治纠纷和法律纠纷的分类值得探讨。

政治争端和法律争端分类的模糊性可以通过国际法院审理的洛克比空难案引起的《蒙特利尔公约》的解释和适用一案来解释。本案中，针对利比亚要求国际法院指明临时措施一事，英美两国提出以下反对意见：如果英美与利比亚之间存在争议，不应视为仅涉及条约解释的双边法律纠纷，因为该事件从根本上讲是惩治恐怖主义的政治纠纷，因此是一个涉及维护和平的多边问题。这在判断政治纠纷和法律纠纷的性质上引起了争议。如果是政治纠纷，那么按照传统观点，没有必要使用司法手段，因为政治纠纷是不可裁判的。

安理会在国际法院审理诉讼期间发布了第731号和第748号决议，这实际上影响了国际法院指示临时措施。安理会的这两项决议是政治因素的产物。另外，如果把安理会的两项决议放在一边，英美与利比亚在引渡犯罪嫌疑人问题上的争端，就是如何解释《蒙特利尔公约》的问题；甚至考虑到安理会两项决议的作用，从国际法院拒绝指示临时措施的理由来看，国际法院援引《联合国宪章》第103条肯定了安理会两项决议的效力，也肯定了英国和美国根据安理会决议获得的最初权利。因此，即使利比亚与英美的争端是政治争端，也可以通过司法手段解决。

大多数国际争端都有法律和政治两个方面。如果将纠纷判定为政治纠纷，我们会以不可裁判为由，认为司法解决不符合时代潮流。国际法院受理的案件在一定程度上涉及政治因素。在这方面，国际法院在美国外交和领事人员案中表达了以下观点：

---

❶ 王铁崖. 国际法 [M]. 北京：法律出版社，1995：582.
❷ 张乃根. 试析WTO争端解决的国际法拘束力 [J]. 复旦大学学报，2003（6）：54.

主权国家之间的法律纠纷，从其自身性质来看，很可能发生在综合拟制环境中，并在更大范围和更长时间内成为国家间政治纠纷的唯一因素。然而，以前从未有过这样的观点——因为提交法院的法律争端只是政治争端的一个因素，法院应该拒绝为有关各方解决这一争端。

现在，对于可裁判性问题似乎应该采取一种灵活的方法：法律争端和政治争端的区别不在于其本质，而在于用来解决争端的规则。如果争端是通过适用法律规范解决的，那么争议属于法律争议的范畴。

【思考题】

思考解决国际争端的政治方法和法律方法有何区别？

第二章 国际私法
CHAPTER 2

本章知识要点

国际私法是调整国际民商事法律关系的一个独立的法律学科。本章共分两个小节，涵盖国际私法主体和国际物权关系的法律适用、国际知识产权关系的法律适用、国际合同之债的法律适用、国际继承关系的法律适用、国际民事诉讼、国际商事仲裁等内容。除了国外经典性案例外，分析的案例还取材于当前中国涉外民商事审判和仲裁实务中的典型案例，并紧扣国际私法教材。每个案例分析主要包括基本案情介绍、主要法律问题、主要法律依据、理论分析，并根据案例提出相应的思考题。主要知识点包括：（1）外国法人的法律地位；（2）先决问题和冲突规范；（3）我国知识产权法的规定与国际知识产权相关条约的适用问题；（4）涉外遗嘱继承的法律冲突与法律适用；（5）国际民事诉讼程序和国际民事诉讼法的基本原则；（6）国际商事仲裁的概念和特点。本章通过案例的形式全面系统地阐述了国际私法的理论、制度，符合案例式教学的要求。

第一节 国际民商事法律适用

案例一 中国某利公司、某澳公司与印度某国贸公司等上诉案

【基本案情】

1985年，印度某国贸公司（以下简称印度某公司）分别与马来西亚三家公司签订了采购合同，购买一批棕榈脂肪酸馏出物。在购买馏出物的合同生效后，印度某公司又欲购买胶片和橡胶，经市场调查，最终选定了马来西亚的一家橡胶公司，经两方公司协商后，签订了采购合同。印度某公司购买的馏出物、橡胶和胶片均由巴拿马运输公司派出的A货船负责运输。由于运输方式均为海运，故为了降低风险，四家公司都为其所运输货物办理了保险手续。之后在运输途中，货物发生意外而丢失。这四家公

司由保险公司全额赔偿，但是印度某公司最终只获得了部分赔偿金。

中国某利公司、某澳公司欲采购一批橡胶，其与香港某高公司（以下简称某高洋行）于1985年签订橡胶购买合同；随后，某澳公司又欲购买一批棕榈油，遂又与某高洋行另行签订一份工业棕榈油购买合同。这几份合同中均约定，货物交由巴拿马运输公司所有的B货船运输，运输方式为海运。在签订合同后的第四天，某高洋行将其销售的工业棕榈油和橡胶的两份正本提单以及无日期发票提交给了某澳公司，某澳公司凭提单领取了这两批货物，并且在市场上进行了销售。但某高洋行始终没有将货物保险单交给某澳公司。

在保险公司对马来西亚四家公司的货物丢失案件的理赔过程中，经过其调查，A货船和B货船其实是同一艘货船，唯一的区别只是所用的名字不同。马来西亚四家公司在运输中所失踪的货物，正是某澳公司凭正本提单所领取的货物。故1986年，马来西亚四家公司和印度某公司就该案件，以某澳公司为被告，向广东省高级人民法院提起诉讼，要求某澳公司归还货物并赔偿损失。

法院调查认定，A货船和B货船确实是同一艘货船，该货船在中国汕头港口卸下的货物即为马来西亚四家公司所运输的货物。某高洋行伪造正本提单，并提交给某澳公司，最终导致该批货物被某澳公司凭借正本提单收取。马来西亚四家公司均持有不可转让提单，可以认定被某澳公司收取的货物的实际所有权属于马来西亚四家公司，也即该案中的原告。所有权人有权向无权占有人主张所有权，要求其返还原物。本案中，四个原告有权向卖方某高洋行和无权占有人某澳公司主张所有权。某高洋行销售所有权不属于自己的货物，违反国际贸易惯例，应当承担本案的主要责任，并且该销售行为当属无效。在查清案件事实后，法院最终判决：某澳公司和某高洋行的货物买卖合同无效，被告某澳公司应当将货物退还给原告公司，并赔偿原告相关损失。

一审判决后，某澳公司不服判决，遂上诉至最高人民法院。某澳公司在上诉中称，自己与印度某公司以及马来西亚四公司并没有签订任何合同，没有直接的民事法律关系，被上诉人无权在一审中要求其退还货物。同时，马来西亚四公司已经为所丢失货物投保，保险公司也已经向马来西亚四公司支付了保险金，在国际货物贸易纠纷中，根据保险诉讼规则，在获得保险公司赔付后，马来西亚四公司不能再以货物实际所有权人的身份起诉某澳公司。

最高人民法院认为，提单属于法律规定的物权凭证的其中一种，一般情况下，提单的持有者可以被认定享有该提单项下的物品的所有权。在本案中，马来西亚四公司持有正本提单，根据司法实践，可以认定四家公司享有所丢失货物的所有权。某澳公司非法占有该提单项下货物，马来西亚四公司有权要求某澳公司退还货物并赔偿损失。同时，根据国际规则，涉外保险合同纠纷应当适用保险人所在地法律，在本案中，保险人所在地为马来西亚，也就是说，本案中的保险合同的相关法律问题应适用马来西亚法律来解决。根据马来西亚法律，马来西亚四公司虽然已经得到了保险公司的赔偿，并出具了代位求偿证明，但这并不意味着马来西亚四公司丧失了货物的所有权，他们仍旧可以以所有权人身份进行诉讼。因此,最高人民法院认为广东省高级人民法院的一审审理中,原告和被告主体地位均合法,上诉人所主张的马来西亚四公司无权以货物实际所有权人的身份起诉并要求某澳公司归还货物和赔偿损失的上诉理由依法不成立,最高人民法院最终判决维持原判。❶

【主要法律问题】

一、被上诉人是否有诉讼主体资格?

二、本案应如何适用法律?

【主要法律依据】

《中华人民共和国涉外经济合同法》(以下简称《涉外经济合同法》,已废止)第5条第1款❷。

【理论分析】

一、被上诉人是否有诉讼主体资格?

在本案二审中,上诉人声称在事故发生后,被上诉人马来西亚四公司已经得到了保险公司的保险金作为赔偿,在得到赔偿后,便无权以所有权人的名义起诉。也就是说,上诉人认为被上诉人在获得全额赔偿后,就不再享有对货物的所有权。在货物丢失后,被上诉人能否再次以所有权人的名义起诉,这是一个涉及保险法的问题。在本案中,保险公司的主营业地为马来西亚,根据案件发生时已生效的《涉外经济合同法》的规定,双方没有就法律适用问题作出约定,因此适用与合同有最密切联系的法律,即马来西亚的法律。解决了法律适用问题,再来看马来西亚法律对该问题有何种规定。根据马来西亚保险法,即使当事人已经获得了保险公司的赔偿,其仍旧享有保险货物的所有权。因此在本案中,被上诉人完全是合法的诉讼主体,有诉讼主体资格。

二、本案应如何适用法律?

本案中的所有权纠纷属于涉外纠纷,所以必须首先根据我国法律规定确定本案所应当适用的法律。本案的货物所有权问题属于涉外动产物权纠纷,但案件审理时,我国对动产物权的法律适用问题并没有相关规定,按照司法实践,应当参考其他国家对该问题的法律规定。各国的通行做法是:适用动产所在地之法律。回归到本案中,货物所在地为中国,因此应当适用中国法律,但本案当事人于《中华人民共和国民法通则》(以下简称为《民法通则》)生效之前向人民法院提起诉讼,当时我国法律不够完善,对此并无相关规定,因此,法院适用国际规则对本案进行了审判。某高洋行销

---

❶ 杜涛. 国际经济贸易中的国际私法问题 [M]. 武汉:武汉大学出版社,2005:149-151.

❷ 《涉外经济合同法》第5条第1款 合同当事人可以选择处理合同争议所适用的法律。当事人没有选择的,适用与合同有最密切联系的国家的法律。

售不属于自己的货物，并伪造正本提单，违反国际贸易规则，应当认定其与某澳公司签订的买卖合同无效。

【思考题】

一、中国法院对本案享有管辖权的依据是什么？

二、本案中涉及的国际私法问题有哪些？

案例二 某市有线电厂专利侵权案

【基本案情】

1990 年，经我国专利局审查批准，授予香港某电话公司 HA735-50 型家用电话机的外观设计发明专利权。两年后，某市有线电厂收到香港某电话公司来信。据信，该厂的某款家用电话机，侵犯了香港某电话公司已取得的外观设计专利权，要求该有线电厂立即停止侵权行为，并依法予以赔偿。该有线电厂承认，HA868-90 型有线电话机的总体外观设计与此前 HA735-50 型有线电话机的总体外观设计相似，但未明确提及损害赔偿相关事项。为此，香港某电话公司向某市中级人民法院提起诉讼，要求某市有线电厂公司停止开发生产、销售家用 HA868-90 型有线电话机，吊销其有线电话机设备入网使用许可证，赔偿香港某电话公司经济损失 100 万元人民币，之后，以 400 万美元为担保申请了诉讼保全。某市中级人民法院受理此案后进行了调查，发现 HA868-90 电话的设计与 HA735-50 电话的设计非常相似。随后，法院依法查封了该有线电厂生产的一整套电话外壳模具。

随后，该有线电厂开始四处收集证明香港某电话公司的专利不具有新颖性的有关证据。1992 年 10 月 9 日，该厂成功发现了一份有力的专利证据：1990 年 1 月，原告本公司就在《亚洲电子》技术杂志上成功刊登了一张 HA735-50 型无线电话机的设计图片，此刊登日期早于专利申请日 4 个工作月。1992 年 10 月 13 日，该有线电厂使用该证据申请宣告该专利无效，法院因此作出了中止诉讼的裁定。一个月后，该中级人民法院应该有线电厂的请求，解除了对该厂生产 HA868-90 型电话机外壳的全套模具的查封。

1993 年 3 月 3 日，专利复审委员会鉴于香港某电话公司未在规定的期限内向专利复审委员会提出意见，以缺乏新颖性为由，宣告 HA735-50 型电话机外观设计专利无效。根据该终审决定，某市中级人民法院作出了驳回原告起诉的判决。[1]

【主要法律问题】

一、《中华人民共和国专利法》（以下简称《专利法》）对时际法律冲突的规定是

---

[1] 李双元，欧福永. 国际私法教学案例[M]. 北京：北京大学出版社，2012：221-222.

什么？

二、专利新颖性的实质要件是什么？

【主要法律依据】

1984 年《专利法》第 48 条❶。

【理论分析】

一、《专利法》对时际法律冲突的规定是什么？

对于时际法律冲突，如果之前规定了新的法律能够具有时际追溯性，则可以适用新法；若之前规定的这些新法不具有时际追溯性，则适用旧法。1992 年通过的《关于修改〈中华人民共和国专利法〉的决定》规定，在本决定施行前，即 1992 年 1 月 1 日前提交申请的专利和已经被授予专利权的专利适用修改前《专利法》的规定。

二、专利新颖性的实质要件是什么？

新颖性是专利的实质要件之一。专利的新颖性标准因国家而异。部分发达国家，如德国、法国、英国，专利需要有世界范围的新颖性，即要求所申请的专利没有在世界范围内公开发表过或公开使用过。有些发展中国家，如巴拿马、尼加拉瓜，要求所拥有的专利仅需要具有国内的新颖性的标准即可，也就是在这些国家申请专利权的人所申请的专利只需要在国内未被公开发表或者公开使用，在国外曾经被公开发表或者使用的专利并不会直接影响专利的新颖性。中国、美国、日本、加拿大等地区和国家都采用了有限的世界新颖性标准，要求所申请的专利没有在本国或者世界范围内公开出版或发表过，并且在本国的范围内也没有被公开推荐和使用过。各国还普遍对专利的新颖性实行了宽展期制度，我国也同样实行了宽展期制度。

【思考题】

我国专利权的无效宣告具体程序是什么？

案例三　美国 A 公司诉上海打火机总厂等商标侵权案

【基本案情】

美国 A 公司（以下简称 A 公司）于 1987 年在中国成功注册"万某路"商标，有效期为 15 年，在注册成功的 15 年内，A 公司享有在烟草、打火机、餐具上使用该商标的权利。1991 年，上海某打火机厂设计开发的一款打火机中，在其外壳图案中部分使

---

❶ 1984 年《专利法》第 48 条　专利权被授予后，任何单位或者个人认为该专利权的授予不符合本法规定的，都可以请求专利复审委员会宣告该专利权无效。

用了万某路的商标图案。经过两年的产品试验期，该打火机厂决定于1993年开始批量生产该型号打火机。1993年，上海某打火机厂与上海某印刷厂签订合同，由该印刷厂负责印刷该型号打火机外壳所用到的外壳图案。该印刷厂仅负责外壳图案的印刷，印刷完毕后即交由上海某打火机厂进行组装，随后在市场上自行销售。在国内市场销售的同时，上海某打火机厂还欲出口其生产的该型号打火机，但由于该厂并未经有关部门授权出口商品，遂与中国航空技术进出口上海公司签订代理出口合同，由该进出口公司代理出口。同时，该进出口公司也以自己的名义与该打火机厂签订购买合同，先后共向打火机厂购买了数万只打火机。

A公司向法院提起诉讼，由于在提起诉讼时，上海某打火机厂已经和另一打火机厂合并为上海打火机总厂，并由该总厂承担原上海某打火机厂的债权债务。所以，在本案中，上海打火机总厂被列为第一被告，上海某印刷厂为第二被告，中国航空技术进出口上海公司为第三被告。A公司诉称，本公司从未授权上海打火机总厂使用其享有商标权的"万某路"商标，三名被告也无法证明其获得了A公司的授权。

A公司向法院诉称：三个被告共同侵犯了原告的"万某路"注册商标专用权。首先，上海打火机总厂未获得授权，擅自在其制造并销售的打火机上使用其已在中国注册的"万某路"商标；其次，上海某印刷厂未经注册商标所有权人许可，擅自印刷其注册商标；最后，中国航空技术进出口上海公司未经许可，擅自销售侵犯其商标权的商品。故原告请求法院责令三个被告停止制造并销售侵权产品，销毁剩余的所有侵权产品，通过媒体向A公司道歉，并且赔偿A公司因三被告的侵权行为所遭受的所有经济损失。

上海打火机总厂辩称：由于各方面原因，导致该厂生产的打火机的成本过高，实际销售价格要远远低于成本价格，该打火机在市场上的销售额远远不够补贴其生产投入成本，并且打火机在生产后，全部交由进出口公司代理销售，该厂中并无剩余未销售的打火机。

上海某印刷厂辩称：其只是接受打火机厂的委托，负责外壳图案的印刷，并且上海打火机总厂支付给印刷厂的印刷费远远低于其实际投入的印刷成本，其属于亏本印刷。

中国航空技术进出口上海公司辩称：其代理打火机厂出口打火机共计10000只，共取得利润约6000元人民币。

在该商标侵权案件的审理过程中，三名被告均不否认自己的行为侵犯了原告的注册商标专用权，并且同意共同赔偿原告在此次侵权事件中所遭受的损失。❶

【主要法律问题】

一、根据相关法律规定，本案法院应当如何处理？
二、如适用《中华人民共和国涉外民事关系法律适用法》（以下简称《涉外民事

---

❶ 菲利普·莫里斯产品有限公司诉上海打火机总厂等商标侵权案，https://china.findlaw.cn/info/qinquanzeren-fa/qbqqzr/xbqq/20110222/187742.html。

关系法律适用法》），那么本案的准据法应该如何确认？

【主要法律依据】

一、《中华人民共和国商标法》（以下简称《商标法》）第 3 条第 1 款、第 38 条第 1 款❶；

二、《涉外民事关系法律适用法》第 50 条❷。

【理论分析】

一、根据相关法律规定，本案法院应当如何处理？

在本案中，三名被告未经注册商标所有权人许可，擅自使用其注册商标，制造、销售侵犯其注册商标专用权的商品，属于共同商标侵权行为。根据我国商标法的相关规定和有关国际条约的规定，法院应当判决责令上海打火机总厂、上海某印刷厂、中国航空技术进出口上海公司立即停止商标侵权行为，向被侵权人赔礼道歉，并且及时赔偿相应损失。对于该损失的赔偿，三被告应当承担连带侵权责任。

二、如适用《涉外民事关系法律适用法》，本案应适用何地法律？

在本案中，被侵权商标注册地、商标侵权地、商标被请求法律保护地均是中国，根据中华人民共和国相关法律的规定，不管当事人是否就法律适用问题作出约定，也就是说，无论 A 公司是否曾经与三被告中的任意一方约定了法律适用问题，本案都应当适用被请求法律保护地的法律，即中国法律。

本案是国际商标保护的典型案例。在当前经济全球化背景下，国际知识产权冲突案件数量不断增多，虽然各国之间、各国际组织已经缔结了许多关于国际知识产权保护的条约，但是这些条约只对缔约国产生拘束力，并且各国国内对于知识产权保护的法律规定存在差异，所以世界各国之间的知识产权保护的冲突不可能完全消除，各国在知识产权的保护问题上不可能达成完全一致。对于国际知识产权冲突的法律适用问题，有的国家认为应当适用原始国的法律，有的国家认为应当适用被请求法律保护地的法律，还有的国家认为应当适用知识产权侵权行为发生地的法律，等等。

【思考题】

一、本案中，当事人是否可以选择某外国法院来审理此案？

二、本案选择外国法院作为管辖法院是否具有法律依据？

---

❶ 《商标法》第 3 条第 1 款　经商标局核准注册的商标为注册商标，包括商品商标、服务商标和集体商标、证明商标；商标注册人享有商标专用权，受法律保护。

《商标法》第 38 条第 1 款　商标注册申请人或者注册人发现商标申请文件或者注册文件有明显错误的，可以申请更正。商标局依法在其职权范围内作出更正，并通知当事人。

❷ 《涉外民事关系法律适用法》第 50 条　知识产权的侵权责任，适用被请求保护地法律，当事人也可以在侵权行为发生后协议选择适用法院地法律。

案例四　潘某与某实业有限责任公司民间借贷纠纷案

【基本案情】

2005年6月12日，广西来宾市某实业有限责任公司（以下简称永大公司）与潘某签订借款合同，其中，潘某是香港特别行政区永久居民，永大公司向其借款450万元，并约定在十个月的时间内分十期还款。逾期计息还款时按10%的日活期利率标准进行利息计算，视为罚息。双方约定履行合同的义务过程中如果发生了合同争议，且合同双方协商解决不成的，通过提起民事诉讼的方式依法解决，约定依法解决合同争议的法院应当是潘某所在地的人民法院。2005年6月13日，某工行向永大公司开具《担保函》，表示其对该笔借款承担连带担保责任，担保借款金额分别为450万元及全部担保利息和其他费用，加盖公章并由行长签名。《担保函》也明确载明，本次担保证书内容有效适用于现行中华人民共和国的相关法律。如果双方在合同履行中发生了投资纠纷，且各方之间不能及时进行调解磋商，则向潘某所在地的人民法院提起诉讼。由于永大公司并未按约定还款，某工行也没能严格履行担保义务，潘某遂向广西南宁市中级人民法院提起民事诉讼。❶

【主要法律问题】

本案应如何适用法律？

【主要法律依据】

《中华人民共和国民法通则》（以下简称《民法通则》，已废止）第145条❷。

【理论分析】

本案中，借款合同双方当事人潘某和永大公司未约定争议发生时应当适用中国内地还是香港法律的问题，那么则应当适用与该合同关系最密切联系地的法律。本案的贷款人潘某常住于中国内地，合同签订地、履行地均是中国内地，因此与该合同最密切联系的地方就是中国内地。也就是说，在本案中，应当适用中国内地法律。再分析担保合同，在担保合同中，某工行在《担保函》中已经明确适用中国内地的相关法律，潘某也已经接受了该担保函，所以对于担保合同，也应当适用中国内地法律。综上，本案应当适用中国内地的相关法律。

---

❶ 李双元，欧福永. 国际私法教学案例［M］. 北京：北京大学出版社，2012：105-106.

❷ 《民法通则》第145条　涉外合同的当事人可以选择处理合同争议所适用的法律，法律另有规定的除外。涉外合同的当事人没有选择的，适用与合同有最密切联系的国家的法律。

【思考题】

若本案中，保证合同双方当事人未选择适用的法律，该合同应如何适用法律？

案例五　中国大连某船行诉日本某商事株式会社案

【基本案情】

1993年1月，中国大连某船行（以下简称大连船行）与日本某商事株式会社（以下简称商社）签订一份租船合同，由大连船行派遣一批船只，将商社的一批钢材由日本大分港口运送至天津新港。大连船行派遣船只于1993年2月从中国福建厦门港出发，驶向日本大分港装货。船只到达日本大分港口准备装货时，商社告知大连船行，由于大连船行的船只检验不合格，不适航，所以拒绝装货。为此，双方发生了诸多争执。后来经过中国船级社和日本平成NKKK船级社的严格检验，该装货船并无航行问题也无安全问题，完全属于适航船只，但商社依然拒绝装货。无奈之下，船只只好返航，空船状态下驶回中国大连，给大连船行造成经济损失。因此，大连船行就该争议向人民法院提起诉讼。大连船行认为，其公司所属船只从厦门航行至日本大分，虽然是一个预备航次，但在实践中，预备航次的起航应当被视为合同正式履行的起点，厦门就是本合同的履行地之一。因此，大连船行认为厦门海事法院对本案有管辖权，遂向该法院提起诉讼。然而商社认为，在本案中，合同的签订地是日本，合同中约定船只在日本大分港装货，故日本的法院对本案有管辖权；同时合同约定在天津新港卸货，并且大连船行在大连设有分支机构，因此有管辖权的法院应当是日本的法院和中国天津市、大连市的法院；厦门与本合同并无实际联系，厦门海事法院对本案并无管辖权。

【主要法律问题】

一、厦门海事法院对本案是否有管辖权？
二、本案的管辖权问题应如何处理？

【主要法律依据】

一、1991年《民事诉讼法》第243条[1]；

---

[1] 1991年《民事诉讼法》第243条　因合同纠纷或者其他财产权益纠纷，对在中华人民共和国领域内没有住所的被告提起的诉讼，如果合同在中华人民共和国领域内签订或者履行，或者诉讼标的物在中华人民共和国领域内，或者被告在中华人民共和国领域内有可供扣押的财产，或者被告在中华人民共和国领域内设有代表机构，可以由合同签订地、合同履行地、诉讼标的物所在地、可供扣押财产所在地、侵权行为地或者代表机构住所地人民法院管辖。

二、《中华人民共和国海事诉讼特别程序法》（以下简称《海事诉讼特别程序法》）第6条第2款第3项❶。

【理论分析】

一、厦门海事法院对本案是否有管辖权？

本案的法律争议主要源于一份涉外商业租船租赁合同，涉及日本和中国。本案中，租船合同的签订地虽然位于日本大分，但是租船合同的一部分义务履行地却是作为卸货港口的天津。根据上述的相关法律依据，中国法院仍然享有此案的司法管辖权。实际上，被告并不否认中国法院对该案具有司法管辖权，只是在中国的相关法律规定中，对于中国哪个法院能够实际地行使司法管辖权还存在一些争议。原告大连船行称，船只从中国厦门至日本大分属于预备航次，所以本案中租船合同的履行地之一是厦门，在司法实践中，其被广泛认为是船只租赁合同履行的一个起点。此外，被告还在中国大连地区设有一家分支机构，并且有可以扣押的个人财产。综上，原告认为大连、天津、厦门的法院对本案均有管辖权。

但严格来说，根据我国的特征履行理论，预备航次只是整个航次的一个预备阶段，预备阶段的履行，不能视为整个合同的正式履行。所以厦门并不属于合同的履行地之一，厦门海事法院对本案并没有管辖权。

二、本案的管辖权问题应如何处理？

本案中，厦门海事法院受理了该案件，但是其并没有管辖权，因此本案涉及管辖权的移转问题。在上一问题中已经论证过，中国大连、天津的法院以及日本的法院都有管辖权。从本案的实际出发，被告在大连设有分支机构，并且如果需要扣押财产，其可供扣押的财产所在地也是大连，因此大连的法院最适宜受理案件，最有利于纠纷的解决和案件的实际执行。因此，本案应当由厦门海事法院移送至大连海事法院。

【思考题】

坚持国际协调原则是有效解决涉外民商事诉讼案件国际司法管辖权冲突的一种基本有效途径。请思考在国际协调原则的正确指引下，各国政府在国家立法和国际司法两个不同层面上可以分别进行哪些法律改善，以最大限度地有效解决涉外民商事诉讼案件国际管辖权的冲突？

---

❶《海事诉讼特别程序法》第6条第2款　下列海事诉讼的地域管辖，依照以下规定……（三）因海船租用合同纠纷提起的诉讼，由交船港、还船港、船籍港所在地、被告住所地海事法院管辖。

案例六　姜某勋遗嘱效力案

【基本案情】

姜某勋和任某玲于1958年在中国内地进行结婚登记，婚后育有两个女儿，姜某秀和姜某洁。1963年，姜某勋一个人去英国定居。最初，他靠自己的小生意赚钱谋生。1983年，他在英国成立纺织企业，进入服装工艺行业。不久，他便在英国认识了王某珍，两人确定了恋爱关系。1984年，二人与广东某针织厂签订了一份合同，由姜某勋的纺织企业向该针织厂提供一套126（件）套的服装制作的专用设备，其总价值大约为四十万五千港元，合同有效期限为3年。自合同生效至1985年12月，根据合同条款约定，姜某勋的纺织厂当年应该获得净利润两万六千一百元（王某珍收到一万八千四百四十元）。姜某勋由于工作劳累，身体状况极差。1985年12月28日，他在英国根据法定程序和形式立下了一份遗嘱，将其财产全部赠与王某珍，王某珍也依照英国的相关法律程序接受了该笔遗赠。除了拥有纺织公司外，姜某勋还同时拥有九万六千港元的股票。1986年1月10日，姜某勋逝世于英国伦敦的一家外科医院。

姜某勋的妻子任某玲认为，其并未与姜某勋离婚，姜某勋的财产应当属于二人婚姻关系存续期间的共同财产，自己应当依法继承姜某勋一半的财产。姜某勋的两个女儿认为，按照法律规定，自己属于其亲生父亲姜某勋的第一顺位法定继承人，有权依法继承姜某勋的遗产。于是，姜某勋的妻子任某玲和两个女儿向中国某市中级人民法院提起诉讼，要求继承姜某勋的全部动产和不动产。

被告王某珍认为，姜某勋在英国立下遗嘱，将其全部遗产赠与自己，其遗嘱内容和形式并无任何违背英国法律法规之处，自己也已经依法表示接受。姜某勋的遗嘱依法应当是有效的，姜某勋的妻子和女儿无权继承姜某勋的财产。

中国某市人民法院在查清案件事实后，认为姜某勋在遗嘱中所处分的财产属于其与任某玲的夫妻共同财产，其财产有一半属于其妻子任某玲。因此，在遗嘱中，姜某勋仅可以处分属于自己的这部分财产，即总财产的二分之一。

最终，法院判决对位于英国的纺织企业的全部房地产和资金孳息、姜某勋所持九万六千港元股票、姜某勋的纺织企业借出的设备和配件，以及根据合同约定应得的盈利两万六千一百元由原告任某玲和被告王某珍各分得二分之一，并最终驳回了原告姜某秀、姜某洁的民事诉讼请求。[1]

【主要法律问题】

本案中法院在认定姜某勋所立遗嘱的效力时应当适用什么法律？

---

[1] 朱子勤. 国际私法案例研习［M］. 北京：中国政法大学出版社，2014：235-236.

【主要法律依据】

《涉外民事关系法律适用法》第 32 条❶、第 33 条❷。

【理论分析】

根据中国相关法律规定，外国人在中国立遗嘱，无论处分的财产是在中国境内还是境外，其本人都必须是完全民事行为能力人。外国人在外国立遗嘱，若处分的是其在中国的财产，应当遵守本国法律或者住所地法律。中国人在外国立遗嘱时，必须遵守其定居国的法律，不论财产所在地是哪个国家。在中国境外立下遗嘱，从保障当事人合法权益的角度考虑，可以依照遗嘱人的住所地法律、国内法或者是遗嘱相关规定订立遗嘱。但是，不论是外国人在中国设立遗嘱，还是中国人在外国设立遗嘱，其内容都必须严格遵守中国法律的有关条款。

姜某勋遗嘱效力案是有涉外因素的遗嘱继承纠纷，因此有必要解决准据法的确定问题。从判决内容看，对于与遗嘱内容的效力有关的问题，法院适用了中国法律进行认定。关于中国的涉外遗嘱继承如何确定准据法，中国的法律尚未有明确的规定，但是可以考虑直接参照中国法律已有的其他条款。《民法通则》（已废止）第 149 条中规定，在涉外法定继承中，动产继承适用被继承人死亡时住所地法律，不动产继承适用不动产所在地法律。已废止的《中华人民共和国继承法》（以下简称《继承法》）中对于涉外继承的规定同上，但是不同的是，《继承法》并没有限定该规定只适用于法定继承，因此我们可以认为遗嘱继承同样适用该条款。根据上述规定，姜某勋遗嘱的主体内容和效力，无论是动产还是其他不动产，均根据英国的法律进行确定。

【思考题】

一、在本案中，如果当事人对遗嘱内容所涉财产是完全为遗嘱人合法所有还是夫妻二人共同所有以及各有多少这一问题发生争议，其准据法如何确定？

二、本案法院依中国法律认定姜某勋以遗嘱处分的财产中一半归其妻子所有，这个结论所依据的中国法律得以适用的原因是什么？

---

❶《涉外民事关系法律适用法》第 32 条　遗嘱方式，符合遗嘱人立遗嘱时或者死亡时经常居所地法律、国籍国法律或者遗嘱行为地法律的，遗嘱均为成立。

❷《涉外民事关系法律适用法》第 33 条　遗嘱效力，适用遗嘱人立遗嘱时或者死亡时经常居所地法律或者国籍国法律。

案例七　香港某时有限公司和天津某华有限公司中外合资合同纠纷案

【基本案情】

香港某时有限公司（以下简称某时公司）准备经营天津某华有限公司，其在国内寻求合作伙伴，欲共同合资经营。天津市某金属公司（以下简称天津公司）欲和某时公司合作。双方经过协商达成合意：某时公司和天津公司分别出资51%、49%，某时公司以现金出资，并约定其出资需在取得营业执照后一年内分五期缴纳完毕。天津公司以其现有固定资产、门市部及其他所经营的产业出资，约定天津公司需在取得营业执照后一个月内一次性出资完毕，延迟缴纳方需支付延迟利息。合同中双方还约定了若因为一方的过错，导致公司无法经营或者即使经营也无法达到订立合同时的经营目的，对方有权要求过错方赔偿损失，并可以报审批机关批准终止合同。达成合意后，双方签订了中外合资经营的书面合同。1994年2月7日，经过有关机关的批准，合资公司取得了营业执照。

合资经营合同生效后，天津公司按照约定如期缴纳了出资，然而在合资经营公司取得营业执照一年后，某时公司仅三次缴纳了出资，仍欠缴出资36253414.12元。天津公司为此通过各种方式多次催促某时公司缴纳出资，但某时公司仍不缴纳。天津公司遂诉至天津市高级人民法院。经法院调查，确认了某时公司延迟缴纳出资的事实。判决终止双方签订的中外合资经营合同，并且责令某时公司按照当时合同中约定的利率支付延迟利息。

一审判决后，被告某时公司不服判决，上诉至最高人民法院。上诉人认为，自己未按约定缴纳出资的行为属于行使不安抗辩权的合法行为。本案在一审时，《合同法》已经生效并实施，其中对不安抗辩权作出了明确的规定。在合资经营公司成立并领取营业执照后，合作方天津公司的总经理在合资公司经营期间一直兼任合资公司总经理和董事，实际操控着合资公司，某时公司前三期按期缴纳现金出资，但是合资公司几乎已完全处于天津公司的实际操控之下，某时公司被排斥在合资公司之外。上诉人在这时停止出资，是属于行使不安抗辩权的行为，并不属于违约。同时，天津公司在合资经营过程中的行为，严重违反当时双方签订的中外合资经营合同，这属于以自己的行为表明其不履行合同义务，根据《合同法》的规定，天津公司的行为已经构成了预期违约，所以上诉人并不存在违约行为。

【主要法律问题】

合同签订以后，法院在审理时应当适用新法还是旧法？

【主要法律依据】

一、《最高人民法院关于适用〈中华人民共和国合同法〉若干问题的解释（一）》（以下简称《〈合同法〉司法解释（一）》，已废止）第1条[1]；

二、《合同法》（已废止）第126条第2款[2]。

【理论分析】

本案的主要法律问题是时际法律冲突问题，在本案中，双方签订的合同的性质属于中外合资经营合同，并且该合同约定在中国境内履行，也就是说履行地在中国境内。首先，根据中国法律规定，本合同纠纷应当适用中国法律。其次，案件审理时《合同法》已经生效，但是本案案件事实发生于《合同法》生效之前，所以本案应当依法适用案件发生当时的法律，也就是适用《涉外经济合同法》进行审理。但是本案中的特殊情况是，被告在二审中提出了不安抗辩权和预期违约的抗辩。这两个制度在之前的《涉外经济合同法》中没有规定，属于《合同法》的新规定。综上，本案的法律问题，除了不安抗辩权和预期违约问题外，应当适用旧法进行审理，不安抗辩权和预期违约问题应当适用新法依法审理。

【思考题】

如果该案一审在《合同法》生效之前，二审在《合同法》生效之后，本案应该如何适用法律？

案例八　中国公民王某与中国公民张某泰国结婚案

【基本案情】

中国公民王某与中国公民张某欲结婚，但当时王某21岁、张某19岁，二人均未达到中国法律规定的男22岁、女20岁的法定结婚年龄，婚姻登记机关不予登记。二人为了结婚，前往泰国按照当地的宗教形式举行了结婚仪式，在结婚仪式结束后至2000年，二人一直在中国国内以夫妻名义共同生活。2000年，王某在一场意外中不幸身亡。在王某死亡后的遗产处理问题中，张某认为二人已经在泰国结婚，并且婚后二人共同以夫妻名义在中国生活，自己是王某的妻子，属于法定继承人的范围，有权依法继承

---

[1]《〈合同法〉司法解释（一）》第1条　合同法实施以后成立的合同发生纠纷起诉到人民法院的，适用合同法的规定；合同法实施以前成立的合同发生纠纷起诉到人民法院的，除本解释另有规定的以外，适用当时的法律规定，当时没有法律规定的，可以适用合同法的有关规定。

[2]《合同法》第126条第2款　在中华人民共和国境内履行的中外合资经营企业合同、中外合作经营企业合同、中外合作勘探开发自然资源合同，适用中华人民共和国法律。

王某的遗产。然而王某的家人认为，张某和王某二人并没有在国内登记结婚，其婚姻并不满足中国法律规定的婚姻成立生效的要件，即使二人在泰国按照当地的法律完成了结婚的一系列程序，其行为也应当属于法律规避，二人的婚姻应属无效。

【主要法律问题】

一、本案双方当事人婚姻效力的认定应当适用哪国法律？
二、本案双方当事人在泰国根据当地法律缔结的婚姻是否有效？

【主要法律依据】

《最高人民法院关于贯彻执行〈中华人民共和国民法通则〉若干问题的意见（试行）》（已废止）第194条❶。

【理论分析】

一、本案双方当事人婚姻效力的认定应当适用哪国法律？

在本案中，双方当事人王某和张某在得知双方未达到法定婚龄而无法进行结婚登记后，跟随旅行社去东亚旅行，最终选定泰国作为婚姻缔结地。双方按照泰国的宗教习俗举行了结婚仪式，此行为的意图明显是规避中国法律关于法定婚龄的规定。根据法律规定，当事人的婚姻缔结地虽然是泰国，但是由于存在规避法律的行为，产生了不可适用外国法律的法律后果。因此，本案中婚姻效力的认定应当适用中国法律。

二、本案双方当事人在泰国根据当地法律缔结的婚姻是否有效？

本案中，双方当事人自知其双方均未达到法定婚龄，遂去泰国举行宗教婚礼仪式，其行为属于故意制造连接点，使对双方当事人有利的泰国法律得以适用，属于法律规避行为，故意避开中国法律，通过上述分析，王某和张某的婚姻效力问题不能适用泰国法律进行判断，应当适用中国法律。根据中国法律，王某和张某未达到法定婚龄，不符合结婚的实质要件，所以王某和张某在泰国缔结的婚姻应当是无效的。

【思考题】

在本案中，张某是否有继承权？

---

❶ 《最高人民法院关于贯彻执行〈中华人民共和国民法通则〉若干问题的意见（试行）》第194条　当事人规避我国强制性或禁止性法律规范的行为，不发生适用外国法律的效力。

案例九　某正公司与某丰银行重庆高新支行借款合同纠纷

【基本案情】

2014年,某正公司向某丰银行重庆高新支行借款1亿3000万元人民币,双方约定借款利率为7%,借款期限为2014年11月11日至2022年11月10日,同时约定,该笔借款本金为分期偿还,自首次还本日开始每季至少一次偿还本金,首次还本日为2015年2月20日。具体还款计划如下:2015年每季度还款250万元,2016年每季度还款275万元,2017年上半年每季度还款305万元,2017年下半年每季度还款320万元,2018年上半年每季度还款330万元,2018年下半年每季度还款345万元,2019年每季度还款400万元,2020年每季度还款475万元,2021年每季度还款550万元,2022年上半年每季度还款640万元,2022年下半年每季度还款660万元。双方依法签订了借款合同。2014年11月11日,某丰银行重庆高新支行与某正公司签订了《抵押合同》,约定某正公司以其名下位于重庆市A区B路79号1栋(房地产权证号为106房地证2009字第0××××号)4-1、2、3、4、22、23、24号,1栋5-4、20号,1栋6-4、5、6、7、23号,1栋7-4、5、6、7、19、24号,1栋8-3、4、5、6、7、11、12号,1栋9-1、2、5、7、23、24号,1栋10-1、2、3、7、19、20、23、24号,1栋11-19、20号,1栋12-7、19、20号,1栋13-2、7、19、20号,1栋26-1至24号,1栋27-1至24号,1栋28-1至24号,1栋29-1至24号,1栋30-1至24号,1栋31-1至24号,1栋32-1至24号,重庆市A区B路79号2栋(房地产权证号为106房地证2009字第0××××号)1-5、6、8、9、12号,2栋2-4、6、23、24、26号,2栋30-1至20号,2栋31-1至20号的房产(建筑面积共12829.43平方米)为前述借款提供抵押担保,并且该抵押已经办理了抵押登记手续,担保范围包括本金、利息、罚息、复利、违约金、损害赔偿金和债权人实现债权的费用等,同时还包括但不限于律师代理费、过户费等。2018年9月19日,双方协商解除了建筑面积136.68平方米的抵押物,因此抵押建筑总面积变更为12692.75平方米。2018年10月18日,双方又协商解除了建筑面积149.24平方米的抵押物,抵押物建筑面积由12692.75平方米变更为12543.51平方米。其后,双方又解除了重庆市A区B路79号2栋31-16号房产的抵押,抵押物建筑面积由初始的12829.43平方米变更为12474.37平方米。2014年11月11日,某丰银行重庆高新支行与韩某云及其配偶董某川签订了编号为2014年恒银渝借保字第130011110031号的《保证合同》、与韩某轩签订了编号为2014年恒银渝借保字第130011110041号的《保证合同》,约定韩某云、韩某轩为前述借款合同提供连带担保责任,其中韩某轩为澳大利亚公民。2014年11月11日,某丰银行重庆高新支行与某正公司签订了《应收账款质押合同》(合同编号:2014年恒银渝借质字第130011110011号),质押的应收账款为某正公司名下位于重庆市A区B路79号1栋第4至13层、26至32层,重庆市A区B路79号2栋1层、2层、30层、31层的前述抵押房产的租金收益以及其他收益，双方为该质押依法办理了质押登记。2014 年 11 月 14 日，某正公司向某丰银行重庆高新支行递交了提款申请书，申请提款 1 亿 3000 万元。某丰银行重庆高新支行于 2014 年 11 月 14 日向重庆某正公司发放了贷款人民币 1 亿 3000 万元整。某正公司未能按约归还借款本息，某丰银行重庆高新支行宣布债务提前到期，并向法院提起诉讼，请求法院判决：一、某正公司偿还本金、利息、罚息以及复利共 665114.91 元；二、某正公司偿还按照借款合同约定的截至借款本息还清时的复利；三、某正公司支付诉讼中产生的律师代理费；四、请求判令原告某丰银行重庆高新支行对被告某正公司所有的位于重庆市 A 区 B 路 79 号 1 栋第 4 至 13 层、26 至 32 层，重庆市 A 区 B 路 79 号 2 栋 1 层、2 层、30 层、31 层房产享有优先受偿权；五、请求判令原告某丰银行重庆高新支行对被告某正公司所有的位于重庆市 A 区 B 路 79 号 1 栋第 4 至 13 层、26 至 32 层，重庆市 A 区 B 路 79 号 2 栋 1 层、2 层、30 层、31 层房产（详见抵押物清单）项下的租金收入、其他应收款项或应收收益享有优先受偿权；六、请求依法判令被告韩某云、董某川、韩某轩对上述的第一、二项诉讼请求中某正公司应当偿还的债务承担连带责任。

某正公司答辩称，承认借款事实的存在，但是对原告第二项诉讼请求中的复利有异议，认为根据双方签订的借款合同中的约定，应自某正公司进入破产程序之时即 2019 年 9 月 24 日起停止计算利息。律师代理费应以实际发生数额为准，未实际支付的部分请予以驳回。

根据当事人陈述，法院认定事实：2014 年 11 月 11 日，双方签订借款合同，合同中载明借款目的为某正公司物业装修改造，借款日期是指本合同项下第一笔贷款发放之日即 2014 年 11 月 14 日，借款人按照合同约定还清本合同项下贷款本息的时间应当为 2022 年 11 月 13 日；借款利率为 7%，如果借款人未按期还款，应当向贷款人支付罚息，罚息为合同约定的借款利率的 150%。合同项下借款发放采取分次发放，放款日为 2014 年 11 月 14 日，放款金额为人民币 1 亿 3000 万元整，贷款本金为分期偿还，自首次还本日开始每季至少一次偿还本金，首次还本日为 2015 年 2 月 20 日。如果借款人违约，贷款人可以停止向借款人发放贷款、要求借款人及时清偿到期本息以及其他款项，比如可以要求借款人支付拖欠未支付利息的复利，以此来维护自己的合法权益。2014 年 11 月 14 日，被告某正公司向原告某丰银行重庆高新支行提交了《贷款资金提款申请书》，申请提款 1 亿 3000 万元。原告某丰银行重庆高新支行于 2014 年 11 月 14 日向重庆某正公司发放了贷款 1 亿 3000 万元。2019 年某正公司资不抵债，法院于 2019 年 9 月 24 日受理了其破产申请。

【主要法律问题】

一、本案被告韩某轩为澳大利亚居民，法院在审理案件时应当如何选择适用准据法？

二、被告韩某云、韩某轩是否应当对该债务承担保证责任以及承担保证责任的范围是什么？

【法律依据】

一、《涉外民事关系法律适用法》第41条[1]；

二、《中华人民共和国民法典》（以下简称《民法典》）第465条[2]、第509条[3]、第577条[4]、第674条[5]、第675条[6]、第676条[7]；

三、《中华人民共和国担保法》（以下简称《担保法》，已废止）第5条[8]、第6条[9]、第12条[10]、第18条[11]、第21条[12]；

四、《中华人民共和国企业破产法》（以下简称《企业破产法》）第46条[13]。

【理论分析】

一、本案被告韩某轩为澳大利亚公民，法院在审理案件时应当如何适用准据法？

---

[1] 《涉外民事关系法律适用法》第41条 当事人可以协议选择合同适用的法律。当事人没有选择的，适用履行义务最能体现该合同特征的一方当事人经常居所地法律或者其他与该合同有最密切联系的法律。

[2] 《民法典》第465条 依法成立的合同，受法律保护。依法成立的合同，仅对当事人具有法律约束力，但是法律另有规定的除外。

[3] 《民法典》第509条 当事人应当按照约定全面履行自己的义务。当事人应当遵循诚信原则，根据合同的性质、目的和交易习惯履行通知、协助、保密等义务。当事人在履行合同过程中，应当避免浪费资源、污染环境和破坏生态。

[4] 《民法典》第577条 当事人一方不履行合同义务或者履行合同义务不符合约定的，应当承担继续履行、采取补救措施或者赔偿损失等违约责任。

[5] 《民法典》第674条 借款人应当按照约定的期限支付利息。对支付利息的期限没有约定或者约定不明确，依据本法第510条的规定仍不能确定，借款期间不满一年的，应当在返还借款时一并支付；借款期间一年以上的，应当在每届满一年时支付，剩余期间不满一年的，应当在返还借款时一并支付。

[6] 《民法典》第675条 借款人应当按照约定的期限返还借款。对借款期限没有约定或者约定不明确，依据本法第510条的规定仍不能确定的，借款人可以随时返还；贷款人可以催告借款人在合理期限内返还。

[7] 《民法典》第676条 借款人未按照约定的期限返还借款的，应当按照约定或者国家有关规定支付逾期利息。

[8] 《担保法》第5条 担保合同是主合同的从合同，主合同无效，担保合同无效。担保合同另有约定的，按照约定。担保合同被确认无效后，债务人、担保人、债权人有过错的，应当根据其过错各自承担相应的民事责任。

[9] 《担保法》第6条 本法所称保证，是指保证人和债权人约定，当债务人不履行债务时，保证人按照约定履行债务或者承担责任的行为。

[10] 《担保法》第12条 同一债务有两个以上保证人的，保证人应当按照保证合同约定的保证份额，承担保证责任。没有约定保证份额的，保证人承担连带责任，债权人可以要求任何一个保证人承担全部保证责任，保证人都负有担保全部债权实现的义务。已经承担保证责任的保证人，有权向债务人追偿，或者要求承担连带责任的其他保证人清偿其应当承担的份额。

[11] 《担保法》第18条 当事人在保证合同中约定保证人与债务人对债务承担连带责任的，为连带责任保证。连带责任保证的债务人在主合同规定的债务履行期届满没有履行债务的，债权人可以要求债务人履行债务，也可以要求保证人在其保证范围内承担保证责任。

[12] 《担保法》第21条 保证担保的范围包括主债权及利息、违约金、损害赔偿金和实现债权的费用。保证合同另有约定的，按照约定；当事人对保证担保的范围没有约定或者约定不明确的，保证人应当对全部债务承担责任。

[13] 《企业破产法》第46条 未到期的债权，在破产申请受理时视为到期。附利息的债权自破产申请受理时起停止计息。

本案属于涉外民商事案件，根据《涉外民事关系法律适用法》第 41 条的规定，案件当事人可以协商选择适用的法律，如果没有选择或者协商不能达成一致意见的，应当适用最能体现合同特征一方的当事人的经常居住地或者其他与合同最密切联系地的法律。本案中，当事人没有约定适用的法律，本案被告韩某轩是澳大利亚公民，但其未对本案应适用的准据法发表意见，而且在本案借款、担保关系中，主合同当事人即贷款人与借款人、担保人（韩某轩除外）住所地均在中国，且借款合同、抵押合同、保证合同和应收账款质押合同的签订地、履行地也在中国，因此，本案应当适用中国法律。

二、被告韩某云、韩某轩是否应当对该债务承担保证责任以及承担保证责任的范围是什么？

当事人在保证合同中约定保证方式为连带保证责任，但未约定保证期间，因此保证期间应当认定为主债务履行期届满之日起两年。本案中，债务人没有按约定期限偿还本息，债权人某丰银行重庆高新支行宣告债务提前到期，此时应当视为债务履行期限届满，保证合同中约定的保证期限也应当随之提前。被告董某川在被告韩某云与原告某丰银行重庆高新支行签订该份《保证合同》作为保证人在尾部处签字捺印，可以推定被告董某川等人有承担保证责任的意思表示。原告某丰银行重庆高新支行提起本案诉讼时，亦未超过保证期间。因此，被告韩某云、董某川、韩某轩均应就被告某正公司的案涉债务向原告某丰银行重庆高新支行承担连带清偿责任。如前所述，债务人的破产申请已被法院受理，故涉案债权应自破产申请受理日即 2019 年 9 月 24 日起停止计息。主债务停止计息，保证人的保证责任也应当以停止计息时的债权为限。

【思考题】

原告某丰银行重庆高新支行是否享有抵押权以及抵押权的范围是什么？

案例十　某和（中国）投资有限公司、山西某生物工程有限公司合同纠纷

【基本案情】

2009 年 10 月 22 日，某市 A 区政府作为甲方，与作为乙方的某和（中国）投资有限公司（以下简称某和公司）签订了《合资合作合同书》。合同内容如下："为加强经济技术合作与交流，根据《合同法》和中华人民共和国其他有关法律、法规，本着友好合作、平等互利的原则，通过友好协商，就共同开发合作项目内容达成如下意向（协议）：1. 葡萄糖母液（年产 1.5 万吨谷氨酸）综合利用项目；2. 总投资及出资比例：总投资估算：4000 万元，其中甲方出资 1200 万元，占总投资的 30%；乙方出资 2800 万元，占总投资的 70%；3. 合作方式和期限：双方以合资（合作）方式经营，合

作期限为×年；4. 本合同未尽事宜，双方协商补充；5. 本合同一式两份，双方各执一份，市有关部门备案两份。"以上为合同全文。甲方签字代表为张某祥，乙方签字代表为张某美，双方均未盖章。

　　山西某生物工程有限公司（甲方）与某和公司（乙方）另签有《中外合资经营企业合同》。双方在合同第三章成立合资经营公司章节中约定："甲、乙方根据《中外合资经营企业法》和中国的其他有关法规，同意在中国境内合资经营某鑫生物科技有限责任公司（以下简称合营公司）；合营公司的组织形式为有限责任公司。甲、乙方以各自认缴的出资额对合营公司的债务承担责任。各方按其出资产额在注册资本中的比例分享利润和分担风险及亏损。"双方在第四章生产经营的目的、范围和规模章节中约定："合营公司的生产经营范围是生产谷氨酸、生物化肥等产品，对销售后的产品进行跟踪服务，研究和发展新产品；合营公司的生产规模如下：1. 合营公司投产后的年生产能力为谷氨酸1.2万吨，生物化肥1.5万吨。2. 随着生产经营的发展，生产规模可增加到年产谷氨酸3万吨，生物化肥5万吨，产品品种将发展6~10种。3. 生产规模扩充，由董事会决定根据联营公司实际经济情况投入。"双方在第五章投资总额与注册资本章节中约定："合营公司的投资总额为人民币2100万元。甲方以下面第十一条4点内容作为招商引资条件，占30%权益，乙方出资2100万元，投资建设厂房，购买机械设备，占70%权益。甲乙双方将以下列实物作为出资：甲方：1. 以两个月生产流动资金和两个月淀粉乳供应。2. 提供足够的水、电、蒸汽及污水处理，满足生产要求。备注（水每吨1元、电每度0.25元、蒸汽每吨50元、污水处理每吨1元）。3. 土地使用权为30年，面积50亩。4. 提供办公设施、公共设施、员工住宿。乙方：购买机械设备1800万元，建设厂房300万元，共2100万元。（注：淀粉乳价钱，双方另行订立合同，作为本合同的组成部分。）"双方在第六章合营各方的责任章节中约定："甲、乙方应各自负责完成以下各项事宜，甲方责任：为设立合营公司须向政府有关主管部门申请批准、登记注册、领取营业执照等，以达到正常生产许可，组织合营公司厂房和其他工程设施的设计、施工，按第十一条规定提供条件、各种设施应接到厂区边。协助办理乙方作为出资而提供的机械设备的进口报关手续和在中国境内的运输，协助合营公司在中国境内购置或租赁设备、材料、原料、办公用具、交通工具等，协助合营公司联系落实好水、电、交通等基础设施，协助合营公司招聘当地的中国籍的经营管理人员、技术人员、工人和所需的其他人员，协助外籍人员办理所需的入境签证、工作许可证和旅行手续等，负责办理合营公司委托的其他事项。乙方责任：按第十一条规定提供现金、机械设备、工业产权……并负责将作为出资的机械设备等实物运至中国港口；办理合营公司委托在中国境外选购机械设备、材料等有关事项；提供需要的设备安装、调试以及试生产人员、生产和检验技术人员；培训合营公司的技术人员和工人；负责办理合营公司委托的其他事项。"双方在《中外合资经营企业合同》对产品的营销，董事会，经营管理机构，设备购买，筹备和建设，劳动管理，税务、财务、审计，外汇收支，合营期限，合营期满财产处理，保险，合同的修改、变更与解除，违约责任，不可抗力，适合法律，争议的解决，合同生效及其他均作出约定。

2011年3月14日，山西某生物工程有限公司作为甲方与作为乙方的三和公司签订《补充合同》。该补充合同内容如下："一、为了更进一步合作，更科学地投资组合，经双方友好协商，在原合同签订的年产量1万吨谷氨酸前提下，增加投资扩大规模，产量提高到1.5万吨左右。增资额为建设总投资的三分之一资金，由联营公司乙方对外筹借，月息2%。待正常生产盈利后，联营公司连本带息优先支付乙方外借款，具体增资多少以核算为准。二、计息办法：经甲乙双方粗略核算原1万吨规模资金到位。乙方外借款打到联营公司账户后计息（分期进账、分期计息，进账数额及日期通知甲方。但不能影响工程进度，否则后果由乙方负责）。三、双方之前所签合同，因甲方无法办理注册某鑫生物科技有限公司，等正式谷氨酸厂生产后，第一个月内甲方须按原合同办理注册新公司，所需一切费用由甲方负责。让新公司独立经营，独立核算。其他未尽事宜，另行协商。本合同与原合同具有同等法律效力。"

2011年5月，山西某生物工程有限公司更名为红某鑫公司；2011年8月25日，红某鑫公司的两名自然人股东将持有的红某鑫公司100%股权转让给方某霖公司。

2012年4月11日，红某鑫公司向三和公司发出关于谷氨酸项目建设的几点意见和要求，载明："贵公司在我公司投资的谷氨酸项目至今近两年时间，由于种种原因未竣工。该项目作为某市招商引资落地项目，我公司希望贵公司克服困难，抓紧建设。争取2012年10月1日前竣工投产，逾期我公司将采取相应措施。关于贵公司投产以后，水、电、汽、原料的供应及土地使用情况，我公司明确以下几点意见：一、我公司不参与贵公司生产经营，不参与利润分配，即贵公司独立经营核算。二、水、电、汽、原料应由贵司与我公司协商以市场价格供应给贵公司，我公司每年收取贵公司土地使用费。三、在办理相关手续时，我公司尽最大能力协助。四、其他未尽事宜双方协商解决。"

2012年6月24日，红某鑫公司向某市A区政府发出承诺函，内容如下："关于某和（中国）投资有限公司与原山西红某鑫淀粉有限公司（后变更名称为山西红某鑫生物工程有限公司）合资谷氨酸项目（系政府招商引资项目）一事，经我公司股东与原股东协商，在原股权转让协议的基础上，签订补充协议，正式确认原山西红某鑫淀粉有限公司与某和（中国）投资有限公司签订的合资合同及补充合同由我公司继续依法履行。现我公司向政府郑重承诺：自即日起，我公司在不违背某和（中国）投资有限公司意愿的前提下，保证继续依法履行红某鑫淀粉公司与某和公司所签合资合同及补充合同约定的甲方义务，如有侵犯某和公司合法利益之处，我公司愿承担（包括政府部门的任何处理等）一切法律后果。"

2019年4月28日，山西某会计师事务所有限公司接受一审法院证据技术中心的委托，对某和公司在山西省某市A区新建的谷氨酸项目全部投资进行审计，无法确认某和公司提供的现金支出29721104.43元相关资料是否属于对山西省某市A区新建的谷氨酸项目的投资额。某和公司提出异议。一审法院审查后认为异议成立。2019年12月

12日，山西某工程造价咨询事务所（有限公司）再次接受一审法院证据技术中心的委托，对某和公司在某市A区所建的谷氨酸项目投资进行评估、鉴定。结论为工程造价为23217442.53元。

【主要法律问题】

一、某和公司与红某鑫公司签订的《中外合资经营企业合同》是否有效和生效？
二、红某鑫公司是否应向某和公司承担23217442.53元的赔偿责任？

【主要法律依据】

《最高人民法院关于适用〈中华人民共和国外商投资法〉若干问题的解释》（以下简称《〈外商投资法〉司法解释》）第6条❶。

【理论分析】

一、某和公司与红某鑫公司签订的《中外合资经营企业合同》是否有效和生效？

某和公司与红某鑫公司签订的《中外合资经营企业合同》应属于生效合同。红某鑫公司主张该合同属于未生效合同，不能成立。理由是：其一，该合同是某和公司与红某鑫公司的真实意思表示，合同内容没有违反法律法规的强制性规定，不存在导致合同无效的因素。其二，该合同一方当事人某和公司登记注册地在香港，另一方当事人红某鑫公司系在内地登记注册的公司，双方签订的《中外合资经营企业合同》属于内地公司和香港公司间的合营合同。就该类合营合同适用法律的问题，2020年1月1日施行的《〈外商投资法〉司法解释》第6条规定，人民法院审理香港特别行政区投资者在大陆投资产生的相关纠纷案件，可以参照适用该解释。而该司法解释第2条第2款规定，投资合同签订于外商投资法施行前，但人民法院在外商投资法施行时尚未作出生效裁判的，适用前款规定认定合同的效力。这里所指的"前款规定"，系该司法解释第2条第1款之规定，即对外商投资法第4条所指的外商投资准入负面清单之外的领域形成的投资合同，当事人以合同未经有关行政主管部门批准、登记为由主张合同无效或者未生效的，人民法院不予支持。所以，只要合营合同不属于外商投资准入负面清单领域，那么即便合营合同需要有关行政主管部门审批，在未审批的情形下合同也并非无效或未生效。本案中，因并无证据证明某和公司与红某鑫公司签订的《中外合资经营企业合同》属于外商投资准入负面清单领域，而且该合同在获得批准前某和公司已实际投资建设相关设施设备，红某鑫公司还与某和公司签订《补充合同》持续推进该合同的履行，所以，红某鑫公司以该合同未经有关审批进而不符合法律规定和合同约定为由主张该合同未生效，缺乏法律依据，对红某鑫公司的该项主张

---

❶ 《〈外商投资法〉司法解释》第6条　人民法院审理香港特别行政区、澳门特别行政区投资者、定居在国外的中国公民在内地、台湾地区投资者在大陆投资产生的相关纠纷案件，可以参照适用本解释。

不应支持。

二、红某鑫公司是否应向某和公司承担 23217442.53 元的赔偿责任？

某和公司与红某鑫公司签订的《中外合资经营企业合同》系已生效的合同，某和公司进行投资以履行该合同，符合双方签订该合同的目的，并无不当。红某鑫公司以该合同未生效为由主张其可以退出合资经营，缺乏事实依据。某和公司与红某鑫公司签订的《中外合资经营企业合同》中约定某和公司出资 2100 万元。山西某工程造价咨询事务所（有限公司）出具的鉴定结论是工程造价为 23217442.53 元，这个数额已超过了上述合同中约定的某和公司应出资数额。该数额是否以外汇方式投入并不影响对投资数额的认定。而且，《中外合资经营企业合同》并未约定某和公司出资的时间节点和进度。所以，红某鑫公司所主张的某和公司出资不足，不能成立。某和公司与红某鑫公司在 2011 年 3 月 14 日签订的《补充合同》中载明，因红某鑫公司无法办理注册某鑫生物科技有限公司，等正式谷氨酸厂生产后，第一个月内红某鑫公司须按原合同办理注册新公司。这表明《中外合资经营企业合同》中约定的合营公司当时无法注册是由于红某鑫公司方面的原因，而且红某鑫公司承诺在谷氨酸项目建成投产后将继续办理注册新公司。因谷氨酸项目至今未建成且也未投产，而红某鑫公司已经全部停产，该公司机器设备已被司法处置，红某鑫公司无法履行上述《中外合资经营企业合同》和《补充合同》，所以红某鑫公司应承担某和公司履行上述合同所受损失的相应责任。在某和公司所受损失的数额方面，因红某鑫公司认可某和公司投资建成的设施设备中部分设施设备已经拆除，而红某鑫公司未提供证据证明其拆除设施设备经过了某和公司同意，也未证明残值价值。红某鑫公司停产等行为造成《中外合资经营企业合同》不能履行进而导致某和公司不能通过案涉设施设备的经营来获利，所以，红某鑫公司主张应将 23217442.53 元中扣除相应设施设备残值后的余额作为三和公司所受损失数额，于理不合，对其主张不应支持。某和公司认可其不对设施设备残值主张权利，法院予以确认。因某和公司认可案涉项目后期不能继续进行存在市场方面的原因，所以该公司应当适当分担所受损失中因市场方面原因部分造成的损失。

【思考题】

A 区政府是否应就红某鑫公司的责任承担连带责任？

案例十一　涉外夫妻财产关系中不动产纠纷案件准据法的适用

【基本案情】

香港居民徐某和张某于 1987 年登记结婚，婚姻登记地为中国香港，婚后，二人共同居住于香港。1994 年，张某来内地投资，长期居住于上海市；2003 年，徐某与女儿从香港搬来上海与张某共同居住。1996 年，徐某在上海市长宁区购买一套房屋，所有权登记在徐某名下，该房屋首付款以及后续房屋贷款均由徐某支付。后张某认为其也应当享有房屋所有权，遂诉至法院。一审法院查明事实后认为，虽然张某和徐某二人均为香港永久居民，但双方争议的房屋所在地为上海，属中国内地；二人共同居住于上海，因此双方的共同居住地也为内地。因此，本案应当适用的实体法律为中国内地法律。本案中，房屋系徐某于二人夫妻关系存续期间所取得，并且张某和徐某二人对婚内财产归属没有特别约定，应当适用夫妻共同财产制，系争房屋不应归徐某个人所有，也不应归二人按比例按份共有，而是应当归其二人共同共有。故一审法院判决系争房屋归张某、徐某二人共同共有。

徐某认为，婚后其二人的居住中心为香港，所以经常居住地应当为香港而非内地。根据《涉外民事法律关系适用法》第24条的规定，该纠纷应当适用香港法律进行审理。双方没有就婚后财产归属作出约定，根据香港法律，应当适用夫妻分别财产制。该房屋由徐某支付首付款以及后续房贷，并且登记在徐某名下，应当归徐某个人所有。因此徐某在法定期限内提起上诉，请求二审法院驳回一审中张某的全部诉讼请求。

被上诉人张某认为，其与徐某之间的纠纷为不动产物权纠纷，按照《涉外民事法律关系适用法》的规定，不动产物权纠纷应当适用涉案不动产所在地的法律。在本案中，应当适用中国内地法律。同时张某提供证据证明了徐某连续四年每年都在上海市居住超过半年的时间，徐某的经常居住地并非香港，而应该是中国内地，徐某认为适用香港法律来审理是不符合法律规定的。即使本案实际适用香港法律来进行审理，二人在香港登记结婚后，徐某没有收入，二人的家庭各种支出均为张某负担，徐某用以买房以及偿还房贷的款项均来自张某，只是以徐某的名义支出。张某主观上有取得房屋所有权的意思表示，客观上也对取得该争议房屋作出了实质性的贡献。由此可以证明二人之间存在香港法律中规定的夫妻财产推定信托的情形：夫妻双方对婚内财产归属没有特别约定，除非存在推定信托的情形，应当适用分别财产制。二人存在推定信托的情形，故本案不应适用分别财产制，而应当适用共同财产制，二审法院应当驳回徐某的上诉请求。

二审法院经审理后认为，双方的争议焦点在于，应当依据争议双方间的特殊身份关系还是依据系争标的物的属性来确定准据法。张某和徐某二人为香港特别行政区居民，本案纠纷为涉外民事纠纷范畴。本案中，二人未能就法律适用问题协商达成一致，徐某认为应当适用二人的共同经常居住地法律，即香港法律。张某认为，首先，二人的共同经常居住地并非香港；其次，本案应当适用不动产所在地即中国内地的法律，应当先确定本案应适用的冲突规范。徐某认为本案为夫妻财产关系纠纷，《涉外民事法律关系适用法》第24条对涉外夫妻财产关系的法律适用问题作出了规定，因此应当适用本条冲突规范来确定本案应当适用的实体法律。而张某却认为本案纠纷系不动产物权纠纷，根据《涉外民事法律关系适用法》第36条来确定应当适用的实体法律才是合理的。

【主要法律问题】

一、本案应当适用何种冲突规范？

二、本案应当适用何种实体法律？

【主要法律依据】

一、《最高人民法院关于适用〈中华人民共和国涉外民事关系法律适用法〉若干问题的解释（一）》（以下简称《〈法律适用法〉司法解释（一）》）第 1 条❶、第 13 条❷、第 16 条❸、第 17 条❹；

二、《民事诉讼法》第 177 条❺；

三、《涉外民事关系法律适用法》第 2 条❻、第 8 条❼、第 24 条❽、第 36 条❾。

【理论分析】

一、本案应当适用何种冲突规范？

本案适用何种冲突规范主要取决于本案是应当被认定为涉外夫妻财产关系纠纷还是涉外不动产物权纠纷。对于案件性质的认定直接影响了冲突规范的选择。本案中，

---

❶ 《〈法律适用法〉司法解释（一）》第 1 条 民事关系具有下列情形之一的，人民法院可以认定为涉外民事关系：

（一）当事人一方或双方是外国公民、外国法人或者其他组织、无国籍人；

（二）当事人一方或双方的经常居所地在中华人民共和国领域外；

（三）标的物在中华人民共和国领域外；

（四）产生、变更或者消灭民事关系的法律事实发生在中华人民共和国领域外；

（五）可以认定为涉外民事关系的其他情形。

❷ 《〈法律适用法〉司法解释（一）》第 13 条 自然人在涉外民事关系产生或者变更、终止时已经连续居住一年以上且作为其生活中心的地方，人民法院可以认定为涉外民事关系法律适用法规定的自然人的经常居所地，但就医、劳务派遣、公务等情形除外。

❸ 《〈法律适用法〉司法解释（一）》第 16 条 人民法院应当听取各方当事人对应当适用的外国法律的内容及其理解与适用的意见，当事人对该外国法律的内容及其理解与适用均无异议的，人民法院可以予以确认；当事人有异议的，由人民法院审查认定。

❹ 《〈法律适用法〉司法解释（一）》第 17 条 涉及香港特别行政区、澳门特别行政区的民事关系的法律适用问题，参照适用本规定。

❺ 《民事诉讼法》第 177 条 第二审人民法院对上诉案件，经过审理，按照下列情形，分别处理：……（二）原判决、裁定认定事实错误或者适用法律错误的，以判决、裁定方式依法撤销或者变更。

❻ 《涉外民事关系法律适用法》第 2 条 涉外民事关系适用的法律，依照本法确定。其他法律对涉外民事关系法律适用另有特别规定的，依照其规定。本法和其他法律对涉外民事关系法律适用没有规定的，适用与该涉外民事关系有最密切联系的法律。

❼ 《涉外民事关系法律适用法》第 8 条 涉外民事关系的定性，适用法院地法律。

❽ 《涉外民事关系法律适用法》第 24 条 夫妻财产关系，当事人可以协议选择适用一方当事人经常居所地法律、国籍国法律或者主要财产所在地法律。当事人没有选择的，适用共同经常居所地法律；没有共同经常居所地的，适用共同国籍国法律。

❾ 《涉外民事关系法律适用法》第 36 条 不动产物权，适用不动产所在地法律。

双方当事人具有夫妻关系，双方之间产生的房屋产权纠纷也基于这一身份关系，如果没有婚姻关系的破裂，后续的不动产物权纠纷也不可能发生，因此本案具有更强的身份特性。在涉外夫妻财产关系纠纷的案件中，我国赋予了当事人自主选择实体法律的权利，纠纷双方当事人可以协商选择适用何种法律，但是若双方当事人没有协商选择或者是双方经过协商未能达成一致，人民法院在确定准据法的时候应当选择与身份特征更具密切联系的连接点。综上，本案应当认定为涉外夫妻财产关系纠纷，根据《涉外民事法律关系适用法》第24条来确定应当适用的实体法律。

二、本案应当适用何种实体法律？

根据上文所述，本案实质上是双方基于特定的夫妻身份关系而产生的纠纷，因此应当以二者取得夫妻关系时的共同经常居住地为准。本案中，张某和徐某二人于1987年在香港登记结婚，结婚前二者均长期居住于中国香港，因此，二者的共同经常居住地应为中国香港，应当适用中国香港法律。即使按照争议房屋产权登记时的居住地为标准来判定，该房屋于1998年登记于徐某名下，此时，徐某的经常居住地为香港，而张某的经常居住地为内地，二者的共同经常居住地不同，不存在共同经常居住地，所以根据《涉外民事关系法律适用法》第24条的规定，应当适用香港法律。

【思考题】

在涉外婚姻关系中，双方对登记在一方名下的不动产所有权归属发生争议，人民法院是否可以一律根据《涉外民事法律关系适用法》第24条来确定准据法？

案例十二　徐某与胡某生合同效力纠纷案

【基本案情】

原告徐某与被告胡某生约定在澳门博彩业转码获取马粮经营。所谓马粮是指马佣，即博彩厅支付给当事人的佣金。转码是指当事人向博彩厅支付一定数额的保证金，当赌客进入赌场赌博时，当事人从博彩厅拿筹码交给赌客，如果赌客赢得了筹码，则拿给当事人予以兑换现金。如果赌客输了筹码，则需要将现金还给当事人，当事人将现金交给赌场。2012年，原被告双方签订协议，共同投资2千万港币用于澳门博彩业转码获取马粮经营。双方合意：1. 甲乙双方各出资1千万港币，合同签订后，乙方（胡某生）向甲方（徐某）汇款；2. 两人的出资用于甲方指定的澳门贵宾厅转码，所获取的马佣，除费用外各占50%，每月分红……；3. 资金放置于贵宾厅个人账户上，随时可以各自收回……以上协议双方共同遵守。合同签订后，原告于2012年的1月21日汇款人民币8181000元给被告。随后，原被告共同到澳门参与经营活动。徐某于2012年2月1日先后向新皇宫博彩中介一人有限公司借款人民币6000000元，该名义为"借款"，实际是向赌场提供担保来换取筹码，以便从事转码活动。双方同时认可，徐某在协议签订后收到了胡某生给付的分红款人民币 500000 元。除提交的五张借款凭据外，双方均无法提供任何证据证明涉案转码活动的盈亏情况与现存资金状况等。在合同履行的过程中，徐某被拒绝参与管理经营和按约定获得分红，因此请求解除合同，对方支付违约金。胡某生主张合同内容违法，系无效合同。双方对合同的效力问题产生争议，诉至法院。

【主要法律问题】

一、涉外合同关系的准据法的确定？
二、公共秩序保留原则如何适用？

【主要法律依据】

一、《〈法律适用法〉司法解释（一）》第 1 条第 4 项❶、第 17 条❷；
二、《涉外民事关系法律适用法》第 5 条❸、第 41 条❹；
三、《民法典》第 153 条第 2 款❺、第 157 条❻。

【理论分析】

本案第一步应确定准据法是适用内地法律还是澳门法律。此外，由于当事人签订合同涉及赌博问题，赌博在内地属于违法行为，因此还应确定，如果适用澳门法律，是否应当适用公共秩序保留原则？

一、涉外合同关系的准据法的确定。

本案中，民事法律关系是在澳门发生的，属于涉外民事法律关系，本案应作为涉外案件处理。依据法律规定，徐某与胡某生可以协议选择合同适用的法律，如果二人没有选择，适用履行义务最能体现合同特征的一方当事人经常居所地法律或者其他与合同有最密切联系的法律。在本案中，双方当事人对合同争议适用的法律没有约定。该合同的签订地、履行地均在澳门，因此，根据最密切联系原则，应当适用澳门法律。

---

❶ 《〈法律适用法〉》司法解释（一）》第 1 条第 4 项　产生、变更或者消灭民事关系的法律事实发生在中华人民共和国领域外。

❷ 《〈法律适用法〉司法解释（一）》第 17 条　涉及香港特别行政区、澳门特别行政区的民事关系的法律适用问题，参照适用本规定。

❸ 《涉外民事关系法律适用法》第 5 条　外国法律的适用将损害中华人民共和国社会公共利益的，适用中华人民共和国法律。

❹ 《涉外民事关系法律适用法》第 41 条　当事人可以协议选择合同适用的法律。当事人没有选择的，适用履行义务最能体现该合同特征的一方当事人经常居所地法律或者其他与该合同有最密切联系的法律。

❺ 《民法典》第 153 条第 2 款　违背公序良俗的民事法律关系无效。

❻ 《民法典》第 157 条　民事法律行为无效、被撤销或者确定不发生效力后，行为人因该行为取得的财产，应当予以返还；不能返还或者没有必要返还的，应当折价补偿。有过错的一方应当赔偿对方由此所受到的损失；各方都有过错的，应当各自承担相应的责任。法律另有规定的，依照其规定。

103

二、公共秩序保留原则如何适用？

公共秩序涉及一个国家和社会的重大利益，或法律和道德的基本原则。公共秩序保留是指法院地国根据本国的冲突规范应当适用外国法时，如果外国法的适用或外国法的适用结果会违反法院地国的公共秩序，则限制或排除外国法适用的制度。涉及我国香港、澳门的民事法律关系，同样适用公共秩序保留原则。在本案中，双方当事人合同中约定的转码行为在澳门属于博彩中介服务的一种，是合法行为，但在大陆则是违法行为，是为赌博提供帮助的行为。如果适用澳门法律，则该行为合法，但这与大陆的公共秩序和善良风俗相违背。因此，应当适用公共秩序保留原则，以大陆法律作为处理本案法律关系的准据法。

最后，根据《民法典》第153条第2款的规定，违背公序良俗的民事法律行为无效。因此，本案中双方当事人所签订的合同应认定为无效。根据《民法典》第157条的规定，民事法律行为无效、被撤销或者确定不发生效力后，行为人因该行为取得的财产，应当予以返还；不能返还或者没有必要返还的，应当折价补偿。有过错的一方应当赔偿对方由此所受到的损失；各方都有过错的，应当各自承担相应的责任。法律另有规定，依照其规定。在本案中，双方均承认被告收到原告给付的8181000元人民币投资款。由于合同无效，被告应将此笔款项返还给原告。另外，因为被告给付原告分红款500000元，所以被告应返还原告人民币7681000元，并依法支付相应利息。

【思考题】

一、当事人没有约定时各类法律关系准据法如何确定以及最密切联系如何判断？
二、公共秩序保留原则的内容？

案例十三 吴某4等继承纠纷案

【基本案情】

吴某5与赵某2系夫妻关系，二人有被告吴某4、原告吴某6、原告吴某3、原告赵某1三子一女。吴某6与被告高某系夫妻关系，二人有被告吴某1、被告吴某2一子一女。赵某2和吴某5于1992年6月16日加入澳大利亚国籍并分别于2010年5月31日、2014年7月28日在澳大利亚去世。吴某5留有经所在国公证的遗嘱，内容为：立遗嘱人为本人吴某5。本人撤销之前由本人在任何时间作出的所有遗嘱及遗嘱性质的处置，并宣布此为本人的临终遗嘱。本人指派儿子吴某4为本临终遗嘱的执行人和受托人，但若本人儿子先于本人离世，那么本人就指派本人儿媳W为遗嘱执行人和受托人。本人授权本人之受托人按照受托人认为合适的条款和条件以其绝对酌情权决定将本人的不动产与动产出售、收回及转换为现金，尽管如此，本人仍授权本人之受托人保留相同形式和状态之本人遗产之全部或任何部分，或以本人死亡时可能存在的方式作了投资的本人遗产之全部或任何部分,并且在本人之受托人认为合适的时间内持有相同的投资或其任何部分,而无须为任何相关的亏损负责。本人将本人所有财产,不论是动产还是不动产,不论何种性质,不论位于何处,均遗赠予我的受托人按照以下信托持有:1.偿还我的所有合法债务、葬礼和遗嘱费用、州遗产税、联邦遗产税以及所有其他在本人死亡后或因本人死亡而应当支付的任何税项或税款。2.为本人所述儿子持有本人剩余遗产;若他先于本人离世,则为本人所述儿媳持有;而若儿媳亦先于本人离世,则为本人孙子A持有。落款日期为1995年9月7日,落款处有吴某5及见证人的签名。吴某4主张赵某2留有遗嘱,提交了经所在国公证的遗嘱,即赵某2遗嘱,内容与吴某5遗嘱相同。双方均认可上述两份材料的真实性。经调查,吴某5之子吴某3持有赵某2工资194900元、吴某5工资687260.90元。涉案房屋自2005年起出租,由吴某3收取房租。双方当事人就遗嘱的效力、被告吴某4是否属于遗嘱所确定的继承人、遗嘱内容所涉及的财产是否包括涉案房屋所产生争议,诉至法院。

【主要法律问题】

一、本案中的涉外民事法律关系如何定性/识别?

二、最密切联系原则在准据法确定中的作用及如何适用最密切联系原则?

【主要法律依据】

《涉外民事关系法律适用法》第6条❶、第8条❷、第33条❸。

【理论分析】

一、本案中的涉外民事法律关系如何定性/识别?

对本案遗嘱争议问题需要进行识别。依据法律规定,我国应适用本国法律来确定案件的性质。通过识别,本案对遗嘱的争议为遗嘱效力的问题。

二、最密切联系原则在准据法确定中的作用及如何适用最密切联系原则?

在本案中,根据相关法律规定,遗嘱效力适用吴某5和赵某2立遗嘱时或者死亡时经常居所地法律或者国籍国法律。本案中遗嘱人吴某5和赵某2死亡时属于澳大利亚公民,死亡地点为澳大利亚新南威尔士州,因此,本案适用澳大利亚国法律来认定遗嘱效力。本案中,吴某3和赵某1否认遗嘱的效力并不是否认遗嘱的全部,而是否认其部分。主要问题在于依据澳大利亚新南威尔士州法律以及司法机构文件的规定,遗嘱只对本州境内的遗产有效,对于境外的遗产,如果国家之间有协议,应订立国际

---

❶ 《涉外民事关系法律适用法》第6条 涉外民事关系适用外国法律,该国不同区域实施不同法律的,适用与该涉外民事关系有最密切联系区域的法律。

❷ 《涉外民事关系法律适用法》第8条 涉外民事关系的定性,适用法院地法律。

❸ 《涉外民事关系法律适用法》第33条 遗嘱效力,适用遗嘱人立遗嘱时或者死亡时经常居所地法律或者国籍国法律。

遗嘱或者遗产所在地国家的遗嘱。因此，在澳大利亚新南威尔士州订立的遗嘱不能对中国境内的遗产发生效力。根据吴某3和赵某1援引的2006年《澳大利亚新南威尔士州继承法》第50条第（2）项的规定，本案应适用中国法律，但我国法律不承认反致和转致制度。如果依据我国冲突法规范，应当适用澳大利亚的法律，那么就必须适用其实体法解决问题。所以，关于遗嘱效力的问题应适用澳大利亚的法律。本案中，澳大利亚不同地区的法律不同，依据相关法律规定，应适用与该涉外民事关系有最密切联系区域的法律。从本案中可以看出，最密切联系地为澳大利亚新南威尔士州，所以应适用该地法律规范。吴某4向法院提供了经公证的2006年《澳大利亚新南威尔士州继承法》。吴某3和赵某1证明"当新南威尔士州的遗嘱涉及另外财产时，该遗嘱或该部分财产处理无效"所采用的法律是法案第50条第（2）项，但该条的前提是"如新南威尔士州之外的法律适用于某遗嘱"，但本案适用的是新南威尔士州的法律。所以，遗嘱并未违反新南威尔士州的法律，遗嘱合法有效，关于房屋的约定亦属有效。

吴某3、赵某1否认吴某4属于遗嘱所确定的继承人，理由是：遗嘱中表述的儿子指代不明。但通过遗嘱中的内容来看，遗嘱表述为：为本人所述儿子持有本人剩余财产；若他先于本人离世，则为本人所述儿媳持有；若儿媳亦先于本人离世，则为本人孙子A持有。经查，A是吴某4之子。因此，从表述中可以看出"本人所述儿子"为吴某4本人。

综上，由于遗嘱为有效遗嘱，所以遗嘱中的所有内容均具有效力，在遗嘱中，立遗嘱人表达的将其全部遗产赠与吴某4的意思有效。同时，经调查确定吴某4为遗产合法继承人。因此，对于本案中房屋及其租金、工资等遗嘱人的遗产，吴某4享有继承权。

【思考题】

一、我国关于涉外继承确定准据法的规则？
二、何为定性？我国冲突法规范法律关于涉外民事关系定性的规定？
三、何为反致、转致？我国对于反致与转致的态度是什么？

案例十四　甲房地产开发有限公司、乙装饰设计工程有限公司合同纠纷管辖案

【基本案情】

乙装饰设计工程有限公司（以下简称乙公司）与西双版纳某兴商贸有限公司（以下简称某兴公司）签订《装饰施工全屋定制合同》，项目地点在缅甸四特区。合同签订后，乙公司按照合同约定于2018年7月1日完成第一期工程施工内容，工程价款为1800万元。某兴公司支付了93万元工程价款，后再未支付。由于某兴公司未支付剩余

价款，导致停工。为使合同继续履行，某兴公司实际控制人 A、B 等就所欠工程款与乙公司签订《补充及担保协议》。协议签订后，乙公司继续施工。2019 年初，乙公司完成《装饰施工全屋定制合同》约定的一、二、三期施工内容，工程款为 4600 万元，并完成应付增项施工 2439332 元。某兴公司仍旧不支付货款，项目再次停工。后双方分别于 2019 年 4 月 27 日和 2019 年 9 月 27 日就工程价款支付达成补充协议，但某兴公司均未按补充协议付款。2019 年 11 月 10 日，丙、甲房地产开发有限公司作为该项目主要的实际股东和出资方，为了确保工程完工，自愿作为债务加入方，承担支付责任，与乙公司签订了《工程价款支付协议》。该协议约定：因本案发生的纠纷，由乙公司所在地管辖。乙公司在协议签订后恢复施工并于 2019 年元旦前基本完工，但丙和甲公司仅支付工程款 300 万元，剩余 10762.62 万元和利息 7 万元未支付。乙公司多次催要无果诉至法院。本案由浙江省××市中级人民法院受理，在当事人提交答辩状期间，甲公司提出管辖权异议。异议理由为：本案依法应当由项目建设地法院管辖，由于工程所在地为境外，所以不适用专属管辖的规定，应适用原告就被告的一般管辖原则，甲公司住所地在河北省××市××区，所以应由该省××市××区人民法院管辖。由于本案诉讼标的额为 10762.62 万元，未达到中级法院管辖的标准，所以应由基层法院管辖。乙公司则认为应当由浙江省××市中级人民法院管辖。双方就管辖问题产生争议。

【主要法律问题】

一、本案能否适用有关专属管辖的规定？
二、本案应由哪个法院管辖？

【主要法律依据】

一、《最高人民法院关于适用〈中华人民共和国民事诉讼法〉的解释》（以下简称《〈民事诉讼法〉司法解释》）第 520 条[1]；
二、《民事诉讼法》第 34 条[2]、第 35 条[3]。

【理论分析】

一、本案能否适用有关专属管辖的规定？

根据《〈民事诉讼法〉司法解释》第 520 条的规定，可以通过三要素来判断是否为涉外案件。一是案件所涉民事法律关系的主体；二是案件所涉民事法律关系的客体；

---

[1] 《〈民事诉讼法〉司法解释》第 520 条　有下列情形之一，人民法院可以认定为涉外民事案件：……（四）产生、变更或者消灭民事关系的法律事实发生在中华人民共和国领域外的。
[2] 《民事诉讼法》第 34 条　因不动产纠纷提起的诉讼，由不动产所在地人民法院管辖。
[3] 《民事诉讼法》第 35 条　合同或者其他财产权益纠纷的当事人可以书面协议选择被告住所地、合同履行地、合同签订地、原告住所地、标的物所在地等与争议有实际联系的地点的人民法院管辖，但不得违反本法对级别管辖和专属管辖的规定。

三是案件所涉民事法律关系的内容,即产生、变更、消灭民事法律关系的事实。本案中,相关协议的签订主要是为了确保施工合同履行,项目工程在缅甸,因此,本案属于涉外民商事案件。本案不应当适用专属管辖的规定,因为当事人对管辖作出了约定。在价款支付协议中,双方就管辖问题达成合意,即由乙公司所在地法院管辖。根据相关法律规定,合同纠纷当事人可以在一定范围内约定合同争议的管辖法院。本案中当事人的约定在法律规定范围内,符合法律规定。

二、本案应由哪个法院管辖?

乙公司住所地的浙江省××市××区人民法院对本案没有管辖权。根据《最高人民法院关于涉外民商事案件诉讼管辖若干问题的规定》及《最高人民法院关于明确第一审涉外民商事案件标准以及归口办理有关问题的通知》的规定,浙江省××市××区人民法院没有涉外民商事案件的管辖权,但乙公司住所地属于浙江省××市辖区,故应当由浙江省××市中级人民法院管辖。

【思考题】

一、我国关于专属管辖的规定是什么?
二、我国对涉外民商事案件管辖权的规定有哪些?

案例十五　巴基斯坦公民阿卜杜勒·瓦希德诉中国 A 航空股份有限公司航空旅客运输合同纠纷案

【基本案情】

阿卜杜勒·瓦希德购买了一张机票,飞机将于 2004 年 12 月 31 日上午 11 点从上海起飞至香港,同日 16 点从香港起飞至巴基斯坦卡拉奇,并在 2005 年 1 月 31 日从卡拉奇起飞至香港,同年 2 月 1 日从香港起飞至上海。机票是香港 B 航空公司发售的,但上海与香港间的航程实际上是由中国 A 航空股份有限公司(以下简称 A 航空公司)承运的,香港与卡拉奇间的航程实际是由国泰航空公司承运。机票背面注明,该合同应遵守华沙公约所指定的有关责任的规则和限制。

由于天气原因 A 航空公司的航班发生了延误,导致阿卜杜勒及其家属到达香港机场后未能赶上 B 航空公司飞往卡拉奇的衔接航班。A 航空公司给出了处理方案,但处理方案令阿卜杜勒无法接受,最终阿卜杜勒购买了 C 航空公司的机票及行李票,搭乘该公司航班绕道迪拜,到达卡拉奇。为此,阿卜杜勒支出机票款 4721 港元、行李票款 759 港元,共计 5480 港元。阿卜杜勒认为,A 航空公司的航班延误,其又拒绝重新安排航程,给自己造成了经济损失,理应赔偿,遂提出诉讼。

【主要法律问题】

一、本案的被告应为谁?阿卜杜勒是否可以只起诉 A 航空公司?

二、本案中应该如何适用法律？

三、A 航空公司是否应该承担责任？

【主要法律依据】

一、《民法通则》（已废止）第 142 条❶；

二、《经 1955 年海牙议定书修订的 1929 年华沙统一国际航空运输一些规则的公约》（以下简称《1955 年在海牙修改的华沙公约》）第 19 条❷、第 20 条第 1 款❸、第 28 条第 1 款❹、第 32 条❺；

三、《统一非立约承运人所作国际航空运输的某些规则以补充华沙公约的公约》（以下简称《瓜达拉哈拉公约》）第 1 条第 2 款❻、第 1 条第 3 款❼、第 7 条❽。

【理论分析】

一、本案的被告应为谁？阿卜杜勒可以只起诉 A 航空公司吗？

本案属于国际航空旅客运输合同纠纷。阿卜杜勒所持的机票是由 B 航空公司开出的，因此，该国际航空旅客运输合同是在阿卜杜勒与 B 航空公司之间设立的，B 航空公司是缔约承运人。根据合同的相对性，该案的被告应当是 B 航空公司。但是实际承运的是 A 航空公司。A 航空公司与阿卜杜勒之间不存在直接的国际航空旅客运输合同关系，也不是连续承运人，因此只能推定其是根据 B 航空公司的授权、承担该机票确定的上海至香港间运输任务的实际承运人。阿卜杜勒有权选择 B 航空公司或 A 航空公司或两者同时为被告提起诉讼。

---

❶ 《民法通则》第 142 条 涉外民事关系的法律适用，依照本章的规定确定。中华人民共和国缔结或者参加的国际条约同中华人民共和国的民事法律有不同规定的，适用国际条约的规定，但中华人民共和国声明保留的条款除外。中华人民共和国法律和中华人民共和国缔结或者参加的国际条约没有规定的，可以适用国际惯例。

❷ 《1955 年在海牙修改的华沙公约》第 19 条 承运人对旅客、行李或货物在航空运输过程中延误而造成的损失应负责任。

❸ 《1955 年在海牙修改的华沙公约》第 20 条第 1 款 承运人如果证明自己和他的代理人为了避免损失的发生，已经采取一切必要的措施，或不可能采取这种措施时，就不负责任。

❹ 《1955 年在海牙修改的华沙公约》第 28 条第 1 款 有关赔偿的诉讼，应该按原告的意愿，在一个缔约国的领土内，向承运人住所地或其总管理处所在地或签订契约的机构所在地法院提出，或向目的地法院提出。

❺ 《1955 年在海牙修改的华沙公约》第 32 条 运输合同的任何条款和在损失发生以前的任何特别协议，如果运输合同各方借以违背本公约的规则，无论是选择所适用的法律或变更管辖权的规定，都不生效力。

❻ 《瓜达拉哈拉公约》第 1 条第 2 款 "缔约承运人"指与旅客或托运人，或与旅客或托运人的代理人订立一项适用华沙公约的运输合同的当事人。

❼ 《瓜达拉哈拉公约》第 1 条第 3 款 "实际承运人"指缔约承运人以外，根据缔约承运人的授权办理第 2 款所指的全部或部分运输的人，但对该部分运输此人并非华沙公约所指的连续承运人。在没有相反的证据时，上述授权被推定成立。

❽ 《瓜达拉哈拉公约》第 7 条 对实际承运人所办运输的责任诉讼，可以由原告选择，对实际承运人或缔约承运人提起，或者同时或分别向他们提起。如果只对其中的一个承运人提起诉讼，则该承运人应有权要求另一承运人参加诉讼。这种参加诉讼的效力以及所适用的程序，根据受理案件的法院的法律决定。

如果阿卜杜勒只以 A 航空公司为被告提起诉讼，那么 A 航空公司能否要求 B 航空公司参加诉讼呢？答案是可以的，A 航空公司有要求 B 航空公司参加诉讼的权利，但是由于阿卜杜勒追究的航班延误责任发生在 A 航空公司承运的上海至香港段航程中，与 B 航空公司无关，法院考虑到诉讼成本，以及必要性的问题，一般会认为无须追加 B 航空公司为本案的当事人，对 A 航空公司的要求不予支持。故 A 航空公司虽然有申请 B 航空公司参加诉讼的权利，但这种申请能否被允许，应当由受理案件的法院来决定。

二、本案中应该如何适用法律？

本案中，原告阿卜杜勒的国籍国为巴基斯坦，其购买的机票，出发地为我国上海，目的地为巴基斯坦卡拉奇。根据《民法通则》第 142 条第 1 款的规定，涉外民事关系的法律适用，依照《民法通则》的规定处理；第 2 款规定，在国际条约与国内法有不同规定时，适用国际条约的规定，即国际法与国内法的规定存在冲突时，国际法优先（2021 年 1 月 1 日实施的《民法典》删除了该规定，目前法律中没有相关规定），但是中华人民共和国声明保留的条款除外。我国和巴基斯坦都是《1955 年在海牙修改的华沙公约》和《瓜达拉哈拉公约》的缔约国，因此，本案优先适用这两个国际公约。

三、A 航空公司是否应该承担责任？

《1955 年在海牙修改的华沙公约》第 19 条规定，航空运输中，旅客、行李或货物因延误而造成的损失，承运人应当负责。因此，A 航空公司对因飞机延误而给阿卜杜勒造成的损失，应当负责。但是《1955 年在海牙修改的华沙公约》第 20 条第 1 款规定了免责情形，承运人如果可以证明自己和他的代理人为了避免损失的发生已经采取了一切必要的措施，或者其不可能采取这种措施时，就可以免责。本案中，A 航空公司的航班是由于天气原因而发生延误的，这是由不可抗力造成的延误，对于延误本身，A 航空公司无须负责，其不可能采取措施避免该延误的发生。但是除此之外，还需证明为了避免延误给旅客造成损失，其已经采取了一切必要的措施，否则无法免责，仍需对旅客因延误而遭受的损失承担责任。本案中，阿卜杜勒在浦东机场时已经预见到航班的延误会使其错过 B 航空公司的衔接航班，曾多次向 A 航空公司工作人员询问解决办法。A 航空公司有义务向阿卜杜勒一行提醒可能发生的不利情形。但 A 航空公司没有告知不利情形，并告知会帮助阿卜杜勒解决，使阿卜杜勒对该公司产生合理信赖，从而登机飞赴香港。此外，也无法证明阿卜杜勒是在明知飞往香港后会发生对己不利的情况下仍选择登机的，因此，可以认定 A 航空公司没有为避免损失采取必要的措施，不应免责。阿卜杜勒最终迫于无奈自费购买其他航空公司的机票，对阿卜杜勒购票支出的损失，A 航空公司应承担赔偿责任。

【思考题】

国际条约在我国如何适用？

案例十六　丹东A车桥股份有限公司诉美国B机械公司合资争议案

【基本案情】

丹东A车桥股份有限公司（以下简称A公司）与美国B机械公司（以下简称B公司）拟共同筹划投资设立合资公司。经多次协商，双方于1996年3月26日在辽宁省丹东市签订了投资合同。根据合同，合资公司预计经营12年，投资额350万美元，注册资本219万美元，投资比例为中国企业49%，美国企业51%。自合营企业营业执照签发之日起九个月内，双方必须足额缴纳注册资本。如果其中任何一方未按合同约定按时或足额完成付款，将可能构成违约。守约方可以要求违约方赔偿其经济损失。合同还明确约定关于中外合资企业成立期间需要办理的相关行政审批以及基础设施建设由A公司负责；因本合同引起的任何法律争议等均应由中国国际经济贸易仲裁委员会仲裁解决。同日，双方还正式签订了5份采购合同以及附件。

在该合同正式签订后，A公司按协议办理了合资公司成立所必要的手续，并于1996年3月28日取得辽宁省政府批准的营业许可证和国家工商行政管理局批准的营业执照。同年5月8日，A公司将应付的热处理设备款定金中的10万美元支付给了B公司；6月26日，A公司将部分热处理设备款支付给了B公司。A公司完全按照合同约定履行义务。

双方在合同中明确约定，投资比例为中国企业49%，美国企业51%，购买热处理设备成本应按照约定的出资比例出资。但B公司于1996年8月1日提出由A公司先行垫付剩下51%的款项。之后B公司数次通过传真的方式向A公司提出这一要求，均遭到了拒绝。8月13日，B公司再次提出了此要求，A公司为了确保合资企业顺利运行，最终同意支付剩余的热处理设备款。1996年，合营公司派人前往美国对该设备进行验收，经过验收后计划通过合营公司在奥克兰银行新建的账户支付剩余的款项。

当合资公司的工作人员赶到美国准备交货验收装置时，B公司突然对A公司宣布不再与A公司进行合资。对于A公司为购置热处理设备所支付的款项，B公司要求用以购买老设备。A公司认为，如果B公司不能按照约定进行合资，应当退还A公司支付的全部款项，但是B公司拒绝将与此相关的款项退还给A公司。1996年11月28日，A公司收到B公司发出的关于终止合资公司的通知。为了维护自身权益，A公司于1997年1月13日向中国国际经济贸易仲裁委员会提起仲裁，根据买卖双方约定的仲裁条款进行仲裁。

【主要法律问题】

一、本案应适用什么法律？

二、B 公司是否应承担法律责任？

【主要法律依据】

一、《中华人民共和国中外合资经营企业法实施条例》（以下简称《中外合资经营企业法实施条例》，已废止）第 12 条❶；

二、《中华人民共和国涉外经济合同法》（以下简称《涉外经济合同法》，已废止）第 5 条❷。

【理论分析】

一、本案应适用什么法律？

根据《中外合资经营企业法》，在中国境内注册设立的中外合资经营企业的法律地位为中国法人，受中国相关法律的保护和管辖。由于合营公司是中国法人，合营合同在中国境内履行，依据1987年修订的《中外合资经营企业法实施条例》第 12 条明确规定，合营合同签署、效力、解释、履行和法律纠纷的解决，适用中国法律。1985 年《涉外经济合同法》第 5 条明确规定，在中国境内履行的中外合资经营企业合同、中外合作经营企业合同、中外合作勘探开发自然资源合同，适用中国法律。

二、B 公司是否应承担法律责任？

违反合营合同应承担何种法律责任，取决于我国的法律规定以及双方在法律范围内的约定。根据目前我国法律规定，当事人违反合营合同的，可以采取下列补救措施或者依法承担相应的法律责任：（1）实际履行合同或者强制实际履行合同。实际履行的原则就是指在合同中，双方依据合同条款履行其合同义务。实际履行原则是合同中必须遵循的传统准则，也是合同法律效力的一种必然表现。我国法律明确规定了实际履行原则，即合同一方违约，另一方要求继续履行合同时，应当继续履行。强制实际履行是指国家权力机关在当事人违反合同或者法律时作出强制性决定，强制当事人实际履行合同，否则应承担相应的法律后果。（2）违约赔偿。如果任何一方因为违约致使对方遭受了经济损失，则应当承担相应的赔偿责任。违约赔偿具有补偿性，一般是不具有惩罚性的。赔偿的目的主要是弥补侵权人违约造成的损害。一般来说，以实际损害而非当事人的主观过错程度为其确定赔偿的依据和标准，因为赔偿的根本目的并非惩罚其过错行为，而是通过其他手段和方式来弥补受害人的损失。因此，违约责任本身就具有任意性，当事人可以按照法律规定约定赔偿的标

---

❶ 《中外合资经营企业法实施条例》第 12 条　合营企业合同的订立、效力、解释、执行及其争议的解决，均应适用中国的法律。

❷ 《涉外经济合同法》第 5 条　合同当事人可以选择处理合同争议所适用的法律。当事人没有选择的，适用与合同有最密切联系的国家的法律。在中华人民共和国境内履行的中外合资经营企业合同、中外合作经营企业合同、中外合作勘探开发自然资源合同，适用中华人民共和国法律。中华人民共和国法律未作规定的，可以适用国际惯例。

准和数额。

违约赔偿主要有两种形式，即违约金或定金。违约金由当事人在订立合同时确定，并独立于履行行为的给付。违约金的主要目的就是迫使债务人依法履行其债务，保障债权的实现。定金应当由双方共同商定，为了合同的正常履行，一方应该提前支付给对方一定金额的货币或其他替代品。定金的功能就是保证合同债务能够得到顺利履行，但这种担保效果是通过违约金来实现的。支付定金的一方不按照约定继续履行合同的，无权向另外一方要求返还定金；收款方不按照约定履行合同的，需要双倍地返还定金，使得订单成为未按照约定履行合同损害赔偿形式。在本案中，B 公司在收到 A 公司的 10 万美元定金后，如果不及时地完全履行合同义务，仲裁庭将根据我国法律关于定金的条款和规定，依法裁定 B 公司退还双倍的定金。这既体现了对 B 公司的惩罚，也体现了对守约方 A 公司的补偿。

一方违约的法律后果可能是另一方终止合同。严格地说，合同解除本身并不是违约责任的一种形式，但是与违约责任是密切相关的。正因为如此，在讨论各种责任形式时，解除合同往往被包括在内。解除合同的途径和方式主要分为两种：一种是指通过司法或者仲裁手段来解除合同；另一种是任何一方从根本上违约，对方都有权利依法要求其解除合同，并以通知的形式向违约方发出解除合同的意思，即发生解除合同的法律效力。

解除合同的条件必须由法律规定或者当事人约定。当这些条件成就或不成就时，当事人才享有解除合同的权利。否则，擅自解除合同构成违约。本案中，在 A 公司认真履行了合同的条件下，B 公司抓住 A 公司在履行合同时的小缺点和瑕疵，单方面地宣布解除合同，不符合解除合同的条件，B 公司的行为已经构成了违约，本案仲裁庭裁定 B 公司应当承担赔偿责任。

【思考题】

目前《中外合资经营企业法实施条例》和《涉外经济合同法》已废止，在《中华人民共和国外商投资法》生效的情况下，本案应如何适用法律？

案例十七　中国银监会强化监管使美国某银行遭受重罚案

【基本案情】

1995 年，美国某银行进入中国市场，随后的八年时间里，其分别在北京、上海、广州三个城市设立代表处。2003 年，该银行的北京、上海代表处受到了中国银监会的处罚，该银行也是第一家被中国银监会处罚的境内外资银行。通过这一严厉处罚，中国银监会向全国人民和企业发出了不断加强对境内外资银行及其他国际金融业务市场监管的强烈信号。

该银行在华越权开展业务是该行被罚的主要原因,其北京、上海代表处在中国擅自在被批准的经营范围以外开展多项经营性业务。2002年,中国人民银行颁布了《外资金融机构驻华代表机构管理办法》,规定外资金融机构必须在符合一定条件"升级"为分行后,在符合我国加入世界贸易组织所承诺的金融业开放时间表的前提下,向中国金融监管机构申请报批,才能在中国开展经营性业务。该银行的两家代表处从事经营的非法所得被中国银监会没收,并被处以非法所得同等数额的罚款。❶

【主要法律问题】

一、本案涉及国际私法上的什么问题?
二、对于外国法人的认许,我国有什么规定?

【主要法律依据】

《中华人民共和国公司法》(以下简称《公司法》)第192条❷。

【理论分析】

一、本案涉及国际私法上的什么问题?
本案涉及国际私法上外国法人的认许问题。
二、对于外国法人的认许,我国有什么规定?
自我国实行改革开放以来,越来越多的外国投资公司、企业、个人开始来中国地区进行商贸、投资贸易活动。这些大型外商或是临时直接来华投资,进行经贸投资活动;或是在中国直接投资,例如在华设立中外合资经营管理企业、中外合作投资经营管理企业、外资企业等;或是外国投资公司在中国设立外资分公司等外资分支机构。对于临时决定来我国进行经贸贸易活动的外国企业法人,适用一般法人认许资格程序,我国有关立法自动承认其在华的贸易主体资格。对于在中国直接进行投资的外商,因为直接投资的外商企业本身就是中国独立法人,所以不可能存在认许问题。对于在中国境内设立境外分公司的境内外国企业法人,根据《公司法》第192条各款规定的公司设立程序,外国法人公司必须向中国业务主管机关依法提出设立申请,并同时提交其境外公司章程、所属于中国的境外公司资产登记合格证书等其他有关证明文件,经机关批准后,再依法按照相关程序登记并领取营业执照。可见,外国行政法人必须先经政府批准,再依法进行认许登记,然后才能在中国境内设立一个常驻外国代理机构,并以其名义在中国境内依法进行登记活动,即我国对此案件采用特别认许登记程序。

---

❶ 齐湘泉. 涉外民事关系法律适用法总论 [M]. 北京:法律出版社,2005:294-295.
❷ 《公司法》第192条 外国公司在中国境内设立分支机构,必须向中国主管机关提出申请,并提交其公司章程、所属国的公司登记证书等有关文件,经批准后,向公司登记机关依法办理登记,领取营业执照。外国公司分支机构的审批办法由国务院另行规定。

外国企业法人的人格认许,是允许外国企业法人进入本国并依法从事各种民商事业务活动的基本前提,是对外国企业法人以具有法律规定的人格名义进入一国依法从事各种民商事业务活动的基本认可。不论是德国等大陆法系国家,还是英国等英美法系国家,如今都坚持必须经过一国的法律认许,外国法人才能享有在一国进行合法活动的权利。但各国相关法律对用于外国企业法人的认定的具体程序规定并不一致,归纳起来,一般认为包括以下几个程序:特别认许条件程序、相互认许条件程序、一般认许条件程序、分别认许条件程序。

由于中国采取的方式是特别认许登记程序,该特许程序简单地说就是:先由国家批准,再申请登记。在本案中,美国某银行中国代表处未经国家批准就在中国国内从事非法经营性业务活动,显然已经违反了目前我国的相关法律。

【思考题】

一、我国对外国法人认许的撤销有何规定?
二、区分外国法人和中国法人有何意义?

第二节　国际民事诉讼法

案例一　陕西某拓自动化工程有限公司案外人执行异议之诉

【基本案情】

王某红(结婚时为中国籍,随后加入加拿大籍,并居住在加拿大多伦多)和岑某辉(中国籍)于1993年8月1日在广州市民政部门自愿登记结婚。2012年8月7日,岑某辉购买了西安市某区某小区房屋,该小区由西安某地公司开发。随后岑某辉与某地公司正式签订了房屋买卖合同,双方在合同中约定,房款应在2012年8月18日之前一次性付清。合同附件中记载的岑某辉相关信息表明,岑某辉户籍地为"广州市荔湾区",单身,并且家中并无其他房产。2012年,某地公司向岑某辉出具了收据,收据上表明某地公司收到岑某辉缴纳的房款共计1756689元。

某通公司欲向陕西某拓自动化工程有限公司(以下简称某拓公司)借款,双方于2014年6月签署了一份借款协议,约定某通公司向某拓公司借款300万元,并明确了还款期限和计息方法。岑某辉和席某武为该笔债务的担保人,两人对该笔债务负连带保证责任,并签订了《担保承诺书》。某通公司和某拓公司在后续偿还债务的过程中发生了纠纷,某拓公司向法院提起诉讼。经开庭审理,法院于2015年4月1日正式作出(2015)西中民三初字第00005号判决,判决内容如下:一、某通公司应当自判决生效之日起 10 日内偿还某拓公司人民币 300 万元；二、某通公司应当自判决生效之日起 10 日内向开发公司支付利息 33.6 万元；三、两担保人对案涉债务承担连带清偿责任；四、驳回某拓公司其他诉讼请求。判决生效后，某通公司、岑某辉和席某武没有履行生效判决。2015 年 6 月 3 日，某拓公司向法院申请强制执行。在强制执行的过程中，法院依法作出（2015）西中执民字第 00163-2 号执行裁定，对岑某辉购买的由某地公司开发的某小区房屋进行了查封。

在随后的执行过程中，案外人刘某哲就法院查封的岑某辉的涉案房屋提出执行异议。刘某哲声称，岑某辉于 2014 年 8 月向其借款 500 万元，2014 年 9 月，岑某辉与其签订协议书，双方在协议书中约定，岑某辉以其房屋抵偿债务 197 万元，车辆抵偿债务 60 万元，并且岑某辉已经将涉案房屋及该房屋《商品房买卖合同》交付给刘某哲。刘某哲已经全部支付了购房款并实际占有该房屋，法院在执行过程中查封的房屋实际上为其所有，据此，刘某哲向法院提出执行异议。被执行人某通公司、岑某辉、席某武并未出庭发表意见。法院认为，刘某哲所提的执行异议不符合《最高人民法院关于人民法院办理执行异议和复议案件若干问题的规定》第 28 条，裁定驳回刘某哲的执行异议。

2017 年，案外人王某红向法院提出执行异议。王某红认为法院（2015）西中执民字第 00163-2 号执行裁定查封的房屋事实上为其所有，请求法院撤销查封该房屋的裁定，解除查封。被执行人某通公司、岑某辉、席某武未到庭。举证期限届满后，王某红将《情况说明》邮寄到本院。法院认为，岑某辉是涉案房屋买卖合同备案登记的所有人，因此，法院以此为由查封该房屋并无不妥，王某红提出的执行异议并不成立，若王某红对房屋所有权有异议，可另行提起民事诉讼，因此驳回了王某红的执行异议申请。王某红遂依据中国法律主张涉案房屋的所有权，向法院提起诉讼。

【主要法律问题】

一、如何确定本案准据法？

二、本案所涉房屋是否为岑某辉与王某红夫妻共同财产？如果是，是否会存在排除法院对涉案房屋一半产权强制执行的问题？

【主要法律依据】

一、《涉外民事关系法律适用法》第 21 条[1]、第 22 条[2]、第 23 条[3]、第 24 条[4]；

---

[1] 《涉外民事关系法律适用法》第 21 条　结婚条件，适用当事人共同经常居所地法律；没有共同经常居所地的，适用共同国籍国法律；没有共同国籍，在一方当事人经常居所地或者国籍国缔结婚姻的，适用婚姻缔结地法律。

[2] 《涉外民事关系法律适用法》第 22 条　结婚手续，符合婚姻缔结地法律、一方当事人经常居所地法律或者国籍国法律的，均为有效。

[3] 《涉外民事关系法律适用法》第 23 条　夫妻人身关系，适用共同经常居所地法律；没有共同经常居所地的，适用共同国籍国法律。

[4] 《涉外民事关系法律适用法》第 24 条　夫妻财产关系，当事人可以协议选择适用一方当事人经常居所

二、《中华人民共和国婚姻法》(以下简称《婚姻法》,已废止)第17条❶;

三、《中华人民共和国物权法》(以下简称《物权法》,已废止)第95条❷;

四、2008年《最高人民法院关于人民法院民事执行中查封、扣押、冻结财产的规定》第14条❸。

【理论分析】

一、如何确定本案准据法?

王某红是加拿大公民,有涉外因素,故本案属于涉外民事案件。本案涉及的关系很多,包括婚姻关系、财产关系、人身关系等涉外民事关系。根据《涉外民事关系法律适用法》第21条、第22条、第23条、第24条的相关规定,岑某辉、王某红结婚时均为中国公民,本案涉案房屋所在地及双方结婚地均在中国,王某红在诉讼中根据中国法律,主张该房屋属于夫妻共同财产,因此,本案中的涉外民事法律关系均应适用中华人民共和国法律。

二、本案所涉房屋是否为岑某辉与王某红夫妻共同财产?如果是,是否会存在排除法院对涉案房屋一半产权强制执行的问题?

王某红和岑某辉于1993年8月1日在中国结婚。在案件审理过程中,王某红向法院提交了她和岑某辉持有的结婚证原件。在没有其他证据的情况下,可以认定王某红与岑某辉的婚姻并未终止。根据《婚姻法》第17条的规定,岑某辉2012年购买的房屋属于夫妻关系存续期间取得的财产。因此,该不动产应当属于夫妻共同财产。

依据《物权法》第95条,王某红与岑某辉对涉案房屋拥有共同所有权。依据《婚姻法》第17条第2款,王某红与岑某辉享有平等的处理该不动产的权利。岑某辉所负的债务是其在与王某红的夫妇关系存续期间产生的,属于超出家庭工作和日常生活需

(接上注)

法律、国籍国法律或者主要财产所在地法律。当事人没有选择的,适用共同经常居所地法律;没有共同经常居所地的,适用共同国籍国法律。

❶ 《婚姻法》第17条 夫妻在婚姻关系存续期间所得的下列财产,归夫妻共同所有:

(一)工资、奖金;

(二)生产、经营的收益;

(三)知识产权的收益;

(四)继承或赠予所得的财产,但本法第18条第3项规定的除外;

(五)其他应当归共同所有的财产。

夫妻对共同所有的财产,有平等的处理权。

❷ 《物权法》第95条 共同共有人对共有的不动产或者动产共同享有所有权。

❸ 2008年《最高人民法院关于人民法院民事执行中查封、扣押、冻结财产的规定》第14条 对被执行人与其他人共有的财产,人民法院可以查封、扣押、冻结,并及时通知共有人。共有人协议分割共有财产,并经债权人认可的,人民法院可以认定有效。查封、扣押、冻结的效力及于协议分割后被执行人享有份额内的财产;对其他共有人享有份额内的财产的查封、扣押、冻结,人民法院应当裁定予以解除。共有人提起析产诉讼或者申请执行人代位提起析产诉讼的,人民法院应当准许。诉讼期间中止对该财产的执行。

要的个人债务，不属于夫妻共同债务。但是涉案房产的《商品房买卖合同》上载明的房屋产权所有人为岑某辉，且岑某辉曾声称自己为单身，因此，某拓公司为实现债权，向法院申请执行岑某辉名下的该房屋并无不当，符合法律规定。在法院采取强制执行的措施后，即使王某红认为该房屋属于其与岑某辉共有，也应该采取诉讼手段或者经过协商对共有房屋进行析产分割，以此来保护其财产利益。王某红没有依法进行房屋析产分割而仅以共有人的身份主张其所有权，法院不能认定其财产份额，因此不能排除法院对涉案房屋的强制执行。

【思考题】

本案中相关的涉外民事法律，当事人是否可以协商选择适用加拿大法律作为准据法？

案例二　刘某全、康某公司、中某油公司海上通海水域污染损害责任纠纷

【基本案情】

渤海中南部蓬莱19-3油田是中某油公司与康某公司联合开发的大型油田。2011年6月4日，油田B平台发生泄漏事故；2011年6月17日，油田C平台C20井也发生泄漏事故。两起泄漏事故的作业者均为康某公司。

2011年8月18日，由数个部门组成的联合事故调查组对此次溢油事故发生的原因、责任以及污染损害等情况进行调查。经过近一年的深入调查，联合事故调查组发布了《联合调查报告》，报告认定：溢油事件已经造成了严重的海洋污染，事故直接造成了油田周边地区近6200平方千米海域的海洋污染，浮游动植物种类和海洋生物多样性明显减少，海洋动植物的繁殖和生存环境恶化；康某公司对溢油事故应承担全部责任，因为康某公司的作业违反了油田总体规划，未能采取措施应对可能出现的风险，其管理制度也存在缺陷。

康某公司及中某油公司与农业部于2012年1月21日正式签订了《渔业损失赔偿补偿协议》，根据该协议，康某公司表示愿意出资10亿元，解决河北省、辽宁省部分海域在渔业养殖和水产品损失赔偿方面的问题。对于自然渔业资源的保护恢复和利用，康某公司和中某油公司同意分别从其海洋生态环境和生态环境保护资金中支出1亿元和2.5亿元。同年4月，中某油公司与国家海洋局北海分局正式签署协议，约定中某油公司和康某公司将共同出资16.83亿元，以有效减少溢油事故对海域自然生态可能带来的巨大损害。

国家海洋局北海分局发布的《2011年北海海洋环境公报》认定，康某公司造成的溢油事故为海洋环境灾害，对油田周围及其西北海域6200平方千米的范围造成污染，在所有被污染海域里，有近870平方千米的海域属于严重污染；污染物在9月检测时明

显减少，12月底时有零星油膜。2011年6月下旬至7月底，1600平方千米海域受到沉积物污染，20平方千米海域受到沉积物严重污染。

农业部渔业局编制的《中国渔业年鉴》对全国各省、市、自治区所辖市县上一年度的渔业生产进行了统计。相关统计显示，2010—2014年天津汉沽总渔获量分别为6531吨、6683吨、6443吨、46722吨和37555吨。另外，该年鉴也对全国各省、市、自治区上一年海洋捕捞情况进行了统计，相关统计显示，2009—2015年天津刺网渔获量分别为10574吨、8762吨、9158吨、9210吨、8729吨、9956吨和8558吨。

刘某全系天津市滨海新区寨上街大神堂村渔民，"津汉渔04059"轮为其名下渔船，主作业类型为刺网，作业场所为A类、C1类渔区，即渔船所在地区近岸海域和黄渤海渔区。2009年3月25日，天津市水产局为其发放了渔业捕捞许可证；2016年10月20日，天津市农村工作委员会为其换发了新证。

刘某全认为康某公司、中某油公司造成的海洋污染对自己的渔业捕捞造成了损失，自2011年6月4日事故发生之日起至2015年12月31日止共损失22万元，请求法院判令康某公司、中某油公司赔偿其全部损失。

【主要法律问题】

一、如何确定本案准据法？
二、刘某全是否具有合法的渔业捕捞权利和索赔权利？

【主要法律依据】

一、《涉外民事关系法律适用法》第44条❶；
二、《中华人民共和国渔业法》（以下简称《渔业法》）第23条❷。

【理论分析】

一、如何确定本案准据法？

本案为海上污染损害责任纠纷，涉案当事人康某公司是在中国境外注册的法人，因此本案具有涉外因素，其法律适用应当以《涉外民事关系法律适用法》为依据。根据《涉外民事关系法律适用法》第44条的规定，本案中侵权行为发生在我国境内，康

---

❶ 《涉外民事关系法律适用法》第44条 侵权责任，适用侵权行为地法律，但当事人有共同经常居所地的，适用共同经常居所地法律。侵权行为发生后，当事人协议选择适用法律的，按照其协议。

❷ 《渔业法》第23条 国家对捕捞业实行捕捞许可证制度。到中华人民共和国与有关国家缔结的协定确定的共同管理的渔区或者公海从事捕捞作业的捕捞许可证，由国务院渔业行政主管部门批准发放。海洋大型拖网、围网作业的捕捞许可证，由省、自治区、直辖市人民政府渔业行政主管部门批准发放。其他作业的捕捞许可证，由县级以上地方人民政府渔业行政主管部门批准发放；但是，批准发放海洋作业的捕捞许可证不得超过国家下达的船网工具控制指标，具体办法由省、自治区、直辖市人民政府规定。捕捞许可证不得买卖、出租和以其他形式转让，不得涂改、伪造、变造。到他国管辖海域从事捕捞作业的，应当经国务院渔业行政主管部门批准，并遵守中华人民共和国缔结的或者参加的有关条约、协定和有关国家的法律。

某公司虽然是在我国领域外注册，但其主要办事机构在我国境内，因此康某公司住所地在我国境内，中某油公司经常居所地同样在我国境内，刘某全经常居所地为我国天津市。据此可知，除非当事人另有选择，否则不论是依据侵权行为地还是依据当事人共同经常居所地来判断本案适用的准据法，都应当适用我国法律。

二、刘某全是否具有合法的渔业捕捞权利和索赔权利？

根据《渔业法》第 23 条的规定，判断刘某全是否具有渔业捕捞权利应取决于刘某全是否具有渔业捕捞许可证。本案中刘某全于 2009 年 3 月 25 日即取得天津市水产局发放的捕捞许可证，虽然之后由农村工作委员会换发了新证件，但是刘某全的渔业捕捞权利始终未丧失。据此可知，刘某全在案发前和案发后，始终具有合法的渔业捕捞权利。

刘某全是否具有索赔权利？本案中康某公司和中某油公司先后与农业部和北海分局签订了不同形式的补偿协议，在此情形下刘某全是否还能再主张由康某公司及中某油公司赔偿其损失？事故发生后，康某公司和中某油公司虽然与农业部签订了《渔业损失赔偿补偿协议》，与国家海洋局北海分局签订了《海洋生态损害赔偿补偿协议》，但渔业捕捞损失并不在上述协议补偿之列，因此，刘某全可以要求康某公司和中某油公司对事故发生后自己所遭受的损失进行赔偿。但刘某全需要举证证明，自己所遭受的渔业捕捞损失与蓬莱 19-3 平台溢油事故之间具有因果关系。

【思考题】

刘某全的起诉是否超过诉讼时效？

案例三　夏某甲与董某涉外继承纠纷

【基本案情】

2010 年，夏某甲和董某的父亲夏某华病故。在治丧期间，董某指使其妻朱某鸣大闹灵堂，并以不参加追悼会要挟其母董某开。董某又在骨灰庭表示对其母董某开的仇恨，明确表示不接收其母去苏州赡养，还对其母提出房产要求，威逼其母立即表态，其母的病情由此加重住院。董某对此不管不顾回苏州后，于 2010 年 7 月与母亲通了最后一次电话，在得知母亲住院需要子女照顾后，董某即断绝了与母亲的联系，导致母亲病情急剧恶化。被继承人董某开亲笔写下遗嘱，指定其长子夏某甲、夏某甲妻赵某、夏某甲子夏某乙执行遗嘱。被继承人董某开病故后，董某仍不罢休，在董某开丧事由单位办完后月余，董某从苏州来到董某开单位，以张贴大小字报、召集董某开生前老同事开会的形式，不分场合地多次指责董某开，严重影响其父母夏某华、董某开的形象和声誉。被告董某向生母索要房屋产权未果后，回苏州（市）时偷走存单，拒不返还，企图占为己有。因此，夏某甲、赵某和夏某乙向人民法院提起诉讼，请求法院判令：1. 原告夏某甲继承全部的遗产房屋（位于西安市碑林区××院××楼××单元××号）；

2. 被告董某交回 2010 年在夏某甲父亲夏某华治丧期间偷偷拿走的一张夏某华在交通××××文艺路支行的定期存单（2011 年到期）。

庭审后，三位原告申请撤销判令被告董某交回 2010 年在原告夏某甲父亲夏某华治丧期间偷偷拿走的一张夏某华在交通××××文艺路支行的定期存单（2011 年到期）的诉讼请求。

原告认为，被告董某 1973 年落户苏州市原舅母家，说明他与舅母的养母子关系得到了政府的批准，并且其与养母长期共同居住、生活。因此被告董某与生父母已经没有了法律上的权利义务关系，不能再继承生父母的遗产，房屋只能由唯一的继承人夏某甲继承。夏某甲的父亲夏某华于 2010 年病故，其 2011 年到期的定期存单属于其合法遗产的范围，理应由夏某华的合法继承人继承。

被告董某辩称，本案三位原告是美国公民，其中夏某甲和夏某乙护照早已失效，三位美国公民与本案被继承人夏某华、董某开无法定身份关系证据佐证，请求依法驳回三原告的起诉。

结合当事人陈述，法院最终认定事实如下：夏某华、董某开夫妻生育两子，长子夏某甲、次子董某。夏某甲娶妻赵某，生一子夏某乙。董某娶妻朱某鸣。董某于 1973 年过继给其舅父董某云、舅母陈某兰，董某与董某云已形成法律上的收养关系。夏某华于 2010 年 5 月 6 日去世，董某开于 2010 年 9 月 24 日去世。夏某华、董某开夫妻留有西安市碑林区××院××楼××单元××号房屋一套。夏某华生前未留有遗嘱。原告夏某甲、赵某、夏某乙提供的其称为董某开的遗嘱，董某不予认可。在原告夏某甲、赵某、夏某乙变更诉讼请求后，被告董某表示对该遗嘱不申请鉴定。

一审法院最终判决：夏某华名下的位于西安市碑林区××院××楼××单元××号房屋一套，由夏某甲继承所有。

被告董某不服一审判决，遂提起上诉，请求依法撤销一审判决。上诉人董某认为本案的被上诉人夏某甲存在冒名顶替的情况，其并非兄长夏某甲，故被上诉人及其诉讼代理人无诉讼主体资格。对此，首先，三位被上诉人分别提交了包含护照在内的身份证明书，并经过公证认证。其次，夏某甲提交的经过公证认证的身份证明书中记载了夏某甲的美国使用名为 Samuel Xia，其在美国办理的新旧社保卡（两张社保卡卡号相同）上显示夏某甲与 Samuel Xia 系同一人。再次，(88) 西证字第 1136 号公证书中所记载的夏某甲出生日期与夏某甲经过公证认证的身份证明书记载的出生日期一致，该公证书同时记载了夏某甲的父亲是夏某华、母亲是董某开。

【主要法律问题】

一、一审法院判决夏某华名下的房屋归夏某甲继承是否符合法律规定？

二、夏某甲在本案中是否为适格诉讼主体？

【主要法律依据】

一、《民法典》第 1111 条第 1 款❶、第 1122 条❷、第 1123 条❸；

二、《民事诉讼法》第 54 条❹、第 72 条❺、第 122 条❻；

三、《涉外民事关系法律适用法》第 41 条❼；

四、《〈民事诉讼法〉司法解释》第 521 条第 1 款❽。

【理论分析】

一、一审法院判决夏某华名下的房屋归夏某甲继承是否符合法律规定？

本案夏某华、董某开夫妇生前拥有的西安市碑林区××院××楼××单元××号房屋系其夫妻合法私有财产，其死亡后，作为遗产由其合法继承人继承。夏某华、董某开虽生育夏某甲、董某二子，但因董某已与他人形成收养关系，与其生父母夏某华、董某开的权利义务关系解除，不再享有对夏某华、董某开遗产的继承权。夏某甲虽提供了所谓董某开的遗嘱，但因董某对此不予认可，且夏某甲、赵某、夏某乙三位原告不再主张按遗嘱继承遗产，故遗嘱的真实有效性对本案没有影响。夏某甲作为夏某华、董某开唯一的第一顺序继承人，对被继承人夏某华、董某开的全部合法遗产具有继承的权利，故夏某甲有权继承夏某华、董某开的遗产房屋。

二、夏某甲在本案中是否为适格诉讼主体？

根据《涉外民事关系法律适用法》第 41 条的规定，双方当事人可以约定适用的法律。在本案中，双方当事人选择适用中国法律，所以应当尊重当事人的意思自治，适用中华人民共和国法律对案件进行审理。首先，被上诉人夏某甲、赵某、夏某乙系美

---

❶ 《民法典》第 1111 条第 1 款　自收养关系成立之日起，养父母与养子女间的权利义务关系，适用本法关于父母子女关系的规定；养子女与养父母的近亲属间的权利义务关系，适用本法关于子女与父母的近亲属关系的规定。

❷ 《民法典》第 1122 条　遗产是自然人死亡时遗留的个人合法财产。依照法律规定或者根据其性质不得继承的遗产，不得继承。

❸ 《民法典》第 1123 条　继承开始后，按照法定继承办理；有遗嘱的，按照遗嘱继承或者遗赠办理；有遗赠扶养协议的，按照协议办理。

❹ 《民事诉讼法》第 54 条　原告可以放弃或者变更诉讼请求。被告可以承认或者反驳诉讼请求，有权提起反诉。

❺ 《民事诉讼法》第 72 条　经过法定程序公证证明的法律事实和文书，人民法院应当作为认定事实的根据，但有相反证据足以推翻公证证明的除外。

❻ 《民事诉讼法》第 122 条　起诉必须符合下列条件：

（一）原告是与本案有直接利害关系的公民、法人和其他组织；

（二）有明确的被告；

（三）有具体的诉讼请求和事实、理由；

（四）属于人民法院受理民事诉讼的范围和受诉人民法院管辖。

❼ 《涉外民事关系法律适用法》第 41 条　当事人可以协议选择合同适用的法律。当事人没有选择的，适用履行义务最能体现该合同特征的一方当事人经常居所地法律或者其他与该合同有最密切联系的法律。

❽ 《〈民事诉讼法〉司法解释》第 521 条第 1 款　外国人参加诉讼，应当向人民法院提交护照等用以证明自己身份的证件。

国国籍，为证明其身份，三位被上诉人分别提交了包含护照在内的身份证明书，并经过了公证认证。其次，夏某甲提交的经过公证认证的身份证明书中记载了夏某甲的美国使用名为 Samuel Xia，其在美国办理的新旧社保卡（两张社保卡卡号相同）上显示夏某甲与 Samuel Xia 系同一人。再次，（88）西证字第 1136 号公证书中所记载的夏某甲出生日期与夏某甲经过公证认证的身份证明书记载的出生日期一致，该公证书同时记载了夏某甲的父亲是夏某华、母亲是董某开。最后，夏某甲起诉后提交的其母亲董某开的遗嘱及亲朋好友的证明，亦在一定程度上证明夏某甲与夏某华、董某开具有亲属关系。相反，董某并未提供充分证据证明本案被上诉人涉嫌伪造证据、伪装夏某甲，故一审法院认定夏某甲系夏某华、董某开之子，并应继承案涉财产，并无不当，完全符合《民事诉讼法》第 122 条以及《最高人民法院关于适用〈中华人民共和国民事诉讼法〉的解释》第 521 条的规定，夏某甲在本案中是适格诉讼主体。

【思考题】

本案中，若董某没有与他人建立收养关系，其是否有资格继承生父母的遗产？

案例四　乙航运有限公司、唐山某港钢铁有限公司申请海事强制令案

【基本案情】

2009 年 8 月 1 日，甲公司与作为二船东的乙航运有限公司（以下简称乙公司）签订航次租船合同，合同约定：乙公司提供 B 公司所属的"阿瑞娜"号轮船承运铁矿砂，运费为 25 美元/公吨，提单由船长授权的装货港代理 BVWL 公司签发，如果运费已经支付，船东无权留置货物。合同签订后，"阿瑞娜"轮依据合同的约定在相应港口装载货物，共装载铁矿砂 43990 公吨。2009 年 8 月 17 日和 10 月 13 日，"阿瑞娜"轮船长两次授权 BVWL 公司依大副收据签发提单。2009 年 10 月 13 日所签发的提单为 H/P/01 号"运费已付提单"。由于货物在装运港滞留期，双方于 2009 年 10 月 13 日签订补充协议，协议第 3 条约定：25 美元/公吨（运费部分）+7.75 美元/公吨（补偿 30 天滞期费部分）运费部分应依船东请求以美元通过电汇方式支付，承租人业务银行应于 2009 年 10 月 20 日前依格式开立备用信用证。承租人在电汇 25 美元/公吨运费并就 7.75 美元/公吨开立备用信用证后有权取得"运费已付"提单，船东不得不当拒绝签发提单。"阿瑞娜"轮于 2009 年 10 月 13 日离港起运。2009 年 10 月 20 日，甲公司以电汇方式支付乙公司 710978 欧元海运费。2009 年 10 月 23 日，甲公司指定卸货港为中国曹妃甸港。2009 年 10 月 27 日，甲公司开出受益人为乙公司的信用证，金额为 340922.50 美元，议付条件包括运费发票和"阿瑞娜"轮驶达目的港已经卸货的文件。2009 年 11 月 17 日至 25 日，H/P/01 号提单因新加坡法院发布信用证止付禁令被扣押在银行。2009

年 11 月 22 日，甲公司与案外人某茂国际有限公司签订贸易合同，之后交付 H/P/01 号提单。

2009 年 11 月 24 日，"阿瑞娜"轮抵达中国曹妃甸港。乙公司以不认可甲公司单方增加的议付条件为由拒绝兑换信用证。之后，乙公司以甲公司拖欠 340922.50 美元的未付运费和总额为 951438.64 美元的滞期费为由行使留置权，并将留置通知送达甲公司和唐山某港钢铁有限公司（以下简称某港公司）。同日，甲公司将卸货港由中国曹妃甸港变为中国天津港。2009 年 12 月 1 日至 12 月 7 日，"阿瑞娜"轮将货物卸在中国天津港后离港。2009 年 12 月 29 日，某茂公司与某港公司签订涉案货物的贸易合同，之后交付 H/P/01 号提单。2010 年 2 月 24 日，法院依某港公司申请作出海事强制令，要求乙公司将涉案货物交付某港公司。2010 年 6 月，涉案货物由某港公司实际提取。乙公司以某港公司侵犯其留置权为由要求某港公司赔偿经济损失未果，诉至法院。乙公司与某港公司在本案中一致选择适用英国法审查乙公司是否享有留置权。

【主要法律问题】

根据英国法，乙公司是否享有留置权？

【主要法律依据】

一、《涉外民事关系法律适用法》第 10 条❶；
二、《〈法律适用法〉司法解释（一）》第 16 条❷。

【理论分析】

首先，应判断乙公司主张的 340922.50 美元运费属于真正的运费还是滞期费。乙公司主张该 340922.50 美元为运费的依据为 2009 年 10 月 13 日其与甲公司签订的补充协议第 3 条关于运费的约定。依补充协议第 3 条内容可知，该 340922.50 美元虽形式上表述为运费，但实际内容包括 30 天滞期费，该部分费用与运费进行合算。根据提单，乙公司与甲公司之间运费实际为 25 美元/公吨。故对于该 340922.50 美元，应认定为产生的滞期费用。乙公司所谓留置权是针对滞期费用。

其次，应当通过当事人选择的法律来判断乙公司是否享有留置权。在本案中，乙公司与某港公司均同意适用英国法来处理留置权的问题，乙公司和某港公司也提供了各自查明的外国法。乙公司提交了英国判例的复印件，通过该判例的规定，仅在乙公

---

❶ 《涉外民事关系法律适用法》第 10 条　涉外民事关系适用的外国法律，由人民法院、仲裁机构或者行政机关查明。当事人选择适用外国法律的，应当提供该国法律。不能查明外国法律或者该国法律没有规定的，适用中华人民共和国法律。

❷ 《〈法律适用法〉司法解释（一）》第 16 条　人民法院应当听取各方当事人对应当适用的外国法律的内容及其理解与适用的意见，当事人对该外国法律的内容及其理解与适用均无异议的，人民法院可以予以确认；当事人有异议的，由人民法院审查认定。

司和甲公司有明确约定的情况下，乙公司才可就滞期费用享有留置权，对在没有约定的情况下如何处理则没有明确规定。某港公司提供了有关英国法的相关证据，但不足以查明本案应适用的英国法。法院在当事人所提供材料的基础上，对英国法进行进一步查明。法院调取了 John F. Wilson 教授及其他英国法律专家在相关法律著作中阐述的法律意见，能够认定，乙公司对滞期费不能享有留置权，除非当事人对此有其他约定。乙公司认为法院对英国法的查明存在错误，法律的查明不应当包括著作，但由于未提供相关证据，法院未予以采纳。

最后，在本案中，在当事人无法查明外国法的情况下法院予以积极查明。可见，在全球化背景下，法院应当积极发挥其职权查明外国法。同时，立法上也应完善关于外国法查明的规定。

【思考题】

一、我国关于外国法查明有哪些法律规定？

二、我国关于外国法查明有哪些需要完善之处？

案例五　翁某雅、吕某雯第三人撤销之诉案

【基本案情】

有利公司于1998年4月20日在广东省佛山市顺德区设立，由香港居民翁某佑和其子翁某基共同持股，持股比例为翁某佑80%、翁某基20%。但是，公司章程中没有对股东的继承权作出规定。2012年5月3日，该公司因未年检而被广东省佛山市顺德区市场安全监管局撤销其营业执照。公司的法定代表人一直都是翁某佑。翁某佑于2004年5月2日死于香港，他于2001年11月6日立下遗嘱。根据该遗嘱，翁某芳、翁某琼、翁某芝、蔡某华四人作为翁某佑遗嘱执行人和信托的受托人，有权共同管理翁某佑的遗产，并且可以依据信托把遗产转换成现金或者是现款；信托的受托人享有酌情权，在认为酌情权使用正确的情况下，受托人可延期出售相关遗产，并且不需要承担责任；受托人须从翁某佑遗产中的现金部分以及从其他卖掉的遗产所获得的现金中，保留一部分用以偿还债务或者缴付相关费用及遗产税，其余部分应由信托人划分为17.2份，分配给13名受益人，使其以信托的方式持有分得的遗产；遗嘱应根据香港特别行政区的相关法律予以解释和生效。香港高等法院于2006年1月11日注册并登记该遗嘱，并签发《遗嘱认证书》。认证书将翁某佑的全部遗产和个别财务移交由翁某芳等四人，翁某芳等四人已经充分确认，并且表示将会支付死者生前的合理债务，出具真实、准确的财产清单和账目信息。

2012年12月30日，翁某芳等四人将翁某基告上法庭，有利公司为第三人。翁某芳等四人认为翁某基在翁某佑死后没有主动邀请其进入有利公司董事会，并且拒绝配

合翁某芳等四人继承翁某佑所享有的有利公司的80%的股权，翁某芳等四人请求法院判决实现该遗产继承。广东省佛山市顺德区人民法院经过审理驳回翁某芳的诉讼请求，翁某芳等人上诉至广东省佛山市中级人民法院，该院在重新审理后裁定撤销一审裁定，并指派顺德区人民法院对该案进行审理。随后翁某芳等四人依法撤销了该诉讼，直接向佛山市中级人民法院提起新的诉讼［案号为（2013）佛中法民二初字第11号］，提请变更公司登记。佛山市中级人民法院经过审理后于2014年1月22日作出判决，判决书中确认原由翁某佑持有的有利公司80%的股权应按照翁某佑的遗嘱，由翁某芳等四人持有；有利公司应当在判决发生效力之日起5日内进行变更登记。判决生效后，遗嘱受益人翁某雅向佛山市中级人民法院提起诉讼，翁某雅认为自己已经年满18周岁，能够自行持有遗产涉及的股份，已经发生法律效力的判决将翁某佑所有的有利公司股权直接登记在翁某芳等四人名下，损害翁某雅合法权益，因此请求撤销该判决。

【主要法律问题】

一、本案中遗嘱继承的准据法如何选择？
二、翁某雅是否具有提起第三人撤销之诉的主体资格？

【主要法律依据】

一、《继承法》（已废止）第36条第2款[1]；
二、《民事诉讼法》第59条[2]。

【理论分析】

一、本案中遗嘱继承的准据法如何选择？

《〈民事诉讼法〉司法解释》第551条规定，人民法院在审理涉及香港、澳门、台湾的民事案件时，可以参照涉外民事诉讼程序的特别规定。本案当事人均为香港居民，因此，应根据《涉外民事关系法律适用法》确定适用的法律。根据翁某佑的遗嘱，翁某芳等四人作为遗嘱执行人和信托受托人，有权共同管理遗产。2004年5月2日，翁某佑于香港去世，香港高等法院于2006年1月11日出具《遗嘱认证书》。综上可知，上述行为均发生于我国涉外民事关系法律适用法生效以前，依据《〈法律适用法〉司法

---

[1] 《继承法》第36条第2款 外国人继承在中华人民共和国境内的遗产或者继承在中华人民共和国境外的中国公民的遗产，动产适用被继承人住所地法律，不动产适用不动产所在地法律。

[2] 《民事诉讼法》第59条 对当事人双方的诉讼标的，第三人认为有独立请求权的，有权提起诉讼。对当事人双方的诉讼标的，第三人虽然没有独立请求权，但案件处理结果同他有法律上的利害关系的，可以申请参加诉讼，或者由人民法院通知他参加诉讼。人民法院判决承担民事责任的第三人，有当事人的诉讼权利义务。前两款规定的第三人，因不能归责于本人的事由未参加诉讼，但有证据证明发生法律效力的判决、裁定、调解书的部分或者全部内容错误，损害其民事权益的，可以自知道或者应当知道其民事权益受到损害之日起六个月内，向作出该判决、裁定、调解书的人民法院提起诉讼。人民法院经审理，诉讼请求成立的，应当改变或者撤销原判决、裁定、调解书；诉讼请求不成立的，驳回诉讼请求。

解释（一）》第 2 条的规定，人民法院对于涉外民事关系法律适用法生效之前的行为，应当按照行为发生时生效的法律确定应当适用的法律。依据根据当时施行的《继承法》第 36 条第 2 款的规定，本案争议股权为动产，因此为动产继承。被继承人翁某佑为中国香港居民，居住在香港，依据《继承法》第 36 条第 2 款规定，应当适用香港特别行政区法律。

二、翁某雅是否具有提起第三人撤销之诉的资格？

按照我国《民事诉讼法》第 59 条的规定，翁某雅有权提起第三人撤销之诉。但翁某雅提起第三人撤销之诉是没有必要的。就一般情形而言，遗产管理人以及受托人为了管理和分配遗产进行遗产收集，对遗嘱受益人权利的实现是有利的。收集遗产时如遇到障碍，遗产管理人和受托人可以以自己的名义起诉相关民事主体，以保证收集遗产能够顺利进行。在遗嘱管理人及受托人为收集遗产所进行的诉讼中，遗嘱受益人可以不作为第三人参加。因此遗嘱受益人对于遗嘱管理人及受托人已经胜诉的相关诉讼没有提起第三人撤销之诉的必要。否则，不仅不利于遗产管理人及受托人针对其他民事主体提起的遗产收集诉讼，甚至有可能损害其他遗嘱受益人的权益，且这种做法也不符合遗嘱信托制度和遗产管理人制度。当然，这并不代表着遗嘱受益人不可以提起第三人撤销之诉。如果遗嘱受益人认为遗产管理人及受托人所采取的行为损害了自身利益，或者遗嘱管理人及受托人无法胜任，均可以通过法定程序维护自身权益。

【思考题】

刘某全的起诉是否超过诉讼时效？

CHAPTER 3 第三章 国际经济法

本章知识要点

国际经济法教学的基本目的之一，即培养学生养成一种国际经济法的思维方式。本章分为五个小节，精心选编并深入分析了国际货物贸易、国际知识产权、国际投资、世界贸易组织法、国际反垄断等涉及国际经济法领域的典型案例。通过"基本案情"、"主要法律问题"、"主要法律依据"、"理论分析"、"思考题"的体例对案件进行了详细的整理分析。主要知识点包括：（1）国际货物贸易中经常出现的问题及其解决途径；（2）国际知识产权相关问题；（3）国际投资相关问题；（4）世界贸易组织对服务贸易、补贴与反补贴的相关规定；（5）部分经济体对国际反垄断行为的认定标准。通过对本章的深入学习，广大读者能够全面深入了解国内外刑事审判最新法律动态，充分了解不同国家和地区司法审判实践各自的法律特点；法学专业各类别的学生能够从国内外典型案例的司法判决审理思路中受到深刻启发。

第一节 国际贸易法

案例一 某进出口公司诉香港某投资有限公司国际货物买卖合同纠纷案

【基本案情】

2001年，国内某进出口公司（以下称为卖方）和一个位于香港的主营业务为投资的有限公司（以下称为买方）在北京订立了一份合同协议（这个合同协议的标的是价值为2000000加币的食品罐头）。装运的期限为2002年1月份到10月份，装运的目的地港是加拿大，支付方式为信用证（该信用证是不可撤销的、可转让的、可分割的，在见票之日起30天内付款），开证的期限应当先于每一期装运日30天，由买方负责提供货物的标纸底板。

该合同协议订立以后,卖方就通知了工厂开工生产。开工后,卖方分别在 2000 年 12 月份与 2001 年年初多次提醒买方,催促其尽快开证并且提交协议中约定的由买方准备的货物标纸底板。尽管卖方多次催促、提醒,买方仍然迟迟不履行义务,推迟开证。在这之后,卖方又多次发函要求买方提供包装商标纸底板,此时交货期限已经延误,因此卖方要求买方对信用证的期限作出修改。但是,买方多次以其客户 P 公司对延长交货期限不满为借口,拒绝修改信用证的期限,并作出口头承诺,保证接受不符点,同时持续催促卖方将货物以及相应的单据发给其客户。

在卖方发货以后,买方告诉卖方其客户 P 公司因不符 L/C 的要求而拒绝提货。经过多次商议,双方最终没有形成一致的结论,卖方只能被迫将货品销售给德国汉堡的某公司。在这一过程中卖方一共损失 28 万美元。不仅如此,买方解除合同给卖方造成的处理货品的损失将近 20 万美元。

【主要法律问题】

一、本案中卖方的主要义务有哪些?
二、买方在本案中是否享有拒付权?
三、P 公司是否有权拒收货品?
四、本案卖方的货品被迫转售给德国客户造成的损失,应该由谁承担?

【主要法律依据】

《联合国国际货物销售合同公约》第 47 条❶、第 48 条❷、第 73 条❸、第 86 条第

---

❶ 《联合国国际货物销售合同公约》第 47 条
一、买方可以规定一段合理时限的额外时间,让卖方履行其义务。
二、除非买方收到卖方的通知,声称他将不在所规定的时间内履行义务,买方在这段时间内不得对违反合同采取任何补救办法。但是,买方并不因此丧失他对迟延履行义务可能享有的要求损害赔偿的任何权利。
❷ 《联合国国际货物销售合同公约》第 48 条
一、在第 49 条的条件下,卖方即使在交货日期之后,仍可自付费用,对任何不履行义务作出补救,但这种补救不得造成不合理的迟延,也不得使买方遭受不合理的不便,或无法确定卖方是否将偿付买方预付的费用。但是,买方保留本公约所规定的要求损害赔偿的任何权利。
二、如果卖方要求买方表明他是否接受卖方履行义务,而买方不在一段合理时间内对此一要求做出答复,则卖方可以按其要求中所指明的时间履行义务。买方不得在该段时间内采取与卖方履行义务相抵触的任何补救办法。
三、卖方表明他将在某一特定时间内履行义务的通知,应视为包括根据上一款规定要买方表明决定的要求在内。
四、卖方按照本条第二和第三款作出的要求或通知,必须在买方收到后,始生效力。
❸ 《联合国国际货物销售合同公约》第 73 条
一、对于分批交付货物的合同,如果一方当事人不履行对任何一批货物的义务,便对该批货物构成根本违反合同,则另一方当事人可以宣告合同对该批货物无效。
二、如果一方当事人不履行对任何一批货物的义务,使另一方当事人有充分理由断定对今后各批货物将会发生根本违反合同,该另一方当事人可以在一段合理时间内宣告合同今后无效。

2款[1]。

【理论分析】

一、本案中卖方的主要义务有哪些？

本案中，卖方应当承担的义务有保证货物质量、按照协议约定的时间提交货物以及相关的单据。

上述案情中提到，买方开具信用证的时间应当是在每一期装货日的30天之前，由于合同约定的装运期限从1月份开始，买方开具的信用证至少应在1月份或1月份以前。由此可见买方并没有按照协议的约定按期开具信用证，可以推断出买方的违约行为在先。那么问题在于，卖方并没有在接到买方延迟开具的信用证时对交货的时间提出不同意见，这就意味着卖方对买方所认为的交货期限已经形成了一种默认的态度。接着，买方在2月15日装货时取得了提单，这意味着货物在此日就已经发出了。但是卖方的托运船是只能经营沿海运输的船，因此签发的不是提单而是运单，这一行为直接导致了交货日期在法律意义上被认定为3月3日，超出了信用证所规定的交货时间。这也是上述案情中卖方多次要求买方对信用证进行修改的重要原因。但买方不愿修改，并声称其客户接受不符点。尽管在当时并没有要求卖方赔偿因延期交货带来的损失，但是根据《联合国国际货物销售合同公约》第47条、第48条的规定，该项权利并不会因此丧失。但是在本次案件中，正是买方在卖方多次催促的情况下仍然不按时提供标纸底板、不按时开具信用证，才造成了卖方的延期交货，因此，可以减轻卖方的延期交货责任。

二、买方在本案中是否享有拒付权？

买方本该拥有的拒付权在本案中丧失。合同约束的是缔约合同的双方当事人，不约束第三人。在本案中P公司跟买方并不存在法律意义上的关系，因此，不能以单据有瑕疵为理由拒绝接受货品。而单据不符这一情况是买方与其客户P公司之间的问题，与卖方无关。除此之外，买方不愿意修改信用证，并且三次确认延期交货的不符点，这就已经说明了其愿意接受有瑕疵的单据。因此，P公司不愿意接收货物并不能成为其不付钱给卖方的理由。在本次案件中买方的身份并不是P公司的代理人而是与卖方签订协议的当事人。所以，本案中，买方把自己当作中间人显然是不合理的。

三、P公司是否有权拒收货品？

P公司无权拒绝接受货品。拒付权与拒收权二者虽然有联系，但是不是完全相同

（接上注）

三、买方宣告合同对任何一批货物的交付为无效时，可以同时宣告合同对已交付的或今后交付的各批货物均为无效，如果各批货物是互相依存的，不能单独用于双方当事人在订立合同时所设想的目的。

[1] 《联合国国际货物销售合同公约》第86条第2款　如果发运给买方的货物已到达目的地，并交给买方处置，而买方行使退货权利，则买方必须代表卖方收取货物，除非他这样做需要支付价款而且会使他遭受不合理的不便或需承担不合理的费用。如果卖方或受权代表他掌管货物的人也在目的地，则此一规定不适用。如果买方根据本款规定收取货物，他的权利和义务与上一款所规定的相同。

的概念。只有当单据不符合信用证的规定要求时，买方才有权利不付款给卖方。只要卖方所提交的单据完全符合信用证的要求，那么即便是货品不符合要求甚至是货品损毁灭失，买方仍然要付钱给卖方。由此可见不能将二者混淆。但是，如果经过科学的检验发现货品确实与合同约定的标准不一致，甚至达到了根本违约的程度，那么买方可以拒绝接受货品，并且要求卖方将货物的款项退还给自己，以此弥补自己的损失。但是回顾本案，本案的货品品质是完全符合约定、没有瑕疵的，因此不管是买方还是 P 公司都无权拒收。而 P 公司拒收货物显然违反了《联合国国际货物销售合同公约》第 86 条第 2 款规定。即使 P 公司有权拒收，也应该将货品提出在仓库进行放置。

四、本案卖方的货品被迫转售给德国客户造成的损失，应该由谁承担？

卖方的货品被迫转售给德国客户造成的损失，应该由买方公司承担。首先，在该案件中，合同直接约束的是买卖双方，与 P 公司并无直接关系。其次，P 公司拒付的原因是单据跟信用证之间存在不符点，而这个不符点是已经经过买方确认的，因此，P 公司不能再因为同样的理由拒付。另外，卖方在买方付款之前就已经将单据给了买方，而买方也作出了承诺，表明自己会按期付款交单，这表明只要约定期限一到，买方就应履行付款的义务，而这种义务不因其是否将货品进行转售而改变。其次，P 公司不付款的原因其实是由买方欠其货款导致的，显而易见，这是存在于买方跟 P 公司之间的原因，跟卖方毫无关系。由此，P 公司的拒付原因归根结底是由买方造成的。最后，虽然 P 公司的拒收行为导致了卖方被迫将其货品售卖给德国公司，给卖方造成了损失，但是，如果买方不作出接受不符点的承诺，卖方就不会发货，其他的费用也不会产生；如果买方没有对 P 公司负有债务，P 公司也就不会作出拒付的行为。以上种种结果都是由买方的行为导致的，因此卖方的损失理应由买方承担。

【思考题】

一、分批履行合同发生部分违约，是否影响其他批次合同的履行？

二、合同一方当事人违反信用证规定，另一方当事人应当如何维权？

案例二　加利福尼亚州灯杆销售案[1]

【基本案情】

原告天空公司是一家主营业地位于加拿大的混凝土灯杆生产公司，被告全球公司是一家主营业地位于美国的建筑公司。天空公司起诉全球公司违反双方签订的销售合同，拖欠混凝土灯杆款项 83203.78 美元。因此，天空公司要求全球公司赔偿因其违反销售合同而拖欠的款项、相关利息以及律师费用。全球公司则对天空公司提出反诉，

---

[1] 曾文革，陈咏梅. 国际经济法案例选编（双语）[M]. 重庆：重庆大学出版社，2021：49-56.

指控天空公司未按照合同约定的方式交付灯杆，影响全球公司施工，给全球公司带来巨大损失，要求天空公司赔偿因其未按照约定方式交付灯杆而给全球公司带来的损失。法院经过调查发现，天空公司在提起此次诉讼之前已经与全球公司有长达三年的合作关系，双方基本形成了固定的灯杆买卖程序。这一固定的买卖程序为，全球公司的负责人与天空公司的销售代表商议投标事项，双方进行充分的协商后，由天空公司进行投标，天空公司中标以后，双方签订买卖合同，全球公司向天空公司发送物品采购单，天空公司会按照双方签订的合同制造灯杆及相关物品，并按照约定的时间、地点和方式交付货物。2006年4月20日，天空公司和全球公司签订了一个总数量为50根、总价格为115658.3美元的灯杆销售合同，这批灯杆将用于A地停车场建设。另外，该合同特别约定天空公司应当在合同签订后每两周运送20根灯杆至A地项目处。2006年5月4日，天空公司运送了两批数量为25根的灯杆到A地。虽然此次天空公司未按照合同约定交付灯杆，全球公司依然接受了天空公司提供的其他四个采购订单（2006年2月到10月共有四个采购订单）。天空公司按照四个订单的实际交付情况向全球公司开具并邮寄了相关发票，但全球公司并未按照发票显示的金额向天空公司支付全部款项。

经法院审理可以明晰以下几方面内容：

第一，天空公司一方事实及判决。天空公司承认自己未按照合同约定的交付条件进行交付，但全球公司接受了天空公司提供的各项产品和服务并用于实际工程项目操作中，因此应当认定天空公司合理履行合同，全球公司应当按照合同约定支付价款。针对全球公司在反诉中主张天空公司应当赔偿因未按照合同约定交货给自己带来损失的诉求，天空公司认为根据《美国统一商法典》的规定，全球公司接收货物以后就取得了对货物的实际占有，应当支付相应货款，自实际占有货物之时（指全球公司将收到的货物用于项目建设）丧失拒绝接受货物的权利。[1] 全球公司认为该案件应当适用《联合国国际货物销售合同公约》，不应当适用《美国统一商法典》。法院支持了全球公司这一观点，适用《联合国国际货物销售合同公约》作出判决，并且确认全球公司将订购的灯杆用于实际建设但未足额支付货款给天空公司属于违约行为，天空公司有权要求全球公司足额支付货款。

第二，全球公司一方事实及判决。全球公司认为根据《联合国国际货物销售合同公约》第39条的规定，若全球公司的项目建设因天空公司的违约行为而不合格，全球公司有权自灯杆交货之时起两年内向天空公司发出货物不合格的通知，根据天空公司开具的发票，这一时效到2008年8月14日。另外，全球公司提供了部分证据证明其确实因天空公司的违约行为遭受了损失。天空公司对此的回应是，全球公司提供的证据并不能够证明其遭到了具体的损失。法院支持了天空公司的观点。

---

[1] 王慧. 国际货物买卖合同中买方"拒受权"辨析 [J]. 北大法律评论，2009，10（02）：398-425.

【主要法律问题】

一、如何确定《联合国国际货物销售合同公约》的适用范围？

二、如何理解《联合国国际货物销售合同公约》中第 39 条不符通知的合理期限？

【主要法律依据】

《联合国国际货物销售合同公约》第 1 条❶、第 2 条❷、第 6 条❸、第 39 条❹。

【理论分析】

一、如何确定《联合国国际货物销售合同公约》的适用范围？

《联合国国际货物销售合同公约》第 1 条是关于本公约适用范围的规定，根据该条规定，天空公司的主营业地位于加拿大，全球公司主营业地位于美国，且美国和加拿大同属于《联合国国际货物销售合同公约》的缔约国，双方签订的合同涉及的物品也不属于《联合国国际货物销售合同公约》第 2 条规定的不得适用《联合国国际货物销售合同公约》的供私人或家庭使用的物品、拍卖所得物品、船或飞机等物品。根据《联合国国际货物销售合同公约》第 6 条的规定，合同双方当事人可以不适用《联合国国际货物销售合同公约》，但应当以明示的方式作出。在本案中，天空公司和全球公司没有明确约定不适用《联合国国际货物销售合同公约》，也没有明确约定适用《美国统

---

❶ 《联合国国际货物销售合同公约》第 1 条

一、本公约适用于营业地在不同国家的当事人之间所订立的货物销售合同：

（一）如果这些国家是缔约国。

（二）如果国际私法规则导致适用某一缔约国的法律。

二、当事人营业地在不同国家的事实，如果从合同或从订立合同前任何时候或订立合同时，当事人之间的任何交易或当事人透露的情报均看不出，应不予考虑。

三、在确定本公约的适用时，当事人的国籍和当事人或合同的民事或商业性质，应不予考虑。

❷ 《联合国国际货物销售合同公约》第 2 条　本公约不适用于以下的销售：

一、购供私人、家人或家庭使用的货物的销售，除非卖方在订立合同前任何时候或订立合同时不知道而且没有理由知道这些货物是购供任何这种使用。

二、经由拍卖的销售。

三、根据法律执行令状或其他令状的销售。

四、公债、股票、投资证券、流通票据或货币的销售。

五、船舶、船只、气垫船或飞机的销售。

六、电力的销售。

❸ 《联合国国际货物销售合同公约》第 6 条　双方当事人可以不适用本公约，或在第 12 条的条件下，减损本公约的任何规定或改变其效力。

❹ 《联合国国际货物销售合同公约》第 39 条

一、买方对货物不符合同，必须在发现或理应发现不符情形后一段合理时间内通知卖方，说明不符合同情形的性质，否则就丧失声称货物不符合同的权利。

二、无论如何，如果买方不在实际收到货物之日起两年内将货物不符合同情形通知卖方，他就丧失声称货物不符合同的权利，除非这一时限与合同规定的保证期限不符。

一商法典》，因此天空公司根据《美国统一商法典》的规定提出的诉求不能得到法院支持，该案件依然适用《联合国国际货物销售合同公约》。

二、如何理解《联合国国际货物销售合同公约》中第39条不符通知的合理期限？

本案的核心问题之一就是全球公司在接受并直接使用天空公司违约提供的灯杆后是否还有权主张救济。天空公司认为，根据《美国统一商法典》的规定，全球公司没有提出拒绝接受货物的请求，应当视为接受货物，接受货物后就失去了拒绝接受货物的权利。但是根据《联合国国际货物销售合同公约》第39条的规定，全球公司在发现货物不符之后应当及时通知或在合理时间内通知天空公司，如果不及时通知或者超过合理期限通知天空公司，全球公司就丧失请求赔偿的权利，这个合理期限是两年。根据案情，全球公司提出货物不符的时间还在合理期限内，但是全球公司发现货物交付不符约定时依然将货物运用到项目建设中，这一行为应当视为全球公司接受了该批货物，全球公司就不能再针对货物不符合同要求提出申诉请求。

【思考题】

一、如何认识《联合国国际货物销售合同公约》中损害赔偿范围及标准？

二、如何理解"接收"与"接受"？

案例三 新加坡公司与德国公司关于石油焦的国际货物买卖合同纠纷案

【基本案情】

新加坡一家公司在2008年4月11日与德国一家公司订立了一份《采购合同》，订立该采购合同是为了便于在中国销售货物。在此合同中，新加坡公司与德国公司对标的物的属性以及发生争议时所采用的解决方法都进行了详细的讨论，并达成了合意。该合同规定，德国公司应当按照承诺向新加坡公司供应25000吨的石油焦（实际的供应数量可以在约定的标准吨数的基础上上下浮动10%），并且德国公司向新加坡公司提供的石油焦的HGI（衡量石油焦质量的指数）指数应当控制在36至46的区间之内，否则构成质量上的违约。对于该批石油焦的运输方式，双方公司协商一致采取海运，并在货物装运上船时由两家公司共同认可的检验人对该批货物进行样本检测，并出具最终检验报告，独立检验人所出具的这份报告对两家公司均具有法律上的约束效力。另外，新加坡公司与德国公司还就交易全过程如若出现问题应当采用何种解决方式进行了协商，双方经过充分的讨论，最终都愿意用美国纽约州的法律来对《采购合同》进行解释及管辖。

在2008年8月8日，两个公司一致选择的检验人A.J.EOMOON公司出具了最终检验结果，结果表示，该批石油焦的重量是符合合同规定的，约为26079.63吨，但是在HGI指数方面，该批石油焦的指数仅为32.8，显然不在合同约定的区间之内。2008年

9月2日，中国交通银行新加坡分行在接收到德国公司提交的全套议付单据之后，迅速向德国公司支付了绝大部分的货款；9月8日，该《采购合同》的标的物石油焦全部到达目的地港口；9月25日，新加坡公司向德国公司支付了尾款。至此，新加坡公司完全履行了其付款义务，共7756828.55美元。

买方新加坡公司在收到这批石油焦以后，认为德国公司提供的HGI指数为32.8的石油焦与当初的约定不符，并不在范围区间之内，构成了对合同的根本性违约。因此，新加坡公司针对这一批石油焦的HGI问题分别向德国公司致函三次，希望双方能够对该问题进行讨论，找寻解决问题之道。但是面对新加坡公司的三次致函，德国公司仅在2008年11月12日以及2008年12月28日作出两次回函，在回函中表示，自己所交付的石油焦在实质上是符合约定的，但并没有就为何在实质上符合约定说明理由，认为自己没有构成实质性违约。面对德国公司回函，新加坡公司为了最大程度地减少德国公司给自己带来的损失，开始积极地寻找下一任买家，希望能够脱手这批石油焦，最终委托中化股份公司与金猴公司订立了一份买卖合同，将德国公司卖给自己的这批不符合约定标准的石油焦以每吨1575.5元（该价格并没有低于同一时期的市场价格）的价格出售给金猴公司，回收货款528253.24美元。尽管回收了部分货款，但是在找寻买家的过程中新加坡公司也产生了额外费用。

面对此种情况，新加坡公司向江苏省高级人民法院起诉德国公司，理由为德国公司提供HGI不在约定区间的石油焦的行为是对约定的根本性违反。

一审期间，新加坡公司诉称：检验人是二者共同选取的，检验的结果公平、公正，检验结果显示该批石油焦的HGI指数只有32.8，明显低于约定范围的最小值，质量上不符合要求，因此无法在中国市场正常销售。据此，新加坡公司认为德国公司的行为是从根本上违反了合同的约定。德国公司辩称：虽然双方在合同中约定了一个范围值，但那只是典型值，尽管我方交付石油焦的指数不在合同约定的范围之内，但是并不影响使用，还是有实用价值的，并没有在实质上影响新加坡公司在中国市场的销售行为。因此，我方交付的石油焦其实是符合合同约定的，并非对合同的根本性违反。

经过审判，一审判决宣告：德国公司应将货款2684302.9美元及利息在三十日内返还给新加坡公司；对新加坡公司因找寻下一任买家而产生的额外费用进行补偿，加上其他损失共520339.77美元；办理案件产生的诉讼费306432美元由德国公司承担。❶

德国公司对江苏省高级人民法院的判决结果不满，认为自己的行为不构成对合同的根本性违反，向最高人民法院提起了上诉。最高人民法院经过审理，判决如下：对江苏省高级人民法院判决的第一项予以撤销；变更第二项金额为1610581.74美元；变更第三项金额为98442.79美元；对新加坡公司其他诉讼请求予以驳回。❷

---

❶ 江苏省高级人民法院（2009）苏民三初字第0004号民事判决。
❷ 最高法公报案例，《中华人民共和国最高人民法院公报》2015年（总第226期）。

【主要法律问题】

本案准据法如何确定？

【主要法律依据】

《联合国国际货物销售合同公约》第1条❶、第2条❷、第8条❸。

【理论分析】

根据案情的介绍，该案件的核心内容是卖方德国公司应当向买方新加坡公司按照双方的约定交付HGI标准在36至46之间的石油焦，且要顺利地把这批石油焦交到买方手中；买方新加坡公司则必须要接受该批货物并严格履行向德国公司付款的义务。新加坡公司向德国公司购买这批石油焦的目的是在中国销售，该货物是在《联合国国际货物销售合同公约》第2条提到的六种特殊类型货物的范围之外的，所以毫无疑问，本案的标的物石油焦属于《联合国国际货物销售合同公约》的适用范围。并且，本案的买方新加坡公司位于新加坡境内，卖方德国公司位于德国境内，新加坡与德国都已经加入了《联合国国际货物销售合同公约》，因此《联合国国际货物销售合同公约》能够对这两个国家产生效力。综上所述，该案件可以适用《联合国国际货物销售合同公约》。具体分析如下：

---

❶ 《联合国国际货物销售合同公约》第1条
一、本公约适用于营业地在不同国家的当事人之间所订立的货物销售合同：
（一）如果这些国家是缔约国。
（二）如果国际私法规则导致适用某一缔约国的法律。
二、当事人营业地在不同国家的事实，如果从合同或从订立合同前任何时候或订立合同时，当事人之间的任何交易或当事人透露的情报均看不出，应不予考虑。
三、在确定本公约的适用时，当事人的国籍和当事人或合同的民事或商业性质，应不予考虑。
❷ 《联合国国际货物销售合同公约》第2条　本公约不适用于以下的销售：
一、购供私人、家人或家庭使用的货物的销售，除非卖方在订立合同前任何时候或订立合同时不知道而且没有理由知道这些货物是购供任何这种使用。
二、经由拍卖的销售。
三、根据法律执行令状或其他令状的销售。
四、公债、股票、投资证券、流通票据或货币的销售。
五、船舶、船只、气垫船或飞机的销售。
六、电力的销售。
❸ 《联合国国际货物销售合同公约》第8条
一、为本公约的目的，一方当事人所作的声明和其他行为，应依照他的意旨解释，如果另一方当事人已知道或者不可能不知道此一意旨。
二、如果上一款的规定不适用，当事人所作的声明和其他行为，应按照一个与另一方当事人同等资格、通情达理的人处于相同情况中，应有的理解来解释。
三、在确定一方当事人的意旨或一个通情达理的人应有的理解时，应适当地考虑到与事实有关的一切情况，包括谈判情形、当事人之间确立的任何习惯做法、惯例和当事人其后的任何行为。

首先，如上所述，本案中的两个公司处于《联合国国际货物销售合同公约》的不同缔约国的境内，并且二者在签订合同时，《联合国国际货物销售合同公约》已经在两个国家产生了法律效力。此外，根据案情的介绍，两个公司曾就出现争议时采用的解决方式协商一致选择适用美国纽约州的法律来管辖和解决双方签订的《采购合同》。在此情况下，需要判断二者选择适用美国纽约州法律来解决合同履行过程中出现的各种问题有没有默认排除《联合国国际货物销售合同公约》效力。按照美国纽约州的法律，应当第一时间用联邦层面的法律法规来处理应当由联邦法院管辖的因国际货物销售而产生的纠纷。而美国自签署《联合国国际货物销售合同公约》之日起，《联合国国际货物销售合同公约》就自然而然地融入了美国法律体系，因此当不同国家的当事人因国际货物买卖产生纠纷时，应当把《联合国国际货物销售合同公约》优先作为联邦层面的法律规则来适用。通过上述分析，德国公司与新加坡公司在本起案件中选择美国纽约州法律来对案件纠纷进行解决，这一双方合意行为没有默认排除《联合国国际货物销售合同公约》效力。尽管双方之前已经经过充分商讨，在合同中约定好了选择美国纽约州法律，但其实也并未排除《联合国国际货物销售合同公约》的适用。

其次，案情介绍中没有提到的是，在本案的诉讼期间，德国公司与新加坡公司又达成了一致，二者又选择适用《联合国国际货物销售合同公约》。根据《联合国国际货物销售合同公约》第8条第（3）款的内容，在对案件双方当事人的意思表示进行理解并确定时，应当充分并且合理地将当事人随后可能发生的行为考虑在内。根据这一条款，在本案中，虽然双方当事人在订立《采购合同》时约定适用美国纽约州法律，但是在诉讼阶段，二者均同意适用《联合国国际货物销售合同公约》的行为属于变更适用法律的行为，我们可以理解为双方当事人更希望通过《联合国国际货物销售合同公约》而非纽约州法律来解决本次纠纷。由于该案件是一起国际民事案件，根据意思自治的原则，应尊重当事人的意愿，这种变更适用法律的行为是具有法律效力的。

从上述分析可以看出，对于本案件来说，德国公司与新加坡公司在随后诉讼阶段选择适用《联合国国际货物销售合同公约》来解决纠纷的行为符合法律的规定。但是，即便是在双方当事人选择适用《联合国国际货物销售合同公约》解决争议的情况下，该公约也只能调整其本身已经作出规定的行为；对于该公约本身没有进行规定的问题，其是不能够调整的。在此情况下，对于那些《联合国国际货物销售合同公约》没有作出规定的问题，例如合同效力的问题，就应当适用二者协议选择的美国纽约州的法律。在本案的第二次审理过程之中，德国公司把《美国统一商法典》及其判例呈送给最高人民法院，并且新加坡公司在德国公司呈送过程中及之后并没有提出任何异议，也认为该涉案合同是有效的。鉴于此，最高人民法院根据德国公司提交的证据，认定该案件中德国公司与新加坡公司订立的《采购合同》不存在无效情形，具有法律效力。

【思考题】

根本性违约的构成要素有哪些？

案例四 某生态科技公司与兰某斯公司国际货物买卖合同纠纷案

【基本案情】

兰某斯公司是于1972年9月8日根据大不列颠及北爱尔兰联合王国1948—1967年公司法设立的有限责任公司，住所地位于英格兰及威尔士。2013年6月，兰某斯公司的母公司（德某隆公司）与某生态科技公司达成《国际经销商协议》，某生态科技公司成为兰某斯公司的非独家经销商。在该协议下，作为证明文件，兰某斯公司与某生态科技公司达成《附属验收文件》及三项附件，约定了货物销售的相关事项。《附属验收文件》中约定：经签订此份文件，即视为双方就《国际经销商协议》中的所有条款达成合同关系；《附属验收文件》及相关交易适用英格兰及威尔士法律，并按英格兰及威尔士法律进行解释；约定交付方式为EXW（指定地点工厂交货）等。合同签订后，双方发生多笔交易。2017年6月15日，兰某斯公司董事普瑞特（同时也系该公司的法定代表人）就兰某斯公司与某生态科技公司买卖合同纠纷案签署授权委托书，委托北京市某生态科技公司律师事务所杨律师与何律师作为兰某斯公司与某生态科技公司纠纷的代理人，其代理权限为一般代理，并允许杨律师、何律师转委托他人处理全部或者部分授权范围内的事项。该授权经过公证认证手续。2017年9月14日，双方将纠纷诉至北京市顺义区人民法院，后顺义区人民法院裁定将该案移送北京市西城区人民法院审理。2018年12月24日，兰某斯公司申请撤诉，法院准予撤诉。2018年1月9日，杨律师将全部授权事项转委托给北京市某律师事务所周律师。在本案立案后，2019年6月25日，兰某斯公司终止普瑞特的董事任命，并于同日任命兰格为新董事，由兰格作为新的法定代表人继续参与本案诉讼。本案中，兰某斯公司主张其为九宗交易开具了发票，但某生态科技公司未支付货款，货款总额为67239.7美元。关于货物的交付情况，兰某斯公司向法院提交了相关证据。经核实，发票号为2049634和2049635的货物已由兰某斯公司通过海运订舱运输的方式交运，提单编号为ESL16001134，提单显示货物装运日期为2016年1月26日，到达日期为2016年3月26日；发票号为1865199、1843730、1854166、1799139的货物已通过快递运输方式交运；对于发票号为1775444、1782639、1642383的货物，兰某斯公司未提交货物交付的证据，仅提交了订购邮件和销售单。同时，兰某斯公司同意将由于质保原因而产生问题的部分货物的款项从九宗货物未付款中抵扣，抵扣后欠付58563.51美元。某生态科技公司主张不存在兰某斯公司交货事实，不存在拖欠兰某斯公司货款的情况，且兰某斯公司的支付请求已经超过诉讼时效。某生态科技公司主张超过诉讼时效所适用的法律是《国际经销商协议》附录E。同时，某生态科技公司认为，由于2019年6月25日兰某斯公司的法定代表人发生变更，应重新证明法定代表人身份和代理人代理权，但该公司尚未提交材料。因此，代理人是否具有代理权限以及起诉是否符合兰某斯公司真实意愿存疑。在本案中，争议的焦点在于：1. 对于某生态科技公司向兰某斯公司订购的九批货物,兰某斯公司是否完成了交货,其是否有权要求某生态科技公司付款;2. 该支付货款的请求是否超过了诉讼时效;3. 代理人是否具有代理权限。

【主要法律问题】

一、我国冲突规范中对诉讼时效应适用的准据法的规定是什么?
二、我国处理涉外民事诉讼时对外国当事人的身份证明有何要求?
三、我国法律对外国当事人委托诉讼代理人的限制有何规定?

【主要法律依据】

一、《涉外民事关系法律适用法》第7条❶;
二、《民事诉讼法》第67条❷、第270条❸、第271条❹。

【理论分析】

一、我国冲突规范中对诉讼时效应适用的准据法的规定是什么?

解决款项是否支付的争议,必须先确定双方货物交易的批数以及货物交付与付款情况。在本案中,经查明,兰某斯公司向法院提交了九张发票,有六张可以得到证实,其中两张发票具有对应的海运提单,四张发票具有对应的快递运单,但对于其余三张发票,兰某斯公司仅提供了订货系统的截图和内部邮件沟通记录,无法证明兰某斯公司已经对其对应的订单履行了交货义务。根据谁主张谁举证原则,兰某斯公司无法提供证据证明这三张发票对应的订单已经交货,应当承担不利后果。故仅对有证据证明的六张发票中显示的未付款货物予以承认,其余部分不予承认。某生态科技公司主张其未收到货物,对兰某斯公司不负付款义务的主张不能成立。兰某斯公司同意对存在质保问题的货物在未付款中予以抵扣,抵扣总额为8676.19美元。故应对兰某斯公司主张在54349.36美元的范围内予以承认,超过部分不予承认。

二、我国处理涉外民事诉讼时对外国当事人的身份证明有何要求?

我国冲突法规定诉讼时效适用的法律与相关民事关系适用的法律相同。在本案中,双方约定合同履行产生的争议应适用英格兰及威尔士法律进行判断。某生态科技公司

---

❶ 《涉外民事关系法律适用法》第7条 诉讼时效,适用相关涉外民事关系应当适用的法律。
❷ 《民事诉讼法》第67条 当事人对自己提出的主张,有责任提供证据。当事人及其诉讼代理人因客观原因不能自行收集的证据,或者人民法院认为审理案件需要的证据,人民法院应当调查收集。人民法院应当按照法定程序,全面地、客观地审查核实证据。
❸ 《民事诉讼法》第270条 外国人、无国籍人、外国企业和组织在人民法院起诉、应诉,需要委托律师代理诉讼的,必须委托中华人民共和国的律师。
❹ 《民事诉讼法》第271条 在中华人民共和国领域内没有住所的外国人、无国籍人、外国企业和组织委托中华人民共和国律师或者其他人代理诉讼,从中华人民共和国领域外寄交或者托交的授权委托书,应当经所在国公证机关证明,并经中华人民共和国驻该国使领馆认证,或者履行中华人民共和国与该所在国订立的有关条约中规定的证明手续后,才具有效力。

向法院提交了大不列颠及北爱尔兰联合王国 1980 年时效法案,该法案第 8 条规定,由盖印合同产生的诉讼,诉讼时效为 6 年。在诉讼时效的确定上,双方产生异议。某生态科技公司认为,《国际经销商协议》的附录 E 中明确约定在所适用的法律允许的范围内,因本协议涵盖的交易所引起的或者与之有关的任何合同违约的诉讼,诉讼时效为 12 个月。因此,某生态科技公司认为兰某斯公司提起本案诉讼超过了约定的诉讼时效。对此,兰某斯公司提供了一份大不列颠及北爱尔兰联合王国某律师事务所律师出具的法律意见,意见认为附录 E 未出现在《附属验收文件》内且该附录 E 是以在美国北卡罗来纳州适用为前提的。因此,应当适用的法律为大不列颠及北爱尔兰联合王国法。由此可见,依据本案准据法中规定的诉讼时效来确定是符合法律规定的,即本案的诉讼时效为 6 年。因此,兰某斯公司的诉讼未超过诉讼时效。

三、我国法律对外国当事人委托诉讼代理人的限制有何规定?

根据我国相关法律规定,兰某斯公司在我国进行诉讼,应当委托我国的律师。兰某斯公司提交的授权委托书,应当经大不列颠及北爱尔兰联合王国公证机关公证,并经中华人民共和国驻大不列颠及北爱尔兰联合王国使领馆认证。本案中,兰某斯公司向法院提交了符合法定形式的授权委托文件,因此,被委托律师有权代为起诉。在兰某斯公司终止普瑞特董事任命并任命兰格为新董事之后,兰某斯公司向法院提交了由大不列颠及北爱尔兰联合王国执业公证人公证并经我国驻大不列颠及北爱尔兰联合王国大使馆认证的兰某斯公司《法定代表人身份证明》、《授权委托书》及《公司名称变更证书》,能够证明代理人具有合法授权及相应代理权限。

【思考题】

一、依照我国冲突规范,对于诉讼时效问题应如何选择准据法?
二、我国《民事诉讼法》中对外国人委托诉讼代理人有何限制?

案例五 中国甲公司与美国乙公司买卖合同纠纷案

【基本案情】

中国甲公司和美国乙公司于 1992 年签订了两份对外贸易进出口合同,甲公司为买方,乙公司为卖方。卖方乙公司向购买者甲公司供应进口货物 8000 吨,于当年 7 月至 12 月按三个月分期分批进行交货,并约定在德国汉堡、鹿特丹、安特卫普三个口岸进行交货。该年 6 月 8 日,买方主动开立了信用证。之后,买方多次向卖方账户发出电函,以要求卖方及时按合同约定发货。卖方回复买方,由于其供应商对其延迟发货,卖方只能对买方延迟交货,并且告知买方交货时间仍然将被延迟,并诚挚向买方甲公司道歉。1992 年 11 月 13 日,卖方又向买方明确表示因为美元持续贬值,所以他们希望能够小幅度提高该笔合同的进货价格,但是此时买方明确拒绝卖方的提价请求。最终,合同于1993年4月和5月部分履行。1994年11月16日,买方致函卖方,告知其如果在45天内仍不发货,买方甲公司将依法申请仲裁。卖方答复称,买方所开立的信用证已经逾期,之后也没有再重新开立信用证,因此卖方对买方甲公司的交货义务解除。1995年5月,买方甲公司申请仲裁,要求卖方对其延迟发货给买方所造成的经济损失进行补偿,共计74.8万美元,并要求卖方自行承担全部的仲裁费用。卖方向仲裁委员会提交了书面说明,指出若买方未能及时为卖方开具相应的信用证,则买方具有违约行为,其向仲裁委提出的主张不能成立,应当承担相应的违约责任,并应当依法承担仲裁所产生的费用。❶

【主要法律问题】

中国甲公司是否需开立新的信用证才不构成违约?

【主要法律依据】

《联合国国际货物销售合同公约》第30条❷、第33条❸、第34条❹;

【理论分析】

本案中,美国乙公司与中国甲公司在签订合同后,未能按照该合同条款规定的分批交货日期进行交货,先是延误了交货时间,然后再次拒绝了交货,应当依法承担相应的违约责任。至于美国乙公司所述的买方开出的信用证逾期,完全是由卖方的违约导致的。该合同签订后,买方中国甲公司提前开具相应的信用证并无违反合同国际惯例之处,与货物买卖合同中的规定也并无冲突。之后,由于卖方过错,导致信用证逾期,买方并无过错。本案是货物买卖合同纠纷,货物买卖合同作为一种双务合同,一方履行瑕疵必然会导致另一方无法按约定履行合同义务。但是违约者不能以这种情况作为借口认定对方违约,从而使实际违约者免除自己的责任。按照《联合国国际货物销售合同公约》的规定,在本案中,美国乙公司持续未能正确地依法履行合同义务,

---

❶ 王明明. 国际贸易理论与实务[M]. 北京:机械工业出版社,2012:199-201.

❷ 《联合国国际货物销售合同公约》第30条 卖方必须按照合同和本公约的规定,交付货物,移交一切与货物有关的单据并转移货物所有权。

❸ 《联合国国际货物销售合同公约》第33条 卖方必须按以下规定的日期交付货物:

一、如果合同规定有日期,或从合同可以确定日期,应在该日期交货。

二、如果合同规定有一段时间,或从合同可以确定一段时间,除非情况表明应由买方选定一个日期外,应在该段时间内任何时候交货。

三、在其他情况下,应在订立合同后一段合理时间内交货。

❹ 《联合国国际货物销售合同公约》第34条 如果卖方有义务移交与货物有关的单据,他必须按照合同所规定的时间、地点和方式移交这些单据。如果卖方在那个时间以前已移交这些单据,他可以在那个时间到达前纠正单据中任何不符合同规定的情形,但是,此一权利的行使不得使买方遭受不合理的不便或承担不合理的开支。同时,买方保留本公约所规定的要求损害赔偿的任何权利。

导致中国甲公司无法履行合同，因此，损失赔偿金的责任最终应由美国乙公司承担。值得注意的是，根据一般的国际贸易惯例，买方的付款义务主要包括向商业银行提出申请开立信用证或者申请银行开具付款保函、向地方政府外汇主管部门提出申请开立进口外汇许可证等。如果买方没有履行这些义务，将可能直接构成合同违约。本案中，中国公司并未违反支付的法律义务。

【思考题】

在国际贸易中，买方的合同义务包括哪些？

案例六　某土产畜牧有限公司诉某香港公司套币买卖合同纠纷案

【基本案情】

1999年，澳门特别行政区计划发行一版流通套币，庆祝澳门回归祖国。特区政府货币暨汇兑监理署于2008年授权加拿大某造币厂制造该版流通套币，每套流通套币都由七枚硬币组成。造币厂铸造完成后，该监理署与造币厂共同签订了中、英、葡三国的铸造说明和钱币质量鉴定证书。

本案被告是澳门特别行政区政府指定作为亚洲地区独家销售代理商的香港公司。1999年7月27日，内地某金银珠宝有限公司委托本案申请人某土产畜牧有限公司与本案的被申请人在云南昆明市签订了销售合同，约定该申请人向被申请人购买25万套此种套币。关于纠纷的解决和法律的适用，双方均同意应当首先经过友好协商予以解决。协商内容为：如果其中的任何一方发出了书面通知，要求关于上述纠纷的协商若在30天内得不到解决，则应以仲裁作为纠纷解决的最终方式，仲裁由中国国际经济贸易仲裁委员会依照当时有效的《中国国际经济贸易仲裁委员会仲裁规则》进行组织，仲裁裁决是终局的，具有法律约束力；合同适用《联合国国际货物销售合同公约》，《联合国国际货物销售合同公约》应当依据香港澳门特别行政区的法律进行解释，《联合国国际货物销售合同公约》未规定合同适用法律的，以香港澳门特别行政区的法律作为合同适用法律（合同第16条约定）。

销售合同正式签订后，被申请人要求申请人分别交付硬币包装说明书和产品本身的说明书，申请人同意了被申请人的要求。在合同的履行中，双方没有任何争议。然而，在销售流通这套硬币的过程中，申请人却接到了消费者的投诉，称这套硬币背面的图案与证书上显示的不同。证书显示，这套硬币背面的图案有一颗五角星，但实物上没有五角星。消费者质疑这套硬币的真伪。经核实，客户投诉确为属实，申请人暂时停止了其销售行为，并于1999年12月30日向被申请人提出补偿其损失的请求。被申请人不认同申请人对其提出的仲裁请求，认为自己不应当承担法律责任，拒绝了申请人的损害赔偿要求。申请人遂按照合同约定的仲裁条款，向中国国际经济贸易仲委员会深圳分会提起仲裁。

【主要法律问题】

一、本案是否可以以《联合国国际货物销售合同公约》作为准据法？

二、被申请人交付的流通套币实物与套币证书不符是否构成违约，是否应当承担违约责任？

【主要法律依据】

《联合国国际货物销售合同公约》第 2 条❶、第 6 条❷、第 46 条❸。

【理论分析】

一、本案是否可以以《联合国国际货物销售合同公约》作为准据法？

本案流通货币虽然具有货币的性质，但双方之所以将其作为买卖合同的标的物，是因为流通货币具有特殊的纪念价值，这种特殊的纪念价值决定了这种流通套币不能被视为一般意义上的货币。仲裁庭可以根据《联合国国际货物销售合同公约》有关条款，确立双方当事人的法律权利和义务。

本案是一个比较特殊的买卖合同纠纷案件，仲裁裁决总体上基本适当。本案的合同标的物比较特殊：一方面该货币是澳门特别行政区发行的纪念币；另一方面该套币与普通货币相似，具有面值，完全可以流通。因此，仲裁庭面临一个识别问题：该套币是货币还是货物？这个问题十分重要，因为其结果将直接决定本案的法律适用。❹

《联合国国际货物销售合同公约》第 2 条明确指明了公约的不适用范围。《联合国

---

❶ 《联合国国际货物销售合同公约》第 2 条　本公约不适用于以下的销售：
一、购供私人、家人或家庭使用的货物的销售，除非卖方在订立合同前任何时候或订立合同时不知道而且没有理由知道这些货物是购供任何这种使用。
二、经由拍卖的销售。
三、根据法律执行令状或其他令状的销售。
四、公债、股票、投资证券、流通票据或货币的销售。
五、船舶、船只、气垫船或飞机的销售。
六、电力的销售。

❷ 《联合国国际货物销售合同公约》第 6 条　双方当事人可以不适用本公约，或在第 12 条的条件下，减损本公约的任何规定或改变其效力。

❸ 《联合国国际货物销售合同公约》第 46 条
一、买方可以要求卖方履行义务，除非买方已采取与此一要求相抵触的某种补救办法。
二、如果货物不符合同，买方只有在此种不符合同情形构成根本违反合同时，才可以要求交付替代货物，而且关于替代货物的要求，必须与依照第 39 条发出的通知同时提出，或者在该项通知发出后一段合理时间内提出。
三、如果货物不符合同，买方可以要求卖方通过修理对不符合同之处作出补救，除非他考虑了所有情况之后，认为这样做是不合理的。修理的要求必须与依照第 39 条发出的通知同时提出，或者在该项通知发出后一段合理时间内提出。

❹ 李双元，欧永富. 国际私法教学案例 [M]. 北京：北京大学出版社，2012：151-154.

国际货物销售合同公约》不适用于这些物品有两点理由：一是各国对于有些物品是否可以作为货物销售的标准不一；二是对于一些特殊项目，根据《联合国国际货物销售合同公约》的规定是可以作为货物销售的，但各国对此类特殊项目设置了各种限制，很难作出统一规定。基于以上两方面因素，《联合国国际货物销售合同公约》明确将这些项目排除在适用范围之外。本案中双方买卖的套币，从其本质上来看，就是《联合国国际货物销售合同公约》第 2 条所规定的货币。这就导致了一个问题，即当事人共同约定了适用的法律，但选择适用的法律明确规定当事人之间的交易不适用，此种情况我们称之为意思自治落空。在此情形下，当事人关于准据法的约定的效力如何？此时应当特别注意，认定当事人意思自治落空应当极为谨慎，也就是说，只要当事人的意思自治不违反法律的强制性条款，就应该尽最大努力维护当事人意思自治的效力。本案中，从表面上看当事人的意思自治好像落空，但是通过对《联合国国际货物销售合同公约》条款的解释可以认定，当事人选择的法律条款是有效的。

《联合国国际货物销售合同公约》的一个主要特点就是其具有任意性，这可以作为认定当事人法律选择的条款有效性的基础和依据，该公约属于一个具有任意性的公约，根据《联合国国际货物销售合同公约》第 6 条的规定，双方当事人可以不适用本公约，或在第 12 条的条件下，减损本公约的任何规定或改变其效力。因此，依据公约的任意性特点，当事人法律选择的条款是有效的。

但是，这一解释仍然存在一些问题，因为大多数学者都认为《联合国国际货物销售合同公约》第 6 条只是为了表明一种立场，即当《联合国国际货物销售合同公约》被认为应当适用时，当事人可以通过协议约定适用其他法律来排除公约的适用，或者在适用《联合国国际货物销售合同公约》时通过协议改变该公约的具体规定。表明这一立场是为了吸引更多的人加入《联合国国际货物销售合同公约》，使其在国际货物贸易中发挥更大的作用。因此，从《联合国国际货物销售合同公约》表达这一立场的背景角度来看，第 6 条主要是承认或者认可当事人拥有排除《联合国国际货物销售合同公约》适用的权利，而不是允许当事人将《联合国国际货物销售合同公约》范围以外的货物纳入公约范围。正如前文所言，《联合国国际货物销售合同公约》第 2 条排除适用的项目大多是各国通过法律采取种种限制的货物，而限制此类货物的国内法律通常是各国的强制性法律规范，由于各国在此类货物的强制性法律规范上不可能达成一致，公约才将这几种货物排除在适用范围之外。

根据《联合国国际货物销售合同公约》缔结的背景及其条款之间的关系，《联合国国际货物销售合同公约》第 6 条只赋予当事人排除适用《联合国国际货物销售合同公约》的权利，当事人不能通过意思自治将该公约调整范围之外的货物纳入公约调整范围。据此可知，通过第 6 条来维护当事人法律选择的有效性有些牵强，但这也并不意味着当事人的法律选择一定无效，结合本案的具体情况，还有其他途径可以支持当事人之间法律选择的效力，即对标的物进行有利于认定法律选择效力的识别。

本案中合同当事人购买的流通套币具有货币的性质，但是当事人之所以购买此类套币主要是看重其纪念价值。从这个角度去解释，这种流通套币最大的价值是其纪念价值，从而不能将其理解为普通货币。根据公约的有关规定，仲裁庭可以充分确定买卖双方的权利和义务。经过分析可知，本案中的套币与《联合国国际货物销售合同公约》第6条规定的"货币"有很大区别，其具有普通货币不具备的纪念价值。这样，通过对流通的套币与《联合国国际货物销售合同公约》规定的"货币"进行识别，可以认定本案当事人的意思自治有效。

综上所述，只有在仲裁庭没有其他补救措施的情况下，才能确定当事人的意思自治落空，对于有其他补救措施的情形，仲裁庭应尽最大可能地尊重当事人意思自治，维护当事人的意思自治效力。

二、被申请人交付的流通套币实物与套币证书不符是否构成违约，是否应当承担违约责任？

仲裁庭审理认为：被申请人所交付的套币和证书不符，违反合同约定，应当承担相应的违约责任。理由是，虽然当事人选择的合同的准据法以及合同本身并没有规定货物必须与其说明书及证书相符合，但是从合同的一般原理来看，对货物起着证明和鉴定作用的鉴定书，当然应当与货物一致。据此，"货证相符"是合同的一项默示义务，违反默示义务即构成违约。被申请人提供的货物和鉴定证书内容不一致，构成违约，应当依法承担违约责任。但是根据合同约定的准据法，被申请人的行为并不能够构成根本性的违约，因为申请人的销售行为已经获得了预期利润。因此，根据《联合国国际货物销售合同公约》第46条，申请人无权要求被申请人退还或赔偿差额。

【思考题】

本案是否还可以选择其他法律作为准据法？

案例七 新加坡某银行、无锡某热能电力工程有限公司信用证纠纷案[1]

【基本案情】

2013年6月10日，新加坡某银行（以下简称某银行）以无锡某热能电力工程有限公司（以下简称某公司）为受益人开立了即期付款信用证。该信用证规定了总金额、到期日、最晚装船日期、CIF（成本+保险费+运费）印度尼西亚杜迈等内容。信用证的单据要求是某公司交单时应当提交商业发票、原产地证明等单据，要求信用证适用最

---

[1] 中华人民共和国江苏省高级人民法院民事判决书（2014）苏商外初字第0004号和中华人民共和国最高人民法院民事判决书（2017）最高法民终327号。

新版《跟单信用证统一惯例》（UCP600），装货港为中国上海，CIF印度尼西亚杜迈，货物为一套电厂设备等内容。后某银行两次发出信用证修改通知，修改了最晚装船日期及信用证到期日。2013年11月29日，某公司将信用证所要求的全套单据寄送给某银行。商业发票显示涉案交易的价格条件为CIF印度尼西亚杜迈，价值8938290.98美元，原产地证明上标有FOB条件的价格"USD：8938290.98"。2013年12月5日，某银行向某公司发出拒付通知，原因是原产地证明中显示FOB价格，商业发票则显示CIF价格，数目虽然相同，但术语构成冲突，该不符点使得某银行拒绝支付信用证下款项。某银行向江苏高院提起诉讼。经调查，江苏高院认为某银行主张的信用证的不符点不成立，判决某银行向某公司足额支付信用证项下规定的价格，并赔付逾期付款给某公司带来的损失。某银行不服江苏高院作出的一审判决，向最高法院提起上诉，最终最高法院驳回某银行的上诉，维持江苏高院的判决。

【主要法律问题】

某银行主张的不符点是否应当得到法院的支持？

【主要法律依据】

一、《跟单信用证统一惯例》第14条（d）项、（f）项❶；
二、《最高人民法院关于审理信用证纠纷案件若干问题的规定》第6条❷。

【理论分析】

根据《跟单信用证统一惯例》第14条（d）项、（f）项的规定，原产地证明属于信用证要求提供的单据，因中国和新加坡同属于中国—东盟自由贸易区内的国家，在原产地证明的条件方面一致要求应满足以下两点：一是原产地证明的内容满足中国—东盟自由贸易区对原产地证明功能的要求，二是原产地证明的内容符合《跟单信用证统一惯例》第14条（d）项中对单据的要求。某银行对原产地证明的内容没有异议，其提出异议的点在于商业发票上的CIF与原产地证明中的FOB存在冲突，即使其金额一致，但术语不一致也属于拒付信用证的正当理由。江苏高院经过审查认为，某银行

---

❶ 《跟单信用证统一惯例》第14条
（d）项 单据中的数据，在与信用证、单据本身以及国际标准银行实务参照解读时，无须与该单据本身中的数据、其他要求的单据或信用证中的数据等同一致，但不得矛盾。
（f）项 如果信用证要求提交运输单据、保险单据或商业发票之外的单据，却未规定出单人或其数据内容，则只要提交的单据内容看似满足所要求单据的功能，且其他方面符合第14条（d）项，银行将接受该单据。
❷ 《最高人民法院关于审理信用证纠纷案件若干问题的规定》第6条 人民法院在审理信用证纠纷案件中涉及单证审查的，应当根据当事人约定适用的相关国际惯例或者其他规定进行；当事人没有约定的，应当按照国际商会《跟单信用证统一惯例》以及国际商会确定的相关标准，认定单据与信用证条款、单据与单据之间是否在表面上相符。信用证项下单据与信用证条款之间、单据与单据之间在表面上不完全一致，但并不导致相互之间产生歧义的，不应认定为不符点。

将原产地证明和商业发票的数据进行对比，不符合《跟单信用证统一惯例》第 14 条 （d）项中的"等同一致"要求，"无须……等同一致"的表述表明银行在对同种类单据的数据进行比较时允许存在不会导致根本性矛盾和歧义的细小差别，银行不能将该条规定解释为可以将不同种类的单据放在一起进行对比。此条款的审单规则仅限于同种类单据，对于不同种类单据上的不会引起根本性冲突的表述是因为拼写错误造成的情况，不能认定为单据不符。此种做法是《跟单信用证统一惯例》、国际标准银行实务、国际银行委员会和司法判例的一致观点。此案中，信用证、商业发票和原产地证明中均规定有 CIF 价格，所以某银行应当审查单证、单单中的 CIF 是否一致，某银行的做法显然不符合《跟单信用证统一惯例》、国际标准银行实务等认可的审单规则。另外，原产地证明中出现的 FOB 价格是原产地证明本身的要求，其他单据并未对 FOB 价格作出约定，且 FOB 价格的适当性由进口国海关审查，与银行无关。所以某银行无权就 FOB 价格的适当性进行审查。这一结论更加证明了某银行提出不符点的不合理之处。因此，江苏高院支持某公司提出的诉讼请求。

某银行提起上诉，最高法院审查后认为某公司提交的信用证以及其他单据符合银行单证一致、单单一致的审查规则。某公司提交的原产地证明中包含有格式条款，原产地证明上标有 FOB 条件的价格"USD：8938290.98"就是其中的一项格式条款，其中的 FOB 价格不能理解为《国际贸易术语解释通则（2010）》中的 FOB，在原产地证明的格式条款中，FOB 并没有实际的含义，其表述也不符合国际贸易术语的使用规范。另外，《国际贸易术语解释通则（2010）》中的国际贸易术语有其专门的内涵，FOB 与 CIF 在运输条件上有很大不同，不能随意转化，某银行应当对此有清晰的认知。此案中，信用证约定了 CIF 印度尼西亚杜迈，原产地证明中也约定了 CIF 印度尼西亚杜迈，单据种类虽然不同，但是可以相互佐证，单据之间并不矛盾，不会导致对该单据的理解产生歧义。最高法院认同江苏高院对《跟单信用证统一惯例》第 14 条（d）项、（f）项的适用，原产地证明中的数据与信用证以及其他单据中的数据不矛盾，符合单证一致、单单一致的审单规则，某银行提出的不符点证据不足，驳回上诉，维持原判。

【思考题】

一、《国际贸易术语解释通则（2020）》与《国际贸易术语解释通则（2010）》相比有哪些变动？如何理解这些变动？

二、最常用的三种国际贸易术语 FOB、CIF、CFR 之间有哪些区别？

第二节 国际知识产权法

案例一 美国某高公司诉广东某龙公司等著作权侵权案

【基本案情】

广东某龙公司（以下简称某龙公司）是一家主营玩具的公司。在美国某高公司（以下简称某高公司）诉某龙公司、北京某购物中心有限公司（以下简称某购物中心）三起侵犯儿童著作权专利纠纷一案中，某高公司当庭认为其自身拥有对63件儿童玩具以及积木块的著作权，北京市第一中级人民法院在本案庭审后将该案件拆分为63个起诉案件。在二审分案后的一审起诉书中，原告某高公司起诉称：几十年来，某高公司一直将其自行设计、制造和生产的以"LEGO"和"某高"为主体注册商标的两种塑料塑胶积木玩具系列、美术玩具一并销售至中国，并将上述塑料积木玩具构成了一件美术作品，某高公司对其作品享有艺术著作权。然而，某高公司发现在某购物中心销售的某龙玩具公司所生产的玩具中，竟然存在非法复制某高公司享有合法著作权的玩具块和积木块的违法产品，这一复制行为并没有得到美国某高公司的合法许可，因此侵犯了某高公司依法享有的产品复制权及产品发行权。依照《保护文学和艺术作品伯尔尼公约》、《中华人民共和国著作权法》等相关法律规定，某高公司所享有的数字著作权应该受到法律的严格保护。

依据2010年实施的《中华人民共和国著作权法》第47条第（1）项和第48条的规定，原告某高公司请求法院判令：（1）责令被告某龙公司和某购物中心立即停止生产、销售侵犯原告著作权的产品；（2）责令被告某龙公司在法院监督下上交并销毁侵犯原告著作权的库存产品以及生产上述产品的模具，并由某龙公司承担相关费用；（3）责令被告某龙公司在《法制日报》上刊登声明，以消除因侵犯原告著作权而造成的不良影响；（4）责令被告某龙公司赔偿原告因侵犯其著作权所造成的损失人民币4762元、原告调查取证支出的人民币866元，并承担本案全部诉讼费用。

2010年8月10日，北京市第一中级人民法院对此案开庭审理，法院一审判决结果如下：涉案积木块中有58件积木块不具有独创性，不构成作品或美术作品，被控侵权积木块并未构成对某高公司美术作品著作权的侵犯，驳回原告某高公司的全部诉讼请求。在其余5件积木块玩具中，不可能构成相同或具有实质性近似、不可能构成相同侵权的有1件，法院裁定驳回原告某高公司的全部诉讼请求；与其构成相同实质性近似、侵权的有4件，对此，法院最终判决被告某龙公司立即停止生产、销售被控侵犯原告公司权利的积木块，并全额赔偿原告某高公司直接经济损失人民币4762元、合理经济支出约为人民币 866 元，被告某购物中心立即停止生产、销售被控原告生产的积木块。

对于法院判决涉案积木块不构成作品或美术作品的 58 件诉讼，某高公司不服原审判决，向北京市高级人民法院提起上诉，请求撤销原审判决，依法改判并支持某高公司原审诉讼请求。最终，北京高院对其中 1 件作出改判，认定某龙公司构成侵权，其余 57 件上诉均被驳回，维持原判。

对于被驳回的 57 件上诉请求，某高公司不服北京市高级人民法院判决，向最高人民法院提出再审申请。其中，56 件再审申请被最高人民法院驳回；1 件由最高人民法院提审。再审期间，中止原判决的执行。

【主要法律问题】

某高公司是否拥有涉案积木块相关的著作权？

【主要法律依据】

《中华人民共和国著作权法实施条例》（以下简称《著作权法实施条例》）第 2 条❶、第 4 条第 8 项❷。

【理论分析】

某高公司向上级法院提交了经中国公证机构认证的三件某高系列玩具游戏积木块产品设计方案图纸、产品使用图册以及产品使用方法说明书，以证明其对涉案的 63 件玩具积木块享有知识产权。此外，某高公司还分别提交了其作为第一转让方与作为第二转让方的某特公司签订的《知识产权转让协议》（以下简称《协议》）。《协议》明确指出，原告享有上述两公司享有的一切知识产权，依据该协议，涉案积木块的相应知识产权归属于原告。《协议》还约定受让方在生效日之前可以对发生的任何侵犯知识产权的行为采取相应措施。因此，某高公司拥有与上述涉案作品积木块内容相关的合法知识产权，并同时有权对上述侵权行为直接提起法律诉讼，获得法律救济。

本案分案后，共有 63 件案件。本案的最终民事判决审理结果主要分为三大类：如果涉案原告积木块不能构成艺术作品或无法构成美术作品，则驳回原告某高公司的全部侵权诉讼请求；如果被控作品与涉案作品未明确构成作品实质性相似，则驳回原告某高公司的全部侵权诉讼请求；如果认为被告的侵权行为已经构成对原告作品著作权的严重侵犯，则应依法责令被告停止侵权行为并赔偿原告全部损失。下面，将对上述三类判决结果分别进行分析。

---

❶ 《著作权法实施条例》第 2 条　著作权法所称作品，是指文学、艺术和科学领域内具有独创性并能以某种有形形式复制的智力成果。

❷ 《著作权法实施条例》第 4 条第 8 项　美术作品，是指绘画、书法、雕塑等以线条、色彩或者其他方式构成的有审美意义的平面或者立体的造型艺术作品。

1. 如果涉案积木块不构成作品，则驳回原告某高公司全部诉讼请求。

在判断被告的行为是否构成侵权之前，首先要判断原告一方所主张权利的涉案积木块是否构成作品。《中华人民共和国著作权法实施条例》第2条规定，构成作品的智力成果必须兼具独创性及可复制性两种基本特性，缺一不可。

一般来说，构成这种独创性主要需要两个条件：首先，作者独立地创作自己的智力成果，而不是抄袭别人的智力成果；其次，智力成果的综合智力和创作水平应当能够达到著作权法规定的基础性高度。

在本案中，共有56件涉案积木最终被法院判决不构成作品，法院作出判决的原因是这些积木没有同时满足上述两个条件。就独创性来说，在受害人或被告没有及时提供反证的情形下，可以确定是受害人或原告自己创造了这个涉案的积木，而非抄袭他人的智力研究成果。但在其智力和创造性方面，尽管受害人涉案56件积木板块形态各异，但其体现出的智力和创造性高度不符合基本智力和创造性的高度。因此，上述56件被控积木块无法构成《中华人民共和国著作权法》意义上的作品，某高公司关于被控侵权的积木块严重地侵害了其知识产权的主张无法成立，法院撤销了原告某高公司全部诉讼请求的裁定是合理的。

2. 如果被控作品与涉案作品块没有构成实质性近似，则驳回原告乐高公司的全部诉讼请求。

在分案后的63件案件中，有1件案件中某龙公司的被控侵权积木块与涉案积木相比未构成相同或实质性近似，法院判定不构成侵权。

根据《中华人民共和国著作权法实施条例》第4条的规定，该案涉及的积木块达到了独创性、可复制性的要求，属于美术作品。因此，原告某高公司对该类艺术作品既享有合法的著作权，又享有对于涉案艺术作品在合法著作权适用中的复制权，有责任对他人所执行的对其艺术作品的非法复制行为予以禁止。

一般认为，只有同时满足以下两个条件，被告的行为才能够构成复制行为：（1）被告被控侵权的积木块采用与原告所涉及的积木块相同或者实质性近似的方式表达；（2）被告对原告涉案的积木块有接触可能。在本案中，原告涉案的积木块作品先于被控侵权的积木块进行生产和销售公开发行，因此，在被告未向法院提交足够的反证条件的情况下，被告对于原告的作品具有接触可能性。在此基础上，将被控侵权积木块与涉案积木块进行比较，二者差异显著。因此，不满足第一个条件，满足第二个条件，某龙公司生产的被控侵权积木块的行为不构成复制行为，亦不构成对该案中原告积木块知识产权的侵害，法院认为理应撤销或者否决原告某高公司全部的起诉要求。

3. 如果被告的行为构成对原告著作权的侵犯，则应依法停止侵权并赔偿损失。

在分案后的63件案件中，法院最终认为侵权的有5件，这5件案件中的涉案积木块均为美术作品，原告某高公司对其享有著作权，包括著作权中的复制权、发行权等。

某高公司享有这5件涉案积木块著作权中的复制权，有权禁止他人实施对其作品的复制行为。涉案的积木被指控侵权之前就已经公开出版和发行，因此，在被告没有向法院提交足够的相关反证材料时，某龙公司具备对某高公司的艺术作品进行接触的可能性；同时，法院将被告被控侵权的积木块和涉案的积木块进行了比较，可以看出二者虽然存在差异，但该差异并不明显，构成了实质性的近似。因此，某龙公司的行为构成复制行为。

某高公司享有这 5 件涉案积木块著作权中的发行权，有权禁止他人实施对其作品的发行行为。在本案中，某龙公司、某购物中心不能证明其是在获得某高公司许可的情况下销售被控侵权的积木块，因此这一行为侵犯了某高公司的发行权。

由 2010 年实施的《中华人民共和国著作权法》（以下简称《著作权法》）第 47 条第（1）项❶规定解释可知，本案中，被告某龙公司及某购物中心相关经营人员销售使用侵犯某高公司知识产权的积木块的这种违法行为已经严重侵害了某高公司的作品复制权、发行权，因此，应依法责令停止其侵权行为并向原告赔偿经济损失。

【思考题】

我国法院对案件分案审理的条件或前提是什么？

案例二　B 集团与 C 公司"某哈哈"商标之争

【基本案情】

A 合资企业由三家公司合资组成，这三个公司分别是由董事长宗某后领导的 B 集团、法国 C 公司和香港 D 公司。

1996 年，B 集团与该合资企业订立了一份关于商标转让的协议，想要把"某哈哈"商标转让给由这三家公司组成的 A 合资企业。但是，这个想法并没有成功，因为商标局并不认同该商标转让协议，不予批准。因为本次的转让没有成功，双方另寻了一条路径，于 1999 年订立了一份内容为商标使用许可的协议。但是法律规定，如果转让了商标的使用权那么产权就不能转让，如果转让了产权那么使用权就不能转让。显而易见，在商标使用许可协议诞生的同时，转让协议就自动失去了自身的效力。这一系列行为的后果就是，B 集团拥有该商标的所有权，而该商标的使用权归属于合资企业 A。

2005 年，双方又就商标的使用许可协议订立了第一修正案，文中再次对 B 集团商标所有者的身份进行了肯定，并表示"某哈哈"的其他公司（"某哈哈"许可企业）由 B 集团或者 B 集团的附属公司签署许可合同之后也可以享受授予一方适用该商标的权利。通过上述内容可以确定，B 集团是商标的所有权人即产权人，非合资企业

---

❶ 现为《著作权法》第 52 条第（1）项，即有下列侵权行为的，应当根据情况，承担停止侵害、消除影响、赔礼道歉、赔偿损失等民事责任：

（一）未经著作权人许可，发表其作品的……

有使用权但不享有所有权。但是C公司认为"某哈哈"的商标产权人应为合资企业A，所以除此之外的其他非合资企业一旦使用该商标就是侵权。B集团则与C公司的意见完全相反。

该案件由杭州仲裁委员会进行裁决，以确认哪一方是该商标的产权人。2007年12月，委员会认为，C公司与B集团之间的转让协议已经失去了效力并因而终止，"某哈哈"商标的所有权人是B集团。随后，杭州市中级人民法院确认了本裁决的效力。

【主要法律问题】

一、商标转让合同一经成立，商标转让是否一定能够成功？
二、本案中"某哈哈"商标许可使用合同的效力应当如何界定？

【主要法律依据】

一、《合同法》（已废止）第52条❶；
二、《关于中外合资企业商标使用问题以及向外方转让商标问题的意见》❷。

【理论分析】

在本次纠纷中，B集团与C公司针对"某哈哈"商标的归属问题各持己见、针锋相对。C公司主张1999年订立的商标转让协议依旧是有效的，并以此为依据，要求B集团履行义务，将该商标进行转让。但是B集团对C公司的要求作出了反驳，其反驳理由是，该转让协议并没有得到国家商标局的认可，因此未能生效。并且，双方随后订立使用许可协议的行为可以终止该转让协议，因此，B集团主张自己没有义务再进行商标的转让。下面对主要法律问题进行分析。

一、商标转让合同成立并不一定导致商标转让成功的结果发生。

在这个问题上，我们需要明确，商标转让合同的成立与商标转让成功二者之间并没有必然的引起与被引起的关系，即商标转让合同生效并不必然导致商标转让的完成。除双方当事人意思表示一致以外，还需要结合我国法律对商标转让的规定，来判断一个商标的转让是否能够生效。在我国，商标的成功转让不仅需要双方当事人对商讨的

---

❶ 《合同法》第52条 有下列情形之一的，合同无效：
（一）一方以欺诈、胁迫的手段订立合同，损害国家利益；
（二）恶意串通，损害国家、集体或者第三人利益；
（三）以合法形式掩盖非法目的；
（四）损害社会公共利益；
（五）违反法律、行政法规的强制性规定。
❷ 《国家工商行政管理局商标局关于中外合资企业商标使用问题以及向外方转让商标问题的意见》
……为保护我国民族工商业的合法商标权益免遭损失，我们认为有必要提醒有关地方和部门，对于同外商合资共同使用商标问题以及转让商标问题，要认真研究，慎重处理。……请各地加强商标管理，注意引导企业保护驰名商标。

事项都表示同意，还需要当事人将商标的转让上报商标局，经过商标局的批准认可并进行核准公告才能够生效。由此可以看出，当事人之间的商标转让协议与实际上的商标转让是两个不同的概念，二者既相互联系又相互区别。其中最重要的区别就是，商标转让协议的成立以双方当事人达成合意为标准，而商标的成功转让必须经过商标局的批准以及核准公告。

具体到本案当中，在当时的情况下，我国商标局在《关于中外合资企业商标使用问题以及向外方转让商标问题的意见》中，对于民族工商业的合法商标权作出了特别批示，该批示主要是以保护本土的商标权为出发点，表示只要涉及跟外国企业合资共用商标或者是涉及商标转让问题，必须要认真研究、妥善处理，并要求各个地方加强对本土驰名商标的保护。而"某哈哈"这一商标在当时实际上已经属于"公众熟知商标"，因此"某哈哈"商标的转让没有得到商标局的批准许可。所以，尽管双方当事人意思表示一致，但由于商标局未予批准，该次商标转让是没有成功的。

二、"某哈哈"商标许可使用协议在效力上的界定。

问题一的分析中已经明晰，是商标局的未予批准导致了转让协议无效，"某哈哈"注册商标的转让目的无法实现。在这一结果的促使之下，B集团又在1999年与A合资企业订立了商标的许可使用协议，以代替商标的转让协议，在这份协议中，除仍然肯定B集团的商标所有权人身份以外，协议的其他内容、权利义务关系与之前的转让协议几乎没有差别，A合资企业在该协议中享有的实体性权益可以说是非常巨大且有利的，而B集团则不然，其除了承担其必须承担的维持商标的有效性这一义务之外，几乎没有享有任何其他有利于自身的实体性权益。因此，我们可以看出，这份使用许可协议"名为许可，实为转让"。

在问题一的论述当中，我们知道在当时为了维护民族商标，我国商标局已经完全表明了对于该问题的立场，就是坚决不同意把作为"公众熟知商标"的"某哈哈"商标转让给A合资企业。但是，该使用许可协议"名为转让，实为许可"，实际上该合资企业已经在目的上实现了对"某哈哈"商标的实际控制。显然，双方订立使用许可协议的行为完全符合《合同法》中所涉及的"以合法形式掩饰非法目的"的规定。基于以合法形式掩盖非法目的的合同从订立之日起就没有法律上的效力这一规定，本次的使用许可协议属于无效的合同，且自始无效。

【思考题】

一、现行的《中华人民共和国商标法》对于注册商标的转让是如何规定的，与当时有何不同？

二、请查阅相关资料并结合自己的认识，说明为什么在当时我国商标局要对民族注册商标进行特殊的保护？

案例三　法国某酒库公司诉某国际贸易公司商标侵权案

【基本案情】

本案件的原告为法国某酒库公司。某酒库公司主要从事法国葡萄酒以及烈酒的生产以及出口贸易，该公司于 1989 年在法国注册了一个名为"J. P. CHENET"的商标。紧接着，为了在中国这一广阔市场得到长足发展，某酒库公司将其"J. P. CHENET"的商标于 2011 年在我国进行了注册。为了方便其销售，某酒库公司授权我国境内的某朝公司在中国的境内成为其独家的经销商，独家销售某酒库公司"J. P. CHENET"品牌的葡萄酒。

本案件中的被告是某国际贸易公司。某国际贸易公司诞生于 2012 年，是一家主要经营业务为进出口贸易的公司。某国际贸易公司在 2012 年通过自身渠道从英国境内进口了"J. P. CHENET"品牌的三种葡萄酒，并且按照法律的相关规定依法办理了相关手续、向海关申报纳税。但在某国际贸易公司进口这批葡萄酒的过程中，某酒库公司提出了异议，认为这一进口行为已经构成了对其商标权的损害。

在案件审理过程中，被告某国际贸易公司辩称，从英国进口的这一批葡萄酒的确由某酒库公司生产，自己是从英国一家名为 CASTILLON 的公司处购买的，而 CASTILLON 公司卖给某国际贸易公司的这批葡萄酒则是从英国境内一家名为 AMPLEAWARD 的公司处购买的（该公司是某国际贸易公司的代理商）。某国际贸易公司详细提交了有关这批葡萄酒的销售合同以及贸易单证等相关的证明文件。这一过程较为复杂，事实上，这批涉案葡萄酒是某酒库公司投放在英国市场的"J. P. CHENET"牌葡萄酒，该品牌的葡萄酒在英国境内经英国国内的经销商分销后，出口到了我国市场，最终被某国际贸易公司进口，某国际贸易公司在进口的过程中依法履行了进口报关手续等义务，整个过程合法合规，不存在对某酒库公司商标权的侵权行为。

【主要法律问题】

一、"平行进口"行为是否侵权？

二、是否应当允许"平行进口"行为存在？

【主要法律依据】

一、2001 年《中华人民共和国商标法》（以下简称《商标法》）第 52 条[1]；

---

[1] 2001 年《商标法》第 52 条　有下列行为之一的，均属侵犯注册商标专用权：……（一）未经商标注册人的许可，在同一种商品或者类似商品上使用与其注册商标相同或者近似的商标的。

二、2009年《中华人民共和国专利法》（以下简称《专利法》）第11条❶、第69条。❷

【理论分析】

"力士香皂案""ANGE牌服装案"以及"米其林轮胎案"等，都属于商标领域的"平行进口"案件，可见商标领域的"平行进口"问题已经屡见不鲜。在2012年发生的本例案件，即某酒库公司诉某国际贸易公司商标侵权案，亦是商标领域"平行进口"案件的典型案例。

关于"平行进口"概念问题的界定，目前国际上众说纷纭，还没有形成统一的看法。但是，仅针对商标这一领域的"平行进口"概念，可以这样来描述：如果某一商品的商标已经在一个国家通过合法的途径注册成功并受到该国商标法保护，商标权人从而享有商标权利，且在这一商标权人通过自身行为或者授权他人的行为在商标注册国家已经开展制造或者销售其注册的商标权的产品的情况下，若有第三方没有经过商标权人的许可，从国外进口了与该注册商标具有相同商标的产品并在商标注册国销售，这种行为就被称为商标领域的"平行进口"。

一、"平行进口"行为是否侵权？

1. "平行进口"是否侵害某酒库公司的商标权。

在本案当中，因为原告某酒库公司提起的是侵犯商标专用权诉讼，因此法院的审判活动只能围绕"平行进口"行为是否对原告的商标专用权造成侵害展开，本案在审理过程中将2001年《商标法》第52条作为审判依据。

某酒库公司因其在中国销售商品的需求而注册的"J.P.CHENET"牌葡萄酒，不仅仅在中国境内进行销售，事实上也在英国境内进行销售。某朝公司是某酒库公司在中国的独家经销商，独家销售某酒库公司的"J.P.CHENET"牌葡萄酒。在这种情况下，某国际贸易公司在没有经过某酒库公司允许或者说在某酒库公司不知情的情况下，从英国进口其在英国销售的相同品牌的葡萄酒，是不是构成了对某酒库公司在中国的

---

❶ 2009年《专利法》第11条　发明和实用新型专利权被授予后，除本法另有规定的以外，任何单位或者个人未经专利权人许可，都不得实施其专利，即不得为生产经营目的制造、使用、许诺销售、销售、进口其专利产品，或者使用其专利方法以及使用、许诺销售、销售、进口依照该专利方法直接获得的产品。

❷ 2009年《专利法》第69条　有下列情形之一的，不视为侵犯专利权：

（一）专利产品或者依照专利方法直接获得的产品，由专利权人或者经其许可的单位、个人售出后，使用、许诺销售、销售、进口该产品的。

（二）在专利申请日前已经制造相同产品、使用相同方法或者已经作好制造、使用的必要准备，并且仅在原有范围内继续制造、使用的。

（三）临时通过中国领陆、领水、领空的外国运输工具，依照其所属国同中国签订的协议或者共同参加的国际条约，或者依照互惠原则，为运输工具自身需要而在其装置和设备中使用有关专利的。

（四）专为科学研究和实验而使用有关专利的。

（五）为提供行政审批所需要的信息，制造、使用、进口专利药品或者专利医疗器械的，以及专门为其制造、进口专利药品或者专利医疗器械的。

商标权的侵犯呢？这要从下面两个方面考虑。

（1）应考虑某国际贸易公司的行为是否构成了对商标标示来源功能的损害。需要明确的是，商标最初设立的基本目的就是要与其他商品进行区分，进而实现对商品或服务来源的明确识别，正是这种"可识别性"，使消费者能够明确区分诸多的商品与服务。某国际贸易公司在某酒库公司不知情的情况下从英国进口某酒库公司在英国销售的"J. P. CHENET"牌葡萄酒，该葡萄酒造型十分亮眼，非常具有辨识度，俗称"歪脖子——香奈"，酒瓶的设计来自一位玻璃雕刻大师之手，并具有这样一个传说：人们在喝醉酒的状态下，看很多东西都是歪的，同样也会把酒瓶看成歪的，雕刻大师由此作出了这样的设计。

一审法院认为，某国际贸易公司从英国境内进口的三种葡萄酒的生产者都是某酒库公司，并且这三种酒都是某酒库公司销售给其英国经销商的产品，这些产品的外形跟某酒库公司生产的"J. P. CHENET"牌葡萄酒的外形是一模一样的。此外，某国际贸易公司在进口该酒以及销售该酒的过程之中，没有对葡萄酒的包装作出任何的变动及修改。因此，可以认定，中国的消费者在购买"J. P. CHENET"牌葡萄酒时，不会对葡萄酒的生产商以及来源产生误解，因此并不会对商标标示来源功能的造成损害。对于一审法院的该观点，二审法院给予了肯定。

（2）应考虑某国际贸易公司的"平行进口"行为是否会降低商标承载的信誉程度。原告某酒库公司认为某国际贸易公司的"平行进口"行为必然会"抹黑"自身商标所承载的信用价值，降低市场信用度，理由如下。首先，为了有针对性地满足不同国家和地区的消费者的广大需求，某酒库公司对世界市场进行了严格的划分，其销售到中国境内的葡萄酒与销售到英国境内的葡萄酒在诸多方面（比如在品质、价格上）存在差异。考虑到运输距离对于葡萄酒口感的影响，某酒库公司在其销往中国境内的葡萄酒中添加了一些成分以便于长时间运输，而在其销售到英国境内的葡萄酒当中则没有添加这些成分。因此，某国际贸易公司从英国境内进口葡萄酒并销往中国时，由于葡萄酒经过了长时间的运输且没有添加独特成分，很大可能会产生结晶的现象。其次，某酒库公司销售到中国境内的葡萄酒品质较好、档次较高，而销售到英国境内的葡萄酒相对来说档次较低，二者存在较大的品质差异。

针对第一点中运输距离可能导致的结晶现象的问题。如果该现象确实存在，会使葡萄酒的品质产生实质性的差异，且使消费者基于此原因对该葡萄酒的评价降低，进而影响该品牌葡萄酒在中国消费者心目中的形象，那么应当认为某国际贸易公司的"平行进口"行为会对商标所承载的信誉形成"污点"。在此，我们可以举一个牙膏平行进口的案例：通常牙膏中的研磨剂有很多种类，这些成分的调配会因地域的不同出现很大差异。一家跨国的牙膏公司在生产牙膏之前，往往会对目标国的消费者的喜好进行充分调查，以调配适应消费者喜好的牙膏。在这一情况下，如果一个牙膏进口商将B国生产的牙膏平行进口到A国去销售，而A国的消费者又恰好很抵触这种配方，那么毫无疑问，这一"平行进口"行为将会对该牙膏公司在A国的信誉造成不良影响，甚至会对商标权人的利益造成直接损害。[1]但具体到本案当中，某酒库公司无法提供某国际贸易公司"平行进口"行为影响自身信誉的具体证据，所以该项主张并不成立。

针对第二点某酒库公司的市场划分问题。某酒库公司虽然声称其销售到中国地区的葡萄酒是品质高端的葡萄酒，但该品牌的葡萄酒实际上包括各种等级，某酒库公司自身也无法充分说明其销售到中国地区的葡萄酒全都是品质优良的产品，因此，该项主张在二审判决中也没有得到支持。由于本案中涉及的三种葡萄酒都是某酒库公司生产的用于日常生活的餐酒，这就意味着中国消费者对印有"I. P. CHENET"商标的葡萄酒产品的期待值或依赖程度并不会因为这种"平行进口"行为而受到影响，因此某酒库公司通过其中国独家经销商直接在中国销售的葡萄酒与某国际贸易公司从英国进口后在中国销售的葡萄酒在等级以及品质上并没有存在"重大差异"。另外，不论品质与等级如何，该葡萄酒都是某酒库公司生产的，其商标所承载的价值体现在每一瓶酒当中，是不分品种及等级的，因此，不能仅仅因为品质跟等级不同就认为某国际贸易公司对其商标信誉造成了侵害。

2. "平行进口"是否侵害进口权。

某酒库公司指出，该公司已经与位于英国境内的经销商 AMPLEAWARD 公司在合同中明确约定："J. P. CHENET"品牌的葡萄酒只能在英国境内进行销售。某酒库公司的这一主张不能成立，原因有以下两点。

第一，某酒库公司认为在本案涉及的葡萄酒的瓶身上出现了一个英国网站的网址，并据此认为该品牌葡萄酒只能在英国境内进行销售。这样的理由显然是不充分的，并且某酒库公司也没有提交任何与此有关的证据，因此证据不充分，法院对该主张不予支持。

第二，即使相关协议存在，协议约束的对象也仅仅是订立协议的主体。而该项协议是某酒库公司与 AMPLEAWARD 公司订立的，是二者达成合意的成果，只对二者具有约束力，不约束任何第三方。本案中将该品牌葡萄酒出口给某国际贸易公司的是协议之外的另外一家英国公司 CASTILLON，而 AMPLEAWARD 公司将该品牌葡萄酒销售给同在英国境内的 CASTILLON 公司的行为完全是符合协议要求的。因此，某酒库公司虽然可以对 AMPLEAWARD 公司销售葡萄酒的范围进行限制，但某酒库公司不能约束也无权约束 CASTILLON 公司在购买葡萄酒之后的销售行为，因为 CASTILLON 公司并不是协议的主体。

3. "平行进口权"是否侵害国内独家经销商权。

在这一案件中，某酒库公司指出，某国际贸易公司的"平行进口"行为会对自己在中国境内的独家经销商某朝公司的合法利益造成损害。确实，这一问题是绝大多数

---

[1] 严桂珍. 论我国对商标平行进口的法律对策——兼评长沙 MICHELIN 牌轮胎平行进口案［J］. 同济大学学报（社会科学版），2012（3）：119-122.

"平行进口"案件的利益冲突点,但某酒库公司需要认识到的是,在本案中某朝公司并不是案件的原告即不是起诉人,因此,法院以某朝公司并不是本案件的当事人为由驳回了这一主张。但是,我们可以设想一下,如果在本案中,某朝公司作为某酒库公司在中国的独家经销商参与了起诉,那么审判结果就会不同。此处涉及"地域性原则",指的是在不同国家法律基础上产生的知识产权相互独立,与其他国家的法律没有必然联系。❶ 若未经过一个国家国内知识产权权利人或者其授权的主体的许可,就进口与其知识产权产品具有相关度的产品,很大概率会产生两个问题。

第一,商标权利人很有可能会对其享有专利权的产品进行细微调整以更好地适应全球市场,但仍然使用相同的商标。如果不对"平行进口"的行为加以阻止,那么商标所承载的信誉将会因为进口的产品不适合目标国而遭受损害。

第二,从国内独家经销商的立场出发,独家经销商为了使产品打开市场获得较高的关注程度,必然耗费了大量的人力物力,而在独家经销商费尽心思终于使产品有了知名度以后,此时若有平行进口商利用已经成型的平台为自身利益进行销售,显然带有不公平竞争的性质。但是,要注意的是,在本案中,某国际贸易公司进口"J. P. CHENET"商标的葡萄酒的目的并非商业利益,而是答谢好友及同行,并且该批葡萄酒在海关就已经被扣押了,没有产生事实上的销售行为。

结合以上内容,二审法院判定:某酒库公司所持的通过两种不同途径到中国境内的葡萄酒存在"实质性差异"观点过于牵强,并且某国际贸易公司的"平行进口"行为达不到致使消费者混淆的程度,因此,某酒库公司商标所承载的信誉并没有受到损害,故商标侵权主张不成立。

二、是否应当允许"平行进口"行为存在?

"平行进口"这一问题,不仅仅关系利益双方的诉求,也与知识产权的权利主体的利益息息相关,甚至与一个国家的贸易利益挂钩。近年来,由于"平行进口"行为触及知识产权保护的利益中心,还牵涉国际货物贸易的内容,因此受到的关注倍增,不仅吸引了法律界及商界众多人士的关注,甚至各国政府也对此给予了关切的目光。提高对"平行进口"行为的限制已经成为世界知识产权保护领域的新趋势、新热点。随着近年来我国经济活力的不断展现,要想对"平行进口"行为进行完全的限制是不可能的,也是不符合实际的,应当在有条件允许"平行进口"行为的基础之上,同步对保护商标权利人以及消费者合法权益的法律进行完善,即有例外地允许"平行进口"的行为是比较合理和可行的。

从"商标平行进口"的定义我们可以看出,通过"平行进口"流入市场的商品实质上与国内的商标权利人具有某种程度的联系,该商品并不是假冒伪劣产品,我们可以称之为"国外的低价真品",因此,有关是否应当允许"平行进口"存在争论。按照一般的观点,从知识产权的视角来看,知识产权的权利人对于"平行进口"

---

❶ 孙颖. 平行进口与知识产权保护之冲突及其法律调控 [J]. 政法论坛(中国政法大学学报),1999 (3):62.

是持反对态度的，他们认为这种行为会对已经调整、划分好的市场造成恶劣影响，另外，这种行为也会对国内经销商（尤其是独家经销商）的既得利益造成冲击，使其利益受损。然而，那些提倡贸易自由的国家对于"平行进口"则是持一种包容的开放态度。❶

就本案来说，原告是因商标侵权提起的诉讼，因此，有关商标领域"平行进口"问题所涉及的各方主体的利益关系的调整并没有得到有效、充分的解决，另外，有关"平行进口"行为对商标权利人以及国内经销商（特别是独家经销商）带来经营损失这一问题，不在《商标法》的调整范围之内。

其实，商标领域的"平行进口"问题在我国出现的概率相对而言是比较小的，因为这种行为多发生在物价较高的国家，这是因为在相同的产品从物价较低的国家出口到物价较高的国家这一过程之中，会产生较大的利益，这就为物价较高一方国家的经销商从国外进口商品至国内进行销售提供了动机。而我国在现在这一发展阶段来说，物价水平相对而言还是比较低的，因此这一现象并不常见，相关的法律规范也较少。在我国现有的法律体系当中，有且仅有修订后的《专利法》在一定程度上对专利产品的"平行进口"行为作出了限制。

就我国现下情况而言，鼓励"平行进口"有利于对外贸易的开展，在相关的知识产权配套水平没有达到国际标准的情况下，一味地对知识产权权利人的利益进行保护，很有可能会在国际贸易中造成巨大损失，带来成本大于收益的结果。❷从国际上来看，如若允许国际上的"平行进口"行为，那么也相当于间接地有利于我国的"平行出口"。当然，这只是基于我国当前经济、法律水平所作出的短期考量，未来如何仍需仔细研究。

【思考题】

一、你认为某酒库公司诉某国际贸易公司商标侵权败诉最根本的原因是什么？

二、如何看待"平行进口"现象？谈谈你的看法。

三、为什么发达国家倾向制止"平行进口"的行为，认为其会损害知识产权所有人的利益？你是否同意这样的看法？

---

❶ 韩学志. 贸易自由化下商标平行进口中的法律问题 [J]. 法律适用, 2008（9）: 95.
❷ 林珏, 王缙凌. 世界知识产权保护动向与中国自贸试验区知识产权管理体制创新 [J]. 海关与经贸研究, 2015（3）: 7.

第三节 国际投资法

案例一 中国电器设备厂与日本公司共同成立合资企业案

【基本案情】

位于中国的一个主要经营范围为家用电器的电器设备厂准备与位于日本的一家日本公司共同投资建立一个家电公司。该合资企业的投资总金额一共是1000万美元，实际的注册资本是400万美元。双方在协议中约定，日本公司以自己的技术出资，经过专业技术的评估，该技术价值90万美元；中国公司以金钱、场地以及作为公司办公所用的不动产出资，经评估价值为310万美元。之后二者根据此协定订立了一份有关技术转让的协议，协议约定：如果没有经过日本公司的同意，那么合资企业生产的电器就不能在东亚地区销售，而且每年主要依靠日本技术生产出来的电视机不能超过2000台，技术转让协议的有效期是3年，届时中国公司不能再继续使用日本公司的技术；中国公司如果想对日本公司的技术进行调整或改进，必须告知日本一方而且是无条件地告知；在生产电器过程中所用到的材料等必需物品能在日本购买的必须要在日本购买。在投资过程中，日本一方担心其中的风险太大会影响到自身利益，于是在日本本土购买了财产保险。经过一段时间的经营，日本一方发现效果不错，于是在没有经过中国董事会的同意的情况下，以到会半数以上的董事同意为理由，增加了出资。双方在合资建立企业的协议中约定，如果双方对合同的章程或者解释存在任何分歧，可以申请仲裁，约定仲裁地点为中国国际经济贸易仲裁委员会，并用该仲裁委员会的规则进行仲裁，在仲裁过程中适用中国法律，或者由日本商事仲裁协会采用日本法律仲裁。

【主要法律问题】

一、中日双方订立的技术转让协议是否有效？

二、该合资企业在设立的过程之中有哪些不妥当之处？

三、经董事会通过的日本一方的增资决议是否有效？

四、合资协议之中约定的仲裁条款是否有效？争议应当适用哪个国家的法律？

【主要法律依据】

一、《中外合资经营企业法》（已废止）第 4 条❶、第 9 条第 4 款❷；

二、《中外合资经营企业法实施条例》（已废止）第 12 条❸、第 33 条❹、第 43 条❺、第 98 条❻。

【理论分析】

一、在本案中，中国公司与日本公司订立的技术转让协议是无效的。

首先，我们要先明晰什么是技术转让协议。技术转让协议是指技术转让方与技术受让方订立的，由转让方将技术的使用权或所有权交给技术受让方，并收取一定费用的协议。在我国，《中外合资企业法实施条例》第 43 条对合营企业作为主体签订的技术转让协议是否有效提供了参考标准。其中最主要的一个标准就是要经过审批机构的核准，但是在该案件中，中日双方订立的技术转让协议没有经过有关机构的批准，所以应认定无效。其次，双方关于能够在日本购买的原材料一定要在日本购买、没有经过日方同意不能在东亚地区进行买卖活动、对使用日本技术的电视机的数量进行限定、中方在协议到期之后就不能使用日方提供的技术、中方要想对日本的技术进行改变必须要告诉日本一方等约定，都体现了中方公司与日方公司的条件不对等，显然违反

---

❶ 《中外合资经营企业法》第 4 条 合营企业的形式为有限责任公司。在合营企业的注册资本中，外国合营者的投资比例一般不低于百分之二十五。合营各方按注册资本比例分享利润和分担风险及亏损。合营者的注册资本如果转让必须经合营各方同意。

❷ 《中外合资经营企业法》第 9 条第 4 款 合营企业的各项保险应向中国境内的保险公司投保。

❸ 《中外合资经营企业法实施条例》第 12 条 合营企业合同的订立、效力、解释、执行及其争议的解决，均应当适用中国的法律。

❹ 《中外合资经营企业法实施条例》第 33 条 下列事项由出席董事会会议的董事一致通过方可作出决议：

（一）合营企业章程的修改；

（二）合营企业的中止、解散；

（三）合营企业注册资本的增加、减少；

（四）合营企业的合并、分立。

其他事项，可以根据合营企业章程载明的议事规则作出决议。

❺ 《中外合资经营企业法实施条例》第 43 条 合营企业订立的技术转让协议，应当报审批机构批准。技术转让协议必须符合下列规定：

（一）技术使用费应当公平合理。

（二）除双方另有协议外，技术输出方不得限制技术输入方出口其产品的地区、数量和价格。

（三）技术转让协议的期限一般不超过 10 年。

（四）技术转让协议期满后，技术输入方有权继续使用该项技术。

（五）订立技术转让协议双方，相互交换改进技术的条件应当对等。

（六）技术输入方有权按自己认为合适的来源购买需要的机器设备、零部件和原材料。

（七）不得含有为中国的法律、法规所禁止的不合理的限制性条款。

❻ 《中外合资经营企业法实施条例》第 98 条 合营各方根据有关仲裁的书面协议，可以在中国的仲裁机构进行仲裁，也可以在其他仲裁机构仲裁。

《中外合资企业法实施条例》第43条的规定，因此该协议无效。

二、该合资企业在设立的过程中有三处不甚妥当。

第一，就日本一方的出资而言是不符合规定的。我国的相关法律要求，如果中外双方合资经营的公司是一个有限责任公司，那么在这个合营企业的注册资本当中，外国投资者投资的比例不能够低于25%。而在这个案件中，虽然日方以技术出资，但是该技术经过专业评估的价值为90万美元，在整个注册资本400万美元中的比重达不到25%。

第二，该合资公司的注册资本为400万美元，这与投资总额的比例要求是不相符合的。我国相关的法律规定，如果一个合资企业的投资总额超过1000万美元但是又没有超过3000万美元，那么这个合资企业的注册资本至少应该占到投资总额的五分之二。如果一个合资企业的投资总额没有超过1250万美元，那么这个企业的最低的注册资本应是500万美元。在本案中，该中日合资企业的投资总额度是1000万美元，按照上述标准，其注册资本至少应该是500万美元，而不是400万美元，因此注册资本的数目是不符合规定的。

第三，日本公司在日本投财产保险的行为是不符合规定的。按照我国的法律，中外合资企业的一切保险都应该在我国的境内进行投保，因此，日本公司应当选择我国的保险公司投保，而不是选择日本保险公司。

三、经董事会通过的日本一方的增资决议是无效的。

按照我国有关法律的规定，有关合资企业的出资变动的问题，包括增加投资或者减少投资，都应经过董事会的全体同意。而在本案中，中国一方的董事会根本没有参加这项决议，这就决定了该项增资决议不可能发生效力。此外，日本一方因到会董事半数以上同意即要求增加投资是不符合程序的，因为增资要求的是全体董事都要同意，而不是以一半以上人数作为标准。

四、中日双方在协议中约定的仲裁条款是有效的，如果二者产生争议应该使用中国的法律。

我国相关法律规定，合营企业的双方订立的有关仲裁的协议，既可以选择在中国的仲裁机构进行仲裁，也可以选择其他仲裁机构进行仲裁。所以，具体到这个案件当中，中日双方选择在日本或者中国仲裁都是没有问题的。对于适用法律的问题，我国法律规定在我国境内设立的中外合资企业，在投资双方发生争议时，应选择中国的法律进行解决。

【思考题】

一、我国的企业在与其他国家的企业共同投资设立企业时，应当注意哪些法律上的问题以维护自己的权利？

二、遇到涉及技术转让的问题时，我们应当从哪些角度对技术转让协议进行分析、理解？

三、在双方共同出资设立企业的过程中，可以以哪些方式进行出资？

案例二 麦森尼公司诉美国违反《北美自由贸易协定》（NAFTA）投资国民待遇案[1]

【基本案情】

麦森尼公司诉美国违反 NAFTA 投资国民待遇案是一个比较具有代表性的保护投资者权益和维护东道国环境、健康和安全管制措施的案例。麦森尼公司是一个生产、运输和销售甲醇的公司，在加拿大、美国等国都有分支机构，其中在美国拥有几家公司的投资股权。甲醇生产使用的材料——甲基叔丁基醚（简称 MTBE）是一种汽油添加物，会使废气排放量增加，未完全燃烧的部分还会造成地下水污染，进而危害人体健康、安全和环境。后美国加利福尼亚州供水系统检测出水中存在 MTBE。1999 年 3 月，美国加利福尼亚州州长戴维斯签署禁止使用制造甲醇所用材料的法令。麦森尼公司认为，水中存在 MTBE 是美国国内环境法包括美国清洁水法案本身的规制没有产生应有的效力以及没有有效执行的原因，而非由其生产甲醇使用 MTBE 未完全燃烧造成的。因不服加利福尼亚州颁布的禁令，1999 年 12 月，麦森尼公司提请设立仲裁机构，指控美国违反了《北美自由贸易协定》规定的国民待遇条款，请求裁判美国政府赔偿 9.7 亿美元。美国政府对于仲裁庭的管辖权和麦森尼公司的指控都提出了异议，认为仲裁庭没有管辖权，麦森尼公司的指控不成立。仲裁庭经过五年多的仲裁审理，对本案件的争议焦点作出了裁判。

就美国违反 NAFTA 国民待遇原则的指控，麦森尼公司主张借鉴 GATT 中对"相似产品"的广义解释，认为"在相似情况下"给予外国投资者及其投资以国民待遇就是指对包括乙醇在内的、与甲醇存在竞争的产品给予高于甲醇的待遇。仲裁庭认为，美国国内与加拿大一样存在很多生产和销售甲醇的企业，所以在本案中不应比较对甲醇和对乙醇的不同处理方式，而应该比较与麦森尼公司情况"一致"的美国国内的甲醇生产商和销售商，加利福尼亚州的法律同样适用于美国国内的甲醇生产商和销售商，因此此案中不存在对美国国内投资者及其投资提供优惠而歧视外国投资者及其投资的情况。另外，仲裁庭认为，从 NAFTA 的谈判过程和条款表述来看，缔约国并不认可把国际贸易法中的"相似产品"的概念运用到国际投资法之中，所以国际投资法中的"在相似情况下"不同于国际贸易法中的"相似产品"，也不能像国际贸易法那样进行"具有竞争关系的产品"的广泛解释。因此，美国禁止使用制造甲醇所用材料的法令不违反 NAFTA 第 1102 条国民待遇条款。

---

[1] 韦经建，王彦志. 国际经济法案例教程 [M]. 北京：科学出版社，2011：152-154.

【主要法律问题】

一、如何理解投资协定（NAFTA）与货物贸易协定（GATT）中的国民待遇的区别？投资协定与货物贸易协定中的国民待遇在解释上是否可以直接借用？

二、美国加利福尼亚州颁布的禁止使用制造甲醇所用材料的法令是否违反 NAFTA 第 1102 条有关国民待遇的规定？

【主要法律依据】

NAFTA 第 1102.1 条❶、第 1102.2 条❷。

【理论分析】

一、如何理解投资协定与货物贸易协定中的国民待遇的区别？投资协定与货物贸易协定中的国民待遇在解释上是否可以直接借用？

国民待遇原则是投资协定中的重要原则，同时也是货物贸易协定中的重要原则，货物贸易协定中的国民待遇原则可参考《关税及贸易总协定》中的规定。投资协定中的国民待遇原则与货物贸易协定中的国民待遇原则的区别主要在于：投资协定中的国民待遇原则参考标准为"在相似情况下"，适用于与投资者及其投资相关的规则；货物贸易协定中参考的标准是"相似产品"，适用于与货物贸易有关的税费规定。二者虽然都是以"相似"为基础，但是使用的领域不同，是不能简单地画等号的，原因在于，在货物贸易协定中，"相似产品"一般情况下会被理解或者解释为相同产品、可替代产品和有直接竞争关系的产品，理解或解释时会参考产品的市场用途、产品的特性、所应缴纳的税费、消费者喜好等方面的因素；投资协定中的"在相似情况下"的解释更为复杂，因为每个国家或地区的投资环境是不同的，投资偏好也会因地理、政治、宗教、经济、生态环境、科技等方面的因素而改变，因此货物贸易协定中的国民待遇原则和投资协定中的国民待遇原则不能互相借用。

二、美国加利福尼亚州颁布的禁止使用制造甲醇所用材料的法令是否违反 NAFTA 第 1102 条有关国民待遇的规定？

此案中，美国认为麦森尼公司将货物贸易协定中的"相似产品"与投资协定中的"在相似情况下"画等号是不合理的。此案适用的国民待遇原则必须是投资协定中的国民待遇原则，所以案件主要解决的问题应当是，与美国国内的甲醇生产商相比，麦尼森公司作为一个外国的甲醇生产商是否享受到了投资协定中规定的国民待遇原则？仲裁庭认为，美国加利福尼亚州颁布的禁止法案没有就 MTBE 的使用在外国甲醇生产商

---

❶ NAFTA 第 1102.1 条　每一缔约方在相似情形下应赋予缔约他方投资者在投资的建立、取得、扩展、管理、经营、运作、销售以及其他处置方面以不低于其所赋予本国投资者的待遇。

❷ NAFTA 第 1102.2 条　每一缔约方在相似情形下应赋予缔约他方投资者的投资在投资的建立、取得、扩展、管理、经营、运作、销售以及其他处置方面以不低于其所赋予本国投资者投资的待遇。

和国内甲醇生产商之间形成不合理的差别歧视。仲裁庭还认为，即使适用货物贸易协定中的国民待遇原则的参考标准来考虑甲醇与乙醇是否属于"相似产品"，NAFTA 的相关条款对货物贸易协定和投资协定中的国民待遇原则的表述也是不同的。在货物贸易范围内，NAFTA 规定了相同产品、可替代产品和有直接竞争关系产品为"相似产品"，本案应当参考的是投资领域的标准，从这一层面看，美国加利福尼亚州颁布的禁止法令并没有对包括麦尼森公司在内的外国甲醇生产商有不合理的差别待遇，即不存在不合理的歧视。因此，加利福尼亚州颁布的禁令没有违反 NAFTA 第 1102 条有关国民待遇的规定。

【思考题】

NAFTA 与《美墨加协定》（USMCA）之间有何联系？

案例三　TT 公司诉乌克兰政府案

【基本案情】

TT 公司是一家依照立陶宛法律设立的立陶宛公司，主营业务为广告、出版和印刷，主要在立陶宛境外开展业务活动。为了扩大营业，该公司于 1994 年根据乌克兰法律设立了一家全资子公司 TS 公司，这一全资子公司的经营业务与 TT 公司一致，主要在乌克兰境内开展业务活动。TT 公司在 1994 年对 TS 公司投资 17 万美元，主要用于 TS 公司基础设施建设和基础办公用具购置。在 TS 公司开始营业并产生利润之后，TT 公司继续将这部分利润用于投资 TS 公司以及购置其他必要设备。TT 公司在申请仲裁时称，1994 年至 2002 年间，TT 公司向 TS 公司投资累计超过 650 万美元，但乌克兰政府对 TS 公司采取了一系列不合理行为，包括以查税为由进行强制性调查、以不正当理由在乌克兰法院起诉 TS 公司、以不正当理由扣押 TS 公司财产和相关文件资料、以虚假理由诬告 TS 公司从事违法活动等，这一系列行动严重违反了《乌克兰—立陶宛双边投资条约》，给 TS 公司的正常业务活动和 TT 公司的投资造成极大损失，而这些行动的根源在于 TT 公司在 2002 年出版了一本正面赞扬乌克兰反对派领袖人物尤利娅·季莫申科的书籍。为了解决争端，TT 公司作出了多方努力，包括向乌克兰政府申诉、对行动人员进行投诉等，但效果并不显著，争端仍未得到解决。TT 公司和 TS 公司不得已向国际投资争端解决中心（以下简称 ICSID）提请仲裁，而不久之后，乌克兰政府提出了管辖权异议。经过综合考量，ICSID 及其仲裁庭驳回了乌克兰政府提出的管辖权异议，确认 ICSID 对该案具有管辖权。

【主要法律问题】

一、TT 公司是立陶宛公司还是乌克兰公司？

二、TT 公司在乌克兰的投资行为是否遵守了乌克兰的相关法律法规？

三、ICSID 对该案件是否具有管辖权，双方当事人能否将争端提交至 ICSID？

【主要法律依据】

一、《关于解决国家和他国国民之间投资争端公约》（以下简称 ICSID 公约）第 25 条❶；

二、《乌克兰—立陶宛双边投资条约》第 1 条❷。

---

❶ ICSID Convention Article 25

(1) The jurisdiction of the Centre shall extend to any legal dispute arising directly out of an investment, between a Contracting State (or any constituent subdivision or agency of a Contracting State designated to the Centre by that State) and a national of another Contracting State, which the parties to the dispute consent in writing to submit to the Centre. When the parties have given their consent, no party may withdraw its consent unilaterally.

(2) National of another Contracting State means: (a) any natural person who had the nationality of a Contracting State other than the State party to the dispute on the date on which the parties consented to submit such dispute to conciliation or arbitration as well as on the date on which the request was registered pursuant to paragraph (3) of Article 28 or paragraph (3) of Article 36, but does not include any person who on either date also had the nationality of the Contracting State party to the dispute; and (b) any juridical person which had the nationality of a Contracting State other than the State party to the dispute on the date on which the parties consented to submit such dispute to conciliation or arbitration and any juridical person which had the nationality of the Contracting State party to the dispute on that date and which, because of foreign control, the parties have agreed should be treated as a national of another Contracting State for the purposes of this Convention;

(3) Consent by a constituent subdivision or agency of a Contracting State shall require the approval of that State unless that State notifies the Centre that no such approval is required;

(4) Any Contracting State may, at the time of ratification, acceptance or approval of this Convention or at any time thereafter, notify the Centre of the class or classes of disputes which it would or would not consider submitting to the jurisdiction of the Centre. The Secretary General shall forthwith transmit such notification to all Contracting States. Such notification shall not constitute the consent required byparagraph (1).

❷ Ukraine-Lithuania BIT ARTICLE 1 DEFINITIONS: For the purposes of this Agreement

The term "investment" shall comprise every kind of asset invested by an investor of the Contracting Party in the territory of the other Contracting Party in accordance with the laws and regulations of the latter and shall include, in particular, though not exclusively:

movable and immovable property as well as any other property rights such asmortgageliens, pledges, and similar rights;

shares, stocks and debentures of companies or any other form of participation in a company;

claims to money or to any performance having an economic value;

intellectual property rights, including copyrights, trade and service marks, patents, industrial designs, technical processes, know-how trade secrets, trade names and goodwill;

any right conferred by law or under contract and any licenses and permits pursuant to law including the concessions to search for, extract, cultivate or exploit natural resources.

Any alternation of the form in which assets are invested shall not affect their character as investment provided that such an alteration is made in accordance with the laws of the contracting Party in the territory of which the investment has been made.

【理论分析】

一、TT 公司是立陶宛公司还是乌克兰公司？

根据基本案情部分的描述，仲裁申请人 TT 公司是一家立陶宛公司，而乌克兰政府认为，TT 公司 99% 股权的持有人是具有乌克兰国籍的人，并且 TT 公司的管理层员工中有三分之二是乌克兰人，所以 TT 公司不是立陶宛公司，而是乌克兰公司，因此该案件实际上是乌克兰国内的法人与乌克兰政府之间的争端，由 ICSID 管辖会与 ICSID 的规定相悖。为了避免出现这样的情况，乌克兰政府要求仲裁庭"刺破公司面纱"，根据实际控制人的国籍确定 TT 公司的国籍。也就是说，乌克兰政府要求仲裁庭将 TT 公司认定为乌克兰法人，将案件交由乌克兰国内的相关部门解决。ICSID 公约中并没有关于确定法律实体国籍的相关规定，这一问题由缔约国决定。《乌克兰—立陶宛双边投资条约》第 1 条第 2 款（b）项规定，条约所说的投资者是指根据立陶宛法律法规规定，并在立陶宛境内成立的任何机构。根据这一规定，可以确定 TT 公司属于立陶宛公司，立陶宛政府也对 TT 公司的立陶宛国籍作出了明确的回复，确定 TT 公司属于立陶宛法律实体。除此之外，即便《乌克兰—立陶宛双边投资条约》没有对投资者下定义，根据普遍接受的规则，法人的国籍也应为其注册地或者所在地，而非以实际控制人国籍作为法人的国籍。因此，不管从哪个层面解释，TT 公司都应当属于立陶宛公司，而不属于乌克兰的法律实体。

二、TT 公司在乌克兰的投资行为是否遵守了乌克兰的相关法律法规？

乌克兰政府认为，即使认定 TT 公司是立陶宛公司，TT 公司在乌克兰的投资也是不符合乌克兰法律规定的，因为 TT 公司没有充足的证据证明其有能力以全资的方式设立 TS 公司，也没有足够的证据证明其对 TS 公司的投资来自境外。《乌克兰—立陶宛双边投资条约》对于"投资"有规定，仲裁庭将该双边条约中的"投资"解释为：一缔约方的投资者投入资金或其他努力，意图在另一缔约方领土内获得利润的各种资产。在这一解释下，TT 公司必须有确切的证据证明其在乌克兰领土内进行了投资。事实上，TT 公司也确实提供了有乌克兰政府公章的 23 份外国投资付款信息通知单副本，通知单显示，1994 年至 2002 年期间，TT 公司对 TS 公司累计投资超过 650 万美元。根据两国

（接上注）

Investor means：

（a）in respect of the Republic of Lithuania：—natural persons who are nationals of the Republic of Lithuania laws；—any entity established in the territory of the Republic of Lithuania in conformity with its laws and regulations；

（b）in respect of Ukraine：—natural person who are nationals of the Ukraine according to Ukrainian laws；—any entity established in the territory of the Ukraine in conformity with its laws and regulations；

（c）in respect of either Contracting Party -any entity or organizationestrblished under the law of any third State which is, directly or indirectly, controlled by nationals of that Contracting Party or by entities having their seat in the territory of that Contracting Party；it being understood that control requires a substantial part in the ownership.

法条来自曾文革、陈咏梅主编的《国际经济法案例教程（双语）》国际投资法部分 Case1 二维码拓展阅读。

签订的双边投资条约，仲裁庭认为 TS 公司的设立资本属于 TT 公司，也即 TS 公司的设立资本确实来自乌克兰境外。乌克兰政府则否认 TS 公司设立程序的合法性，同时以 TT 公司和 TS 公司出具的证据未经过公证为由否认其有效性。仲裁庭经过审理后，明确了 TT 公司的投资行为符合跨境投资的定义和特征，属于乌、立两国双边投资条约中规定的投资行为，并且根据 TT 公司和 TS 公司提供的证据（包括乌克兰政府作出的 TS 公司设立许可证和带有乌克兰政府相关部门公章的付款信息通知单），认定 TT 公司提供的相关证据的有效性以及 TS 公司设立程序的合法性。综上，TT 公司在乌克兰的投资行为遵守了乌克兰的相关法律法规。

三、ICSID 对该案件是否具有管辖权，双方当事人能否将争端提交至 ICSID？

ICSID 第 25 条第 1 款规定，ICSID 对直接由投资引起的争端具有管辖权，因此要分析 ICSID 对该案件是否有管辖权就应当先分析该案件是否直接由投资引起，也就是说要看双方争端与投资是否"合理地密切相关"。

乌克兰政府认为双方的争端并不是直接由投资引起的，原因是乌克兰政府采取的行动不是针对 TS 公司的有形资产。仲裁庭审理认为乌克兰政府对"直接"的含义理解存在偏差。仲裁庭解释，只要争端是由投资行为（包括投资本身和投资运作）引起的，就属于由投资直接引起，而不是只针对有形资产。本案件中乌克兰政府采取的一系列行动都与 TS 公司的经营业务有直接关系，因此可以认定这一争端是直接由投资引起的。

根据 ICSID 第 25 条第 1 款的规定，ICSID 管辖的条件之一是争端当事方书面同意将争端提交至 ICSID。在乌、立双方签订双边投资条约中，有投资者可以将争端提交 ICSID 进行仲裁的规定，因此可以视为乌克兰和立陶宛都有将争端提交至 ICSID 管辖的书面同意。但是乌克兰政府辩称 TT 公司和 TS 公司的书面同意是有瑕疵的，因为 TT 公司和 TS 公司没有在 ICSID 程序启动之前作出书面同意，也没有将书面同意书邮寄给自己。仲裁庭则表明，书面同意书不必在 ICSID 程序启动之前作出，也没有规定书面同意书必须邮寄给对方当事人，因此双方当事人均有权将争端提交至 ICSID。

【思考题】

一、ICSID 行使管辖权需要具备哪些条件？
二、确定自然人和法人的国籍分别有哪些标准？

案例四 谢某诉秘鲁共和国案

【基本案情】

谢某是一名中国公民，他于 2006 年对秘鲁共和国（以下简称秘鲁）提起仲裁，声称其违反了中国和秘鲁签订的双边投资协定，影响了他对 TSG 公司的投资。TSG 公司是一家秘鲁公司，其主要业务是为亚洲市场采购和出口鱼粉。谢某作为持有 TSG 公司

90%的间接股东，投资了40万美元。

TSG公司于2002年开始运营，并于2002年至2004年成为秘鲁境内12个最大的鱼粉出口商之一，年销售额超过2000万美元。TSG公司的商业模式系与渔船签订采购鱼粉原材料的合同，同时对渔船提供融资。这些鱼粉原料由渔船直接运送到第三方加工厂，TSG公司与第三方加工厂签订生产鱼粉的合同，成品鱼粉在准备出口之前一直存放在第三方加工厂，TSG公司从未直接处理任何产品，其主要工作是协调和提供资金融资。TSG公司在该行业的比较优势包括从谢某的个人关系网络中获得融资。虽然TSG公司没有从秘鲁银行获得融资，但它会利用秘鲁银行进行交易，例如，接受国外贷款、执行国外买方的信用证，并跟踪其付款、成本和应收账款。

2004年，秘鲁税务局开始对TSG公司进行审计，TSG公司予以配合。该次审计属于例行审计，对TSG公司进行审计的原因是该公司在两年前向秘鲁税务局申请销售税的部分退税。通过审计，秘鲁税务局得出结论，TSG公司的账簿没有充分反映在鱼粉生产过程中所使用的原材料价值。因此，根据秘鲁税法，秘鲁税务局在分析中使用了"推定基数"方法，而不是基于TSG公司的账簿和记录进行分析。根据"推定基数"，秘鲁税务局得出结论，认为TSG公司低报了销售额，于是于2005年向TSG公司征收了共计约1000万索尔的税款和罚款。

审计后不久，秘鲁税务局还采取了临时措施，扣押了TSG公司的部分财产并指示所有秘鲁银行冻结与TSG公司交易的资金。秘鲁法律允许秘鲁税务局在纳税人不合作（例如，未披露重要信息）的情况下或因其他原因未能收到税款时采取临时措施，以确保获得税款。秘鲁税务局审计师为支持临时措施请求而编制的报告中表明请求采取临时措施是基于TSG公司的"非正常行为"。但是，该报告中唯一引用的行为是秘鲁税务局认定TSG公司的账簿未能准确反映公司的总销售额。随后，秘鲁税务局审计师提交了第二份报告，该报告请求采取临时措施仍是基于TSG公司未能准确反映销售额，仅修改了审计师提出请求所依据的税法的具体条款。这两份报告都没有为审计师的结论提供具体支持。此外，秘鲁税务局负责实施临时措施的执行部门在实施临时措施之前没有要求审计师提供任何补充资料。

随后，TSG公司通过行政手段寻求救济，要求秘鲁税务局取消临时措施，理由是秘鲁税务局没有充分说明采取措施的理由。秘鲁税务局拒绝了TSG公司的申请，但减少了对欠税的计算。TSG公司就秘鲁税务局的决定向财政法庭提起诉讼，财政法庭维持了临时措施，但将补缴税金金额降低为约310万索尔，并要求秘鲁税务局重新计算额外金额。

在秘鲁税务局采取临时措施后，TSG公司无法利用秘鲁银行进行交易，销售额大幅下降，最终，TSG公司于2005年3月启动了债务重组程序，以暂停临时措施、维持经营。

2006年9月29日，谢某作为申请人在国际投资争端解决中心（以下简称ICSID）对秘鲁提起仲裁，声称秘鲁税务局的审计决定及临时措施构成了对其投资的不合理间接征收，违反了中国与秘鲁于1994年签署的双边投资条约的规定，请求秘鲁政府赔偿其损失共计约 2500 万美元。

2009 年 6 月 19 日，仲裁庭就其管辖权及权限问题作出裁决，裁定谢某在 TSG 公司的投资利益构成中国和秘鲁双边投资下的"投资"，仲裁庭对谢某的征收赔偿请求享有管辖权。2011 年 7 月 7 日，在对案件的最终裁决中，仲裁庭认为秘鲁税务局实施的临时措施构成随意攫取，属于对谢某投资的间接征收，违反了《中国—秘鲁双边投资条约》第 4 条，应予赔偿。但是仲裁庭没有采纳谢某的损害赔偿计算方法，而是基于调整后 TSG 公司的账面价值计算损害赔偿，裁定赔偿额为 786306.24 美元，并按美国国债利率计算利息，仲裁费用由双方平均分担。

【主要法律问题】

一、秘鲁税务局的审计是否构成对谢某投资的间接征收？
二、秘鲁税务局实施的临时措施是否构成对谢某投资的间接征收？
三、本案的仲裁费应由谁承担？

【主要法律依据】

《中国—秘鲁双边投资条约》第 4 条❶。

【理论分析】

一、秘鲁税务局的审计是否构成对谢某投资的间接征收？

征收向来是国际投资保护领域最具争议的主题之一，因为它不仅涉及投资者的利益，还直接涉及国家主权。正确将间接征收行为与正常的国家管理行为相区别，是认定构成间接征收的重点。仲裁庭认为，秘鲁税务局对 TSG 公司进行审计是因为 TSG 公司曾要求退还大量销售税，鉴于对国家监管和行政权力的尊重，其对 TSG 公司的审计是常规的审计，并不构成征收。

二、秘鲁税务局实施的临时措施是否构成对谢某投资的间接征收？

仲裁庭认为秘鲁税务局采取的临时措施构成间接征收，主要有以下两个原因：

第一，秘鲁税务局采取的临时措施严重影响了 TSG 公司的运营。仲裁庭认为，临时措施对所有受影响的银行都具有法律约束力，阻止了 TSG 公司继续与这些银行进行交易。鉴于 TSG 公司的商业模式是利用秘鲁银行进行交易，因此临时措施对 TSG 公司的业务产生了严重的实质性影响。仲裁庭认为，根据秘鲁税务局在审计期间获得的 TSG 公司有关融资和运营的信息，秘鲁税务局知道也应当知道临时措施会对 TSG 公司

---

❶ 《秘鲁—中国双边投资条约》第 4 条

1. 任一缔约方都不应征收、国有化或者采用类似的方法（"征收"）对待另一缔约方的投资者在该国领域内的投资，除非以下条件得到满足：(a) 为了公共利益；(b) 根据国内法律程序；(c) 没有歧视；(d) 会有赔偿。

2. 该条第一段 (d) 中所提及的赔偿应该等同于当征收被宣布时所征收的投资的价值，应该是可兑换的和可自由转移的。该赔偿的支付应当没有不合理的延迟。

的运营能力造成核心打击。仲裁庭还注意到,由于采取了临时措施,TSG 公司的销售额从 2005 年至 2006 年的 8000 万索尔剧减至 340 万索尔。法庭认为投资能力和创收的下降本身并不构成没收。

秘鲁方认为,临时措施不能构成征收,因为临时措施最终被重组程序中止。但法庭指出,秘鲁税务局采取的临时措施为期一年,随后又延长两年。虽然重组程序产生了效果,根据秘鲁法律,应当暂停秘鲁税务局的临时措施,允许 TSG 公司继续通过秘鲁银行开展业务,但法庭指出,TSG 公司只有在重组程序于 2006 年 6 月结束后才能恢复正常业务。法庭进一步指出,重组程序是 TSG 公司主动启动的,是在减轻损失的情况下作出的合理和必要回应。法庭认定,秘鲁不能依靠 TSG 公司自己的努力来证明秘鲁税务局行动的正当性。

第二,仲裁庭实施的临时措施具有任意性。仲裁庭尊重和认同一国的税务主权及善意执法,国家不应为其行使主权和善意执法导致的损失承担赔偿责任,但应受限于国际公法及秘鲁法律、国际协定等规定的合理原则和非任意性原则。本案中,法庭认为秘鲁税务局未能遵守其内部指引及程序,按照其要求,确定应对哪些具体资产采取临时措施;采取临时措施需有合理基础及详尽的证据材料作支撑;尽量避免干扰债务人的商业运营等。法庭还注意到,在采取临时措施之前,秘鲁税务局的执行部门也没有向审计师进行相关询问或要求其提供补充资料。因此,法庭认定,秘鲁税务局的行为具有任意性质,给 TSG 公司造成了不合理的损失。此外,虽然 TSG 公司采取了行政复议及司法救济手段,但行政和司法机构并未充分分析 TSG 公司的诉求,而是不合理地支持了秘鲁税务局的立场。因此,TSG 公司获得的仅是形式上而非实质上的法律救济。基于上述原因,仲裁庭认定秘鲁税务局实施的临时措施构成对谢某投资的间接征收。

三、仲裁费应由谁承担?

仲裁庭注意到某些仲裁员对费用裁决持有不同看法,包括由败诉方支付费用的原则和更为普遍接受的国际公法原则,后者指的是在仲裁期间各方都无恶劣行为的情形下,费用应由双方平均分。在本案中,仲裁庭认为对于双方当事人在仲裁期间的行为,应由双方均摊仲裁费用。

【思考题】

什么是征收的适当补偿?

案例五 韩国某住房株式会社诉中国政府案

【基本案情】

2006 年 12 月 12 日,韩国某住房株式会社(以下简称株式会社)与中华人民共和国某管委会（以下简称管委会）签订了一份有关高尔夫球场建设的投资协议。协议约定由株式会社在中国江苏省射阳县建设高尔夫球场及豪华公寓、会所等附属设施，并由其享有相应经营权益；同时，管委会约定不在相关地区为其他企业颁发高尔夫球场许可。项目按约定分两期进行。项目动工后不久，管委会提出，按照中国房地产管理政策，其无法再按照原定价格提供第一期工程所需的300亩土地，转而要求株式会社按照中国政策要求公开竞买。一期工程竣工后，管委会并未及时提供二期用地。此外，在株式会社高尔夫项目建设期间，管委会并未阻止其他中国建设公司在未经许可的情况下在同一地区建设高尔夫球场。由于垄断该地区内高尔夫球场经营未果，导致无法盈利，2011年9月，株式会社在亏损1380万美元的情况下以120万美元低价转让了高尔夫球场所有权。2014年10月7日，株式会社依据韩国与中国签订的双边投资保护协定，以中国政府为被申请人，将案件提交ICSID请求仲裁。同年11月4日，ICSID立案，并依据ICSID公约第37条（2）款（b）项成立仲裁庭。

2016年9月15日，仲裁庭开庭审理。中方根据《联合国国际贸易法委员会仲裁规则》第41条（5）款的规定，依据中韩双边投资保护协定第9条第（7）款有关三年仲裁时效的规定，主张本案已经超出仲裁时效，因此株式会社的仲裁请求"显然不具有法律依据"。此外，中方还主张，中韩双边投资保护协定的最惠国待遇条款也不适用于仲裁时效，基此，请求仲裁庭驳回仲裁请求。但株式会社认为，直到2011年12月它才知悉其损失，而且仲裁时效的截止日期应该是提交仲裁意向通知的日期或提交仲裁申请书的日期，因此其仲裁请求并未超出仲裁时效。株式会社进一步提出，即便超出了中韩双边投资保护协定规定的仲裁时效，按照最惠国待遇原则，其也有权援引其他条约中的较长时效规定。

通过对《联合国国际贸易法委员会仲裁规则》第41条（5）款"明显缺乏法律依据"中"明显"一词的解释，仲裁庭肯定了超出仲裁时效构成"明显缺乏法律依据"的事项，进而对株式会社是否超出了仲裁时效的问题作出了肯定性裁定，同时通过对中韩双边投资保护协定第3条（3）款最惠国待遇条款的解释，驳回了株式会社主张就时效适用最惠国待遇条款的请求。

【主要法律问题】

一、株式会社仲裁请求是否"明显缺乏法律依据"？

二、株式会社仲裁请求是否超出了仲裁时效？

三、最惠国待遇条款是否适用于时效？

【主要法律依据】

《联合国国际贸易法委员会仲裁规则》第 41 条❶。

【理论分析】

一、株式会社仲裁请求是否"明显缺乏法律依据"？

按照《联合国国际贸易法委员会仲裁规则》第 41 条初始异议程序的规定，除非双方另有约定，在仲裁庭组成后三十天内，首次开庭之前，可以基于对方请求"明显缺乏法律依据"而提出异议。该当事方应尽可能准确、详细地说明异议理由。在给对方当事人就此异议提出表达意见后，仲裁庭应在首次开庭时或开庭后及时通知当事方对于异议的决定。中方正是依据该款规定提出了初始异议。

中方认为，按照 ICSID 在"某石油公司诉约旦案"中对初始异议中有关"明显"的解释，所谓"明显"，系要求被申请人"清晰、明显、轻松且快速地提出反对意见"。同时在判断初步异议问题时，仲裁庭应假设仲裁请求中事实部分的主张为真实的，除非所提供的事实显然不可信、轻率、无理、不准确或基于恶意。因此，中方主张，《联合国国际贸易法委员会仲裁规则》第 41 条（5）款实质上是要回答这样一个问题，即"假定所主张事实为真，诉求是不是一个法律问题"。换言之，第 41 条（5）款设置的目的在于允许仲裁庭撤销明显缺乏法律价值的仲裁请求。同时，针对株式会社以 ICSID 秘书处仲裁请求登记行为作为其请求具有法律依据的证明，中方反驳认为，第 41 条（5）款的目的就是对秘书处筛选权力的一种补充，登记行为本身并不构成对初步异议问题的预判。中方进一步指出，与简易注册程序仅考虑申请人的单方面主张不同，初步异议程序是对相关法律原则的一种全面和对抗式的探究。此外，中方还特别引用了《联合国国际贸易法委员会仲裁规则》修订过程中立法工作组中一名成员的观点证明，时效问题完全可以在第 41 条（5）款中加以解决。株式会社则认为，如果仲裁庭认为仲裁请求中的事实部分并非明显轻率或荒谬，且非经深入调查无法作出判断，就应当在事实问题上支持株式会社，驳回初步异议。仲裁庭最终认可了株式会社所述的事实。

二、株式会社仲裁请求是否超出了仲裁时效？

---

❶ 《联合国国际贸易法委员会仲裁规则》第 41 条

1. 仲裁庭成立后，得要求当事人交存相等的金额，作为第 38 条（a）、（b）和（c）所提及的费用的预付款。
2. 在仲裁程序进行期间，仲裁庭得要求当事人交存补充金额。
3. 如果指定机关已由双方当事人议定，或已由海牙常设仲裁庭秘书长指定，经一方当事人提出此种要求，而指定机关也同意执行此项职务时，仲裁庭应在同指定机关协商后方可确定任何交存的金额或补充交存的金额。指定机关得就此项交存的金额或补充交存的金额向仲裁庭提出它认为适当的任何意见。
4. 如果所需交存的金额未在收到要求后三十天内缴足，仲裁庭将此事通知各当事人以便任何一方当事人能缴付所需缴付的金额。如果不作此种缴款，仲裁庭得下令中止或终止仲裁程序。
5. 仲裁庭作成裁决后，应将所收存款项开账单，送交当事人，并将任何未动用的金额退还当事人。

中方主张仲裁时效的起算日是指株式会社首次知道或应当知道其投资项目受损之日，即 2011 年 10 月之前；终止日应为案件向 ICSID 登记之日，即 2014 年 11 月 4 日。据此，根据中韩双边投资保护协定，株式会社仲裁请求已超过三年仲裁时效。株式会社认为，中国政府在土地提供方面持续不作为，使得株式会社只有在投资目的完全落空时方可确定其损害，因此时效起算日应为 2011 年 12 月 17 日，尚未超出三年仲裁时效。仲裁庭在综合考察相关细节后认为，按照中韩双边投资保护协定第 9 条（7）款的规定，双方已经明确约定仲裁时效起算日为首次知悉损失之日，因此按照文义解释，仲裁时效起算日应为 2011 年 10 月之前。

三、最惠国待遇条款是否适用于时效？

株式会社认为时效问题属于实体性权利范围，而且即便属于程序性权利，按照 ICSID 先例，最惠国待遇条款也同样可以适用。考虑到中国与其他国家之间签订的投资协定中大多数未规定仲裁时效，株式会社应当能够通过适用最惠国待遇条款援引中国与他国签订的投资协定中的规定，适用较三年更长的仲裁时效。对此，中方认为仲裁时效属于程序性事项，而中韩双边投资保护协定第 3 条（7）款已经明确限定了最惠国待遇条款仅适用于东道国领土范围内的投资和商业行为，因此本案中最惠国待遇条款不能扩张适用于仲裁时效。仲裁庭最终肯定了中方主张。

【思考题】

读完本案，你对最惠国待遇原则有何深刻理解？

第四节　世界贸易组织法

案例一　美国与安提瓜和巴布达关于影响跨境提供赌博与博彩服务措施案

【基本案情】

安提瓜和巴布达（以下简称安提瓜）是位于拉丁美洲的一个小国，国土面积不过 400 平方公里，人口不足 7.6 万。这个国家不仅在面积和人口上欠缺优势，其国民经济也远低于世界平均水平，生产制度体系也令人担忧。由于地理位置的缘故，这个国家的甘蔗产量十分高，所以在 20 世纪 50 年代以前，该国国民主要靠甘蔗赚钱。但是好景不长，由于甘蔗价格骤降，该国开启了发展旅游业的道路。旅游业在当时是一个非常具有发展前途的行业，带动了周边各地区的经济发展。目前，旅游业、建设工程业、离岸金融业、制造业和农村经营业已成为安提瓜国民的主要经济收入来源，并且在安提瓜国内的经济结构中，金融服务业所占比重也越来越大。

21世纪到来之际，有许多新鲜的事物进入了人们的视野，赌博这一行业不再拘泥于某些固定的场所，而是可能出现在任何一个存在网线的角落。安提瓜政府看到了网络发展所带来的机会，趁此时机在国内大力建设有关信息网络的工程，想要借用网络的力量，加上赌博对人们的吸引力，从中获取利润。实践证明，安提瓜政府的这一行动是十分正确的。据统计，安提瓜政府靠网络赌博获得的财政收入占整个税收收入的10%。但是，一件事物既然有好的一面就有坏的一面，当安提瓜沉浸在网络赌博带给自己的喜悦的同时，一场由网络赌博引起的风波正在全球迅速蔓延。其中美国遭受的危害是比较严重的。美国为了保证社会的平稳运行，在其领土范围之内全面、不留死角地对网络赌博进行封杀，并采取法律手段对其国民使用信用卡向国外的赌博网站提供资金等行为进行了限制。美国的这一系列做法可谓是"重拳出击"。然而，安提瓜这一个小小的国家怎么能经受得住如此大的风波。不出所料，美国的雷霆手段给安提瓜的网络赌博业带来了巨大的打击。安提瓜的多家银行被迫关闭，失业的人数与日俱增，财政收入又恢复到了以往的样子。

【主要法律问题】

一、美国措施是否属于《服务贸易总协定》第16条列举的限制市场准入的措施？

二、主权国家能不能用"公共道德"这个理由来豁免其作出的市场准入承诺？

【主要法律依据】

《服务贸易总协定》第14条❶、第16条第2款（a）项❷。

【理论分析】

一、美国措施是否属于《服务贸易总协定》第16条列举的限制市场准入的措施？

首先，专家研究小组一致认为，对于任何跨境商品贸易来说，通过交付途径作出的贸易承诺可能意味着任何其他作为WTO联盟成员的贸易服务提供商都有权从任何包括但不仅仅局限于由此直接涉及而得到的通过各种电子邮件、电话以及通过互联网等各种方式交付贸易途径的任何方式所直接提供贸易服务，除非其他WTO联盟成员的具体贸易承诺描述表中已经列明并禁止直接或者采用某一特定的方式提供交付途径。其次，就2009年《服务贸易总协定》第16条第2款而言，专家讨论小组一致认为，该

---

❶《服务贸易总协定》第14条第1款中规定的国家安全例外：

1. 本协议不得解释为：（a）要求会员提供其认为揭露系不利于其基本安全利益之信息；或（b）阻止会员采取其认为防护其基本安全利益所需之行动：（1）关于服务之提供，系为直接或间接供应军事设施之目的；（2）关于可分裂与可融合之物质，或用以制造该等物质之原料；（3）战时或在其他国际关系紧急时采取之措施；或（c）阻止会员依其在联合国宪章下之义务，为维护国际和平与安全而采取之行动。

2. 依第1款第（b）项及第（c）项规定所采取之措施及其终止，应尽可能完整地通知服务贸易理事会。

❷《服务贸易总协定》第16条第2款（a）项 以配额数量、独占、排他性服务提供者或经济需求检测之要求等形式，限制服务供给者之数量。

条明确规定所有应列举的所有禁止服务贸易限制措施本身应该认为是一种穷尽式的正式列举，即只有当一个 WTO 成员在具体期限内执行了第 16 条第 2 款明确规定的所有应列举之禁止服务贸易限制措施时，才可以正式确认其行为违背第 16 条的服务贸易市场准入规定义务。最后，美国彻底禁止了网络赌博和其他网络游戏等各类服务的限制使用，将其他网站 WTO 各个网站会员的网络服务数量提供者从服务数量配额上限上规定为"零"，从这个方面来看，美国的这个行为完全符合第 16 条第 2 款（a）项以及第 16 条第 2 款（c）项的规定❶。

二、主权国家能不能用"公共道德"这个理由来豁免其作出的市场准入承诺？

上诉机构并不认可专家组对于"必需"一词所作出的极为苛刻的解释理论，上诉机构认为美国作为对网络赌博进行制裁的一方已经提交了案件初步阶段的证据，并以此表明自己的行为涉及"相当重要的社会利益"，并且是其为了维护自己国家内部的道德水平以及最基本的社会秩序而不得不采取的必要措施。在美国提出这一证据的时候，安提瓜一方并没有提出应对措施与 WTO 的规则相衔接。虽然对于美国提出的初步证据，安提瓜没有采取应对措施，但是美国的做法与《服务贸易总协定》第 14 条的要求不符，不能以此为理由来豁免自己作出的市场准入承诺。

【思考题】

一、我国的服务贸易减让表的承诺是怎么样的？
二、应当如何理解《服务贸易总协定》第 16 条的范围界定？
三、如何看待《服务贸易总协定》第 14 条中的一般例外与国家安全例外？

案例二　中国涉及稀土、钨和钼出口的措施案（中国稀土案）❷

【基本案情】

中国是最大的稀土出口国，但随着经济的发展，中国开始逐步限制稀土出口，这一行为招致了美国等发达经济体的不满，美国等发达经济体以中国限制稀土出口的行为违反中国的入世承诺和 WTO 相关协定条款为由，向 WTO 提出申诉，指控中国限制稀土出口的行为违反了《中国入世工作组报告》（以下简称《报告》）第 83 段、第 84 段、第 162 段、第 165 段内容，违反了《中国加入世贸组织议定书》（以下简称《议定书》）第 1 条、第 5 条、第 11 条，违反了《关税及贸易总协定》第 11 条。2012 年 3 月，美国等发达经济体要求与中国磋商，但磋商未果。2012 年 7 月，WTO 争端解决实

---

❶ 《服务贸易总协定》第 16 条第 2 款（c）项　以配额数量或经济需求检测之要求等形式，藉指定之数量单位，限制服务营运之总数或服务之总生产数量。

❷ 朱榄叶. 世界贸易组织法经典案例选编［M］. 北京：北京大学出版社，2018：95-99.

体（DSB）应起诉方请求成立一个专家组审理该稀土出口案。历时将近两年，专家组于2014年3月公布了专家组报告，但专家组报告的结果并未使各方满意，美国和中国分别于2014年4月8日和2014年4月17日提出了上诉请求。2014年8月，上诉机构发布了报告；同月，DSB根据专家组的报告和上诉机构公布的报告认定，中国的出口限制确实违反了《议定书》的第11.3条、第5.1条，以及《关税及贸易总协定》第11.1条和《报告》的四段内容。同时中国没有充足的证据能证明其出口限制措施符合《关税及贸易总协定》第20条（g）项的例外规定，自然也不能以该项规定作为抗辩的理由。这一案件的争议涉及稀土、钨和钼的出口限制措施，包括出口关税、出口配额及其分配与管理措施。中国与稀土资源出口相关的措施主要由《中华人民共和国海关法》《中华人民共和国进出口关税条例》《中华人民共和国对外贸易法》《关于2012年钨、锑、白银国营贸易出口企业，钨、锑出口供货企业资格标准及申报程序的公告》等法律法规和规范性法律文件规定。

【主要法律问题】

一、中国对稀土等资源征收出口关税是否违反《议定书》第11.3条的规定？

二、中国对稀土等资源实施限制出口配额的措施是否违反《关税及贸易总协定》第11.1条和《报告》第162段、第165段的内容？

【主要法律依据】

一、《议定书》第11.3条❶；

二、《关税及贸易总协定》第11.1条❷、第20条（g）项❸。

【理论分析】

一、中国对稀土等资源征收出口关税违反《议定书》第11.3条的规定？

《议定书》第11条是对进出口产品征收税费的规定，这一条规定共4项，其中第3项就是出口产品的税费取消。根据专家组作出的报告，专家组确认了稀土等资源不属于《议定书》附件6中的产品，因此对稀土等资源的出口征收5%~25%的出口关税不符合其依据《议定书》第11.3条应当承担的取消出口产品税费的规定。针对中国提出的《关税及贸易总协定》第20条（d）项的抗辩，专家组认为根据《议定书》全文的宗旨，可以认定中国援引《关税及贸易总协定》第20条的规定，将《议定书》《报

---

❶ 《议定书》第11.3条　中国应取消适用于出口产品的全部税费，除非本议定书附件6中有明确规定或按照GATT1994第8条的规定适用。

❷ 《关税及贸易总协定》第11.1条　任何缔约国除征收税捐或其他费用以外，不得设立或维持配额、进出口许可证或其他措施以限制或禁止其他缔约国领土的产品的输入，或向其他缔约国领土输出或销售出口产品。

❸ 《关税及贸易总协定》第20条（g）项　与国内限制生产与消费的措施相配合，为有效保护可能式竭的天然资源的有关措施。

告》和 WTO 的各项协定联系起来作出的系统性抗辩不足以支撑中国的诉求,因此中国提出的抗辩没有得到专家组的支持。中国以专家组报告中的一个观点向上诉机构提出上诉,这一观点是:中国认为《议定书》是《马拉喀什协定》及其多边贸易各项协定(包括《关税及贸易总协定》)的组成部分,对于《议定书》中具体哪一条款是《关税及贸易总协定》的组成部分的问题应当具体分析,专家组在认定《议定书》与《关税及贸易总协定》的关系时,是将《议定书》整体,而不是《议定书》的具体条款认定为《马拉喀什协定》及其多边贸易各项协定的组成部分。上诉机构认为《议定书》整体是《马拉喀什协定》及其多边贸易各项协定的组成部分,至于其中的单项条款与《马拉喀什协定》及其多边贸易各项协定中的单项条款的关系如何,应当进行具体分析。上诉机构考察了中国的音像制品案、原材料案等案例后发现,用相同的思路进行条款关系的分析可能会得到不同的结论。例如,在中国音像制品案中,可以援引《关税及贸易总协定》第 20 条进行系统性抗辩,而在中国原材料案中却不能得到与中国音像制品案相同的结论。上诉机构结合中国稀土案的具体案情,认为《马拉喀什协定》规定其他文件应当按照加入成员与 WTO 议定的条件加入《马拉喀什协定》,而此处的《马拉喀什协定》是一揽子协定,即《马拉喀什协定》应当解释为《马拉喀什协定》及其多边贸易各项协定。根据《议定书》和《报告》作出的规定与承诺,两者均属于《WTO 协定》的组成部分,而对《WTO 协定》作出的解释对确定《议定书》中条款关系的规定和《报告》中承诺的法律含义没有决定性作用。最终,上诉机构支持专家组的观点,不接受中国的观点。

二、中国对稀土等资源实施出口配额措施是否违反《关税及贸易总协定》第 11.1 条和《报告》第 162 段、第 165 段内容?

《关税及贸易总协定》第 11 条规定了数量限制的一般取消规则,其中第 1 款规定禁止以设立或维持配额进出口许可证等措施限制或者禁止产品的进出口。《报告》的第 162 段和第 165 段表明,中国承诺遵守 WTO 规定的关于非自动出口许可程序和相关的出口限制规定,仅在《关税及贸易总协定》规定出口限制和许可为合理时才能够作出出口限制和出口许可程序的规定。另外中国还应每年将现下采取的合理的出口许可措施和出口限制措施向 WTO 进行通报,若 WTO 认为依据《议定书》和《WTO 协定》,中国采取的出口限制措施和出口许可措施是不合理的,那么这些措施将被要求取消。美国认为在中国稀土案中,中国采取的限制稀土出口的措施违反《关税及贸易总协定》第 11 条的规定,因此专家组对案件的分析主要集中在中国援引的《关税及贸易总协定》第 20 条(g)项的抗辩上。根据《关税及贸易总协定》第 20 条(g)项的规定,中国要采取限制稀土出口的措施必须要证明这些措施与保护可用竭资源的关系,同时采取这些措施也会限制到国内有关的生产和消费,也即这些措施不能只限制国外的生产和消费,也会影响到国内的生产和消费。专家组认为,中国采取限制稀土出口的措施与保护可用竭资源有关,且限制稀土出口应当寻求国内外相关产业生产和消费方面的公平,如果限制稀土出口的措施并没有起到保护可用竭资源的目的,仅仅是"喊口号"的形式主义,并且在限制稀土出口后,国内稀土相关产业的生产和消费依然受到负面影响,也即因采取限制稀土出口措施导致国内外稀土相关产业的生产和消费不公平,那么中国援引《关税及贸易总协定》第20条(g)项进行的抗辩就不能成立。经过专家组调查,中国采取的限制稀土出口的措施不符合《关税及贸易总协定》第20条(g)项的规定,不接受中国援引此条款提出的抗辩,中国对稀土等资源实施出口配额限制措施违反《关税及贸易总协定》第11.1条和《报告》第162段、第165段内容。

【思考题】

怎样理解《中国加入世贸组织议定书》等文件的整体和单项条款与《马拉喀什协定》及其多边贸易各项协定之间的关系?

案例三 美国禁止进口虾及虾制品案[1]

【基本案情】

1996年5月,美国面向全球颁布了一项禁令,禁止进口在捕虾时没有安装防止误捕海龟的装置的虾及虾制品,也即通常所说的609条款。1996年10月,印度、马来西亚、巴基斯坦和泰国均就美国颁布的609条款要求与美国磋商,以求解决美国禁止进口此类虾及虾制品给印度等四个国家带来的贸易问题。由于磋商未果,印度等四个国家分别请求成立专家组。WTO争端解决实体(DSB)陆续成立专家组以解决印度、马来西亚、巴基斯坦和泰国提出的问题,后四个专家组合并为一个专家组,并于1998年4月作出报告,美国对专家组所作报告不服,于同年7月向上诉机构提出上诉,上诉机构于同年10月再次作出报告。1998年11月,DSB通过了上诉机构的报告和经过修改的专家组报告。

美国609条款是为保护海龟而颁布的。海龟作为一种珍贵的海洋生物,极易在商业捕捞中被误捕,再加上海洋生态环境的变化,导致海龟濒临灭绝。20世纪70年代,海龟被《濒危野生动植物种国际贸易公约》列为最高级别的保护动物,随后在渔业捕捞中常被误捕误杀的情况得到了国际社会的广泛关注。根据世界野生动物基金的预估,如果不制止渔业滥捕,那么渔业滥捕就会成为海龟濒临灭绝的主要人为因素。美国一直重视海龟保护,早在其1973年颁布的《美国濒危物种法案》中就将海龟作为重要的保护物种,并将一切可能导致海龟被误捕误杀的渔业活动以及故意伤害海龟的行为列为非法行为。美国为防止海龟在渔业捕捞中被误捕,专门研发了海龟隔离器,以便被误捕的海龟能够通过海龟隔离器逃生。据美国国家科学院统计,海龟隔离器的隔离率能够达到97%,是目前最有效的防误捕海龟工具。因此,美国将海龟隔离器进行全面

---

[1] 李小年. WTO法律规则与争端解决机制[M]. 上海:上海财经大学出版社,2000:129-135.

推广，并在《美国濒危物种法案》中增加609条款，以提高海龟保护力度。609条款主要内涵包括两方面，一方面是国会授权国务卿与有关国家磋商制定海龟保护国际条约，并就国际条约制定情况向国会及时汇报；另一方面就是授权国务卿负责海龟隔离器的推广，尤其是禁止进口在捕虾时没有安装防止误捕海龟的装置的虾及虾制品。美国国会的该行为引起了其国内一些民间环保组织的反对，他们认为在《美国濒危物种法案》中增加609条款的目的应当是保护全球海龟而非仅仅保护美国海域内的海龟。为了达到保护全球海龟的目的，美国国会在1996年宣布609条款适用于全球。

印度等四个国家认为609条款实际上是在以保护海龟的名义进行贸易数量限制，违背了《关税及贸易总协定》第11条有关数量限制一般取消的规定。印度等四个国家还认为美国609条款因为产品加工方式的不同而对实质相同或类似的产品进行差别对待，违反了《关税及贸易总协定》第1条蕴含的最惠国待遇原则。根据美国609条款实施指导细则之规定，海龟隔离器的全球推广有三年的过渡期，在过渡期内，未使用海龟隔离器捕捞的虾及虾制品并不被美国完全禁止进口，美国在这一点上违背了《关税及贸易总协定》第13条关于禁止任何缔约方采取歧视性贸易限制措施的规定。针对印度等四个国家的指控，美国援引《关税及贸易总协定》第20条进行抗辩，认为609条款是为保护濒临灭绝的动物，要求使用海龟隔离器是保护濒危动物生命的必要措施，并且对国内外的虾的捕捞采取同样的措施，不违反《关税及贸易总协定》的相关规定。

【主要法律问题】

一、美国609条款是否与WTO贸易规则相一致？
二、美国能否援引《关税及贸易总协定》第20条的规定抗辩？

【主要法律依据】

《关税及贸易总协定》第20条（g）项❶。

【理论分析】

专家组经过调查和分析，最终裁定美国609条款有违世贸组织的自由贸易规则，对多边贸易体制形成威胁，并且美国不能援引《关税及贸易总协定》第20条的一般例外规定来对外要求虾及虾制品的进口符合609条款。

专家组承认WTO的一揽子文件中不乏对环境保护问题的特殊规定，但这并不意味着美国可以以保护海龟等濒危物种的名义强迫与之有相关贸易往来的国家或地区遵守609条款。世贸组织鼓励各成员国重视环境保护，但世贸组织成立的初衷依然是促进各成员国之间的自由贸易，美国禁止进口在捕虾时没有安装防止误捕海龟的装置的虾及

---

❶ 《关税及贸易总协定》第20条（g）项　与国内限制生产与消费的措施相配合，为有效保护可能用竭的天然资源的有关措施。

虾制品的措施违反了世贸组织的宗旨，对多边贸易造成不利后果。专家组在报告中明确地指出，海龟保护最有效的方式不是禁止相关虾及虾制品的进口，而是促进海龟保护方面的多边合作，例如此案例中的争端各方可以将各种因素具体分析：某一国家进行虾捕捞的海域并不是海龟的栖息地，就可以不接受 609 条款的考察；争端各方可以就海龟隔离器的使用等问题进行协商，协调海龟保护的政策。根据印度等四个国家的诉求，专家组经过调查后认定，美国禁止进口在捕虾时没有安装防止误捕海龟的装置的虾及虾制品的措施违反了《关税及贸易总协定》第 11 条禁止数量限制的规定，因此对印度等四国的其他诉求未再继续审查。随后，专家组认真审查了美国援引《关税及贸易总协定》第 20 条一般例外抗辩的合理性，发现如果将《关税及贸易总协定》第 20 条中的禁止不合理的差别待遇或变相限制国际贸易的规定理解为进口方可以将颁布环境保护政策或者生态保护政策作为允许禁止进口相关产品的条件，会严重影响到世贸组织一揽子诸边贸易协定的实施。如果出口方想要将产品顺利出口到目标国家就必须遵守目标国家规定的相关政策，出口国家政策若与目标国家政策存在冲突，势必会影响 WTO 实现安全和可预测的贸易关系的宗旨。专家组最终认定，美国 609 条款会危害 WTO 下的多边贸易体制，援引《关税及贸易总协定》第 20 条进行抗辩不具有合理性。

美国对专家组裁决不服，提起上诉。上诉机构经过审查认为，美国 609 条款属于《关税及贸易总协定》第 20 条规定的例外情况，认为 609 条款的规定与《关税及贸易总协定》第 20 条（g）项规定的可用竭自然资源是一致的，因此美国援引《关税及贸易总协定》第 20 条进行抗辩是具有正当性的。但是 609 条款本身也有缺陷：《美国濒危物种法案》的立法目的是保护濒危海龟，但是美国在其修正案中增加了 609 条款并用其来限制虾及虾制品进口，对其他《关税及贸易总协定》缔约方产生了不合理的强制效力；美国面向全世界颁布 609 条款，但是没有考虑到每个国家的具体情况，不是每个《关税及贸易总协定》缔约国都能够应 609 条款的要求使用海龟隔离器；根据 609 条款实施细则规定，即使出口国按照规定方法捕虾，若出口国不按要求使用海龟隔离器，美国依然可以禁止进口该类虾及虾制品，这实际上是美国在主导全球进口虾及虾制品的规则的表现，最终目的并不是保护海龟；美国应当通过多方合作的方式促进海龟保护工作的开展，但是其颁布 609 条款的行为并不能从根源上解决海龟保护的问题；美国主导签订的《美洲间海龟保护公约》也表明海龟保护是可以实现多方合作的，但美国没有就海龟保护与印度等四个国家充分协商，这也表明 609 条款的真正目的不在于此；美国根据 609 条款实施细则规定，给予西大西洋地区的虾及虾制品出口国 3 年过渡期，但是仅给印度等国家几个月的过渡期，实际上构成了歧视。上诉机构认为，这些缺陷表明 609 条款的实施确实存在不合理的差别待遇。另外，美国 609 条款虽然属于《关税及贸易总协定》第 20 条（g）项下的例外情况，但是 609 条款在实施过程中违背了《关税及贸易总协定》促进多边自由贸易的宗旨，因此不能得到支持。

【思考题】

一、如何理解《关税及贸易总协定》第 20 条的一般例外规定？

二、在哪些情况下可以使用《关税及贸易总协定》第 20 条的一般例外规定？

第五节　国际反垄断法

案例一　音乐作品报酬的计算方式与滥用市场支配地位的认定

【基本案情】

STIM 是瑞典的著作权管理组织，这个组织的主要成员是作曲家和出版者。会员在加入这个组织的时候就跟组织订立了一个协议，由这个组织代替自己向使用自己音乐作品的人或者其他机构收取报酬。在瑞典，该组织在许可公司以商业性质、用途播放受保护的音乐作品方面是具有实际意义上的垄断地位的。如果其他公司想使用 STIM 组织中的作者的作品，那么使用的公司就要按照自己向公众销售该作品所得收入的一定比例向 STIM 支付一定的报酬。

Kanal5 和 TV4 是两家商业广播公司，它们分别与 STIM 签订协议。协议指出，如果这两家公司要播放属于 STIM 作者的作品，就必须按照上述内容，以其相关收入的一定比例支付报酬给 STIM。接着，这两家公司认为 STIM 的行为已经构成了实际意义上的垄断行为，因此向瑞典的竞争管理局依据《瑞典竞争法》第三章第 1 条的规定申请禁令。但是瑞典竞争管理局并不支持这两家公司的观点，驳回了两者关于垄断的申请，这一举动使得两家公司十分不满，随后它们便向市场法院依据《瑞典竞争法》第三章第 2 条的规定进行了起诉。

【主要法律问题】

一、在欧共体成员国内具有垄断地位的著作权管理组织，要求商业广播公司按照其从电视广播中获得收入的一定比例支付报酬的行为是否构成滥用市场支配地位？构成滥用市场支配地位是否受能够确定音乐作品及其播放数量的其他方式的影响？

二、报酬计算方式在一定程度上不适用于公共事业公司的事实是否会影响滥用市场支配地位的构成？

【主要法律依据】

《瑞典竞争法》第三章第 1 条❶、第 2 条❷。

【理论分析】

一、在欧共体成员国内具有垄断地位的著作权管理组织，要求商业广播公司按照其从电视广播中获得收入的一定比例支付报酬的行为是否构成滥用市场支配地位？构成滥用市场支配地位是否受能够确定音乐作品及其播放数量的其他方式的影响？

欧共体法院在处理本案的过程中认为本案的核心问题是：在成员国范围内，具有事实意义上垄断地位的类似于 STIM 这样的组织，要求其他广播公司在播放属于其成员的音乐作品时，要按照广播公司向公众收取费用的一定比例向组织支付报酬，是否构成滥用市场支配地位？除此之外，其他的一些可以帮助确认播放量或者受众群体量的方式是否会影响本案关于报酬的计算方式？是否构成滥用市场支配地位的标准如何判断？

对于上述问题，根据《欧共体条约》第 82 条第 1 款，应当把目光聚焦于具体的案件，然后明确企业是否存在滥用垄断地位在相关市场对竞争进行不当限制的行为。具体到本案中，法院认为在瑞典这个国家的范围之内，允许广播公司使用受著作权保护的音乐作品即为本案中的相关市场，STIM 在这个市场中肯定处于垄断地位，并且这种垄断是以一个国家的领土范围为界限的，共同市场即由此形成。除此之外，法院还有一层考虑，由于这个案件的音乐作品的作者来源于不同的国家，加上两个广播公司的营业地也不局限在瑞典国内。在这种情况下，我们就要看 STIM 要求这两家广播公司支付报酬的方式有没有违反《欧共体条约》第 82 条第 1 款的规定。

"滥用"这个词语的含义是有着明确界定的。比如一些具有事实意义上垄断地位的组织打破了市场的秩序、影响了主体之间的公平竞争，这就是滥用。但是，尽管一个企业处于垄断地位，我们也不能要求它在自身利益受损的时候放弃为维护自身合法利益而应当享有的权利；我们应该认识到，虽然它具有垄断地位，但其也同样拥有跟其他企业一样的维护自己权益的权利，并且必须通过合法的途径进行。相反，如果这个企业以维护自己的垄断地位作为出发点，那么必须对其进行限制。

---

❶ Swedish Competition Act: Chapter 3 Actions against restrictions on Competition Obligation
Article 1: The Swedish Competition Authority may require an undertaking to terminate an infringement of any of the prohibitions laid down in Chapter 2, Article 1 or 7 or Article 81 or 82 in the Treaty. An obligation pursuant to first paragraph shall take effect immediately, unless other provision is made.

❷ Swedish Competition Act: Chapter 3 Actions against restrictions on Competition Obligation
Article 2: If the Swedish Competition Authority decides in a particular case not toimpose such an obligation pursuant to Article 1, the Market Court may doso at the request of an undertaking that is affected by the infringement. Such a right to legal action, however, does not exist if the decision of the Swedish Competition Authority is based on Article 13 of the Council Regulation (EC) No 1/2003.

具体到本案，我们需要判断 STIM 设定的支付报酬的方式跟其自身提供的服务是不是成正比的。在广播公司使用音乐作品进而支付报酬的这类案件中，我们需要充分考虑著作权的特殊性。具体来说，就是需要在音乐作品作者的利益跟广播公司在合理条件下获得的利润之间找到一个平衡点，最大可能地兼顾双方的利益。就像一些歌舞厅播放音乐著作权人的音乐，然后按照自己舞厅的收入向著作权人支付报酬一样，诸如此类的支付方式，在欧共体法院看来是十分合理的，以这样的方式取得的报酬，是著作权利益的正常取得，因此不符合《欧共体条约》第 82 条规定的滥用的条件。欧共体法院认为，如未能找寻到另外一条出路，既可以使著作权人、作曲家以及出版商的利益都得到有力的保障，又不会使整体过程的成本增加，而又能够达到同样目的，那么现有的计酬的方式就不能被否定。只有在真正找到了这样一种"皆大欢喜"的策略之后，现有的计酬方式才能够被替代、否定。基于以上的理由，按照同样的道理，STIM 的计算报酬的方式应当被认为是对著作权的正常利用。

欧共体法院认为，STIM 要求广播公司支付报酬不是毫无理由的，其是为了维护 STIM 成员的合法权益，该要求是基于合法目的提出的。相反，若 STIM 不考虑其成员的合法权益，则该组织成员的著作权难以保障。因此，著作权管理组织以这样的计算报酬的方式来收取报酬与其所提供的服务是相称的，这样的计酬方式是合理的。

从表面上看，STIM 之所以要求按照音乐作品实际被广播的次数决定报酬，主要原因是报酬数额的变化与电视广播公司的收入以及音乐作品被广播的次数有关。但是，经过细致的讨论就会发现，在某些特定的情况下也是有可能构成滥用的。比如，还有很多其他的方式也可以用来使用音乐作品，而且受众的人数可以精确地被确定，这种方法虽然仍然能够使得音乐权利人的利益得到保护，但是会在无形之中增加一些成本，这对广播公司是不甚友好的，在这种情况下，就可能会构成滥用。

因此，欧共体法院认为应该这样理解《欧共体条约》第 82 条：如果一个著作权管理组织在欧共体大部分市场中都是具有垄断地位的，那么广播公司使用音乐作品的计算方式应当参照该公司的收入而定，这种方式是完全合理的。除非有其他方式能够确定观众的数量而且不会使得管理合同和监督音乐作品使用成本增加。

二、报酬计算方式在一定程度上不适用于公共事业公司的事实是否会影响滥用市场支配地位的构成？

仍然存在的一个问题是，法院依据广播公司的性质（商业性质或者是公益性质）而对其采取不同计算报酬的行为，是否会直接构成《欧共体条约》第 82 条所规定的"滥用市场资源进行支配的地位"。

《欧共体条约》第 82 条第 2 款第 c 项明确规定："对同等贸易的其他商品和贸易合作伙伴可以适用不同的条件，从而导致其在市场上处于不利的竞争地位。"具体到本案的处理过程中，法院一开始就对 STIM 针对两个广播公司是否采取了不同的计算报酬的方式进行了审理和查明。其次，又判断了是否因为这样的事实使这些广播公司处于不利的竞争地位。在本案的审查中，市场法院了解到，TV4 与 Kanal5 的计酬方式是不同的，前者没有广告收入，但是后者是有的；前者没有订阅合同收入，而后者是有的。这就导致 TV4 在计算报酬的过程中不会计算这个作品的播放次数。欧共体法院认为，市场法院必须确定 Kanal5 和 TV4 在相同市场的范围之内是竞争对手。最后，关于著作权管理公司按照广播公司的性质（即到底是公益的还是非公益的）而适用不同的报酬计算方式能不能构成第 82 条规定的滥用的问题，市场法院必须把这一行为是否存在客观的合理性考虑在其中。

因此，欧共体法院认为应当这样解释《欧共体条约》第 82 条：著作权管理组织按照一个广播公司的性质（即是不是公益的）而适用不同的报酬计算方式时，应当按照本条约的规定，如果其针对相同种类的商品对其他的贸易合作经营者适用不同的条件，进而使其处于不利的竞争地位，那么这样的行为就构成了滥用垄断地位，但是如果这种行为有客观合理的外衣，那么上述的结论是不成立的。

【思考题】

一、商业广播公司使用音乐作品进行广播应当支付报酬。那么，具有垄断地位的著作权管理组织与商业广播公司约定对音乐作品报酬的计算方式（按照商业广播公司广播音乐作品所取得收入的一定比例，并按照广播音乐作品的数量确定音乐作品报酬）是否构成了滥用市场支配地位？

二、著作权管理组织基于交易对方是商业还是公益性质的不同而采取不同的音乐作品报酬计算方式的行为是否会导致商业广播公司处于不利的竞争地位，进而违反《欧共体条约》的规定？

案例二 欧共体法院对垄断协议的认定——市场竞争管理局诉牛肉加工业发展协会及某牛肉加工企业案初步裁定评析

【基本案情】

牛肉加工业是爱尔兰国民经济的重要组成部分，而不顾一切地扩大生产造成爱尔兰牛肉加工业的产能过剩。由于该产业地位的重要性，爱尔兰政府以及经济学顾问对市场进行了研究，力求保障牛肉加工产业的长远利益。

1998 年，爱尔兰政府和牛肉加工业代表委任的经济学顾问对爱尔兰牛肉加工市场进行了调研并作出了报告，指出牛肉加工业存在着严重的产能过剩的情况，导致行业水平整体下降，并建议政府将牛肉加工厂从 20 个减少到 4~6 个。此外，还提出在这个领域留下的经营者应当给予被迫退出企业一定补偿。

农业和食品部在 1999 年成立了特别小组对市场进行分析，也得出了类似的结论，即牛肉加工业产能过剩的问题将会对该产业的整体利益造成打击。虽然当时产能过剩带来的弊端还没有完全显现，但是长时间生产能力过剩将带来无法挽回的损失，最终导致牛肉加工厂退出这个行业领域。因此，它建议牛肉加工企业应该建立赔偿基金。

鉴于以上研究报告和结论，爱尔兰10个重要的牛肉加工企业在2002年5月2日成立了"牛肉加工业发展协会"（Beef Industry Development Society Ltd，以下简称BIDS）。BIDS拟订了一个内部的合理化草案，该草案表示由于爱尔兰牛肉加工在最高峰的时候加工能力超过32%，BIDS建议削减25%的加工能力，这样核算起来每年大约等于少加工420000头牛。

BIDS计划通过由继续留下来的企业和退出加工经营的企业签订协议的方式来实现这个目的。该合约为标准式合约，主要的内容和特点如下。

留下来的企业给予退出的企业以补偿，补偿数额由双方进行协商。具体补偿方式为，BIDS将向退出的企业支付补偿金，而留下来的经营者以缴纳税费的方式向BIDS偿还补偿款。具体的数额规定是：对于未超出往年屠宰量的牛肉加工，每头牛征收2欧元的税金，超过的部分每头牛征收11欧元。作为条件，决定退出该领域的企业应该保证：

（1）解散或者闲置他们的加工厂，或者将它们卖给在爱尔兰岛以外建立工厂的人，如果情况允许，可以卖给那些留下的企业作为后备资源；

（2）五年之内不得将原加工厂所占据的土地用于以牛肉加工为目的的行为；

（3）两年之内在爱尔兰不得与留下的企业进行牛肉和小牛肉加工的市场竞争。

某牛肉加工企业的主要业务为牛肉加工。它按照上面所列的内容与BIDS签订了协议。该协议在政府的市场竞争管理局（Competition Authority）进行了备案，竞争管理局认为BIDS合同中的内容违反了《欧共体条约》关于反垄断的规定，BIDS在2003年6月5日和26日得到通知，它与该牛肉加工企业的合同被竞争管理局认定为与《欧共体条约》第81条（1）中的内容相违背，竞争管理局在2003年6月30日向爱尔兰高等法院提出申请，请求确认BIDS和该牛肉加工企业之间的合同不生效。

【主要法律问题】

该合约内容是否违反了关于反垄断的规定、是否与《欧共体条约》中有关竞争条款的内涵相悖？

【主要法律依据】

《欧共体条约》第81条❶。

---

❶ 《欧共体条约》第81条

1. 下列与共同市场不相容的行为应当予以禁止：企业之间签订的、可能影响成员国之间贸易，且其目的或者效果是阻止、限制或者扭曲共同市场内竞争的各项协议，企业协会的决定和协同做法，尤其是指下列协议或行为：

（1）直接或者间接地限定采购价格、销售价格或者其他贸易条件；

（2）限制或者控制生产、市场、技术开发或者投资；

（3）划分市场或者供货来源；

【理论分析】

一、BIDS 在本案中的意见。

BIDS 不认同竞争管理局以及欧盟委员会的观点，它认为其与某牛肉加工企业签订的协议中所规定的措施并没有从目的的角度上限制竞争，因此不能属于《欧共体条约》第 81 条中列举的第一种情况，所以应该继续分析该措施在市场上实际造成的影响。BIDS 进一步指出，这些措施不但没有从目的上禁止竞争，甚至在一定情况下促进了竞争，也没有给消费者带来损失。他们强调这些措施只是希望能够通过减少而并非消除生产能力过剩来缓解市场不平衡，进而改善市场结构，以促进产业内部的有序竞争，使牛肉加工业布局更加合理。BIDS 这个观点并没有被欧共体法院所接受。

实际上，鉴定一个协议是否违反了《欧共体条约》第 81 条第 1 款中所禁止的规定，应该严格依照协议条款来进行认定。从这个角度来说，即使协议的当事人在订立协议的时候在主观上没有限制竞争的意愿，也并不影响该条款在适用中客观地造成了这样的结果。而且实际上，一个协议即使除了限制竞争以外还有其他的法律目的，也不影响它被认定为具有限制竞争的目的。

BIDS 继续指出，对"在目的上存在侵权"这个概念应该做狭义的解释，应该只包括含有横向固定价格或者限制产量或者分享市场这些规定的协议。

然而，第 81 条第 1 款中从（1）到（5）款项中所列出的协议的类别只是最典型的限制竞争的协议，而条款不能穷尽所有被禁止的行为。因此，有必要通过分析本案所争议的协议的内容来判断它是否具有限制竞争的目的。

BIDS 在提交的声明中还指出，如果一个协议没有影响市场整体的产量，也没有阻碍市场主体的交易自由，那么就应该排除其具有任何禁止竞争的影响。BIDS 还提到，市场的结构本身就决定了加工企业无法影响竞争，因为 90% 的需求是来自爱尔兰之外的。在爱尔兰市场上，加工厂的生产能力与 4 个主要零售商的购买力相当。新的经营

（接上注）

（4）在同等交易中，对于其他交易方适用不同的条件，因此使这些贸易方在竞争中处于不利的地位；

（5）以对方当事人接受附加义务为条件，与其订立合同，而这些附加义务在本质上或者依照商业惯例，与该合同的标的不存在关联。

2. 依照本条规定应予禁止的协议或者决定应当自动无效。

3. 但是，在下列情况下，本条第 1 款的规定可以不予适用：

——企业之间签订的某项协议或者某类协议；

——企业协会作出的某项决定或者某类决定；

——某种协同做法或者某类协同做法。

如若上述协议、决定、协同做法有助于改进商品的生产、分销或者有助于促进技术进步或者经济发展，并使消费者可以公平地分享到由此而带来的收益，而且上述协议、决定、协同做法不会：

（1）向企业施加对于实现上述目标而言并非必不可少的相关限制措施；

（2）向使得上述企业得以对相关产品的重大份额消除竞争。

者进入也一定会带来这个市场的竞争。最后，BIDS 指出协议中的措施不是冻结生产、不是生产能力的不使用、不是信息的交换，也不是生产配额或者其他维持留下的经营商的市场份额的措施。从这个角度考虑，法院从现有的材料以及国家法院提供的信息来看，BIDS 拟定的协议的目的是通过鼓励竞争者退出的机制来改变市场结构。

二、欧共体法院的意见——该协议内容是否违反了关于反垄断的规定、是否与《欧共体条约》中有关竞争条款的内涵相悖。

欧共体法院在审理中注意到，BIDS 在协议中的规定是通过使他们接近甚至是达到最低的效率标准的方法提高牛肉加工企业的整体利益。为了实现这个目的，这些措施追求两个目标：第一，以减少供应加工厂的数量的方式达到更大程度的集中；第二，减少大约 75% 的剩余生产能力。

BIDS 的安排显然是想让一些经营者退出市场，以达到减少生产能力过剩的结果，通过阻止他们追求经济价值的标准而实现对收益的影响。这种措施很明显与《欧共体条约》中有关竞争条款的内涵相悖，条约中规定每一个经济主体必须都能够自主地决定自己在共同市场中的经营策略。

在竞争的背景下，签署了 BIDS 协议的经营者们如果不依赖这样的措施，将没有办法提高自己的收益，因此他们放弃了采取经济上的措施，也放弃了借助竞争的手段，因为通过 BIDS 的措施他们可以避免这些过程，当然代价也是较大的。

BIDS 为了实现禁止竞争的目的，还采取了一系列的措施，包括条件的限制。

第一，对于超出通常情况下每年份额的部分，留下的经营者要缴纳每头牛 11 欧元的税费，BIDS 认为这是留下的经营者分享了退出的经营者的客户所应该支付的价金。然而，需要注意的是，鉴于税收的属性，这样的措施同样会对市场份额自然发展造成阻碍，因为会有一些留下的经营者考虑到如果超过份额会收取较高的税费，所以决定控制自己的生产份额，这样，这个措施就有可能使一些经营者冻结自己的生产能力。

第二，协议中也对退出的经营者处置和使用自己工厂的方式作出了限制。BIDS 的目的也是通过这样的方式来限制竞争，因为这样可以避免这些工厂因新人的进入而与留下的工厂形成竞争。正如竞争管理局在他们书面审查中指出的：建设一个新的加工厂所需要的花费远高于接手一个已经存在的加工厂。

第三，退出的经营者接受的这些受限的事实以及不竞争条款存在期限上的限制并不能改变 BIDS 这些措施含有竞争性质的事实。

基于以上原因，欧共体法院认定 BIDS 与该牛肉加工企业之间的协议违反了《欧共体条约》第 81 条第 1 款的规定，并初步裁决：该协议内容存在限制竞争的垄断行为，属于垄断协议。

【思考题】

一、如何理解《欧共体条约》第 81 条第 1 款中关于垄断协议的规定？

二、爱尔兰法院的判决结果与欧共体法院的判决结果不同的原因是什么？

三、欧共体法院对此问题作出的初步裁定中，有哪些值得我国《反垄断法》借鉴的地方？我国未来应当如何完善《反垄断法》？

第六节　国际货物运输法

案例一　东方某航运（英国）有限公司与北海某船务有限责任公司、东方某航运有限公司、某租赁有限公司船舶碰撞损害赔偿纠纷案[1]

【基本案情】

东方某航运（英国）有限公司（以下简称航运英国公司）、北海某船务有限责任公司（以下简称船务公司）、东方某航运有限公司（以下简称航运公司）、某租赁公司（以下简称租赁公司）是此案件的当事人。此案经过如下：

2008年10月16日，"兴海668"轮（船务公司是"兴海668"轮的所有者和运营者）从张家港（海力9号码头）装货完毕出发，目的地为广州（龙穴造船厂码头）。2008年10月21日17：00左右，"兴海668"轮的工作人员观测航道情况后按计划航行，同一天的16：18左右，"东方海外欧洲"轮（租赁公司是"东方海外欧洲"轮的所有人，东方海外公司是"东方海外欧洲"轮的运营者，航运英国公司是"东方海外欧洲"轮的光船租赁人）从香港青衣出发，目的地为新加坡，"东方海外欧洲"轮的工作人员观测航道情况后也按计划航行。10月21日17：37左右，两艘货轮相遇，此时两船相距3海里，17：47左右，两船在香港水域与广州水域交界处发生碰撞，"兴海668"轮船艄下沉，并于18：15沉没，沉没地点与碰撞地点相距1.1海里，属于香港水域。后"兴海668"轮海员被香港海事处援救。事故发生后，"东方海外欧洲"轮向香港海事处报告，报告内容表明其与一小船之间发生紧迫局面，未表明发生碰撞，但请求香港海事处查询对方船名，后香港海事处表明未收到其他船舶报告，故无法查明对方船舶信息。"兴海668"轮的工作人员表明，其在初次发现"东方海外欧洲"轮时就通过16号海上频道联系对方要求红灯会船，但"东方海外欧洲"轮没有应答，"东方海外欧洲"轮的工作人员则表明，相遇时对方没有发出红灯会船的信号，双方没有通过海上频道取得联系。2008年10月24日，"东方海外欧洲"轮抵达新加坡并发出声明，称"东方海外欧洲"轮在2008年10月21日17：47左右在香港水域与广州水域交界处发生碰撞，10月22日发现船体有漏洞和凹陷，并表明碰撞发生时，附近水域能见

---

[1] 中华人民共和国最高人民法院民事判决书（2012）民提字第142号。

度优良。

船务公司就此案件向广州海事法院提起诉讼，请求法院判令航运英国公司、航运公司和租赁公司承担船舶碰撞给自己带来的损失以及相关诉讼费用，航运英国公司、航运公司和租赁公司当即提出反诉。广州海事法院一审判决仅支持了船务公司的部分赔偿请求和航运英国公司、航运公司和租赁公司的部分反诉请求，其他请求被驳回。航运英国公司不服一审法院判决，遂向广东高院提起上诉，认为一审法院在事故责任比例认定、碰撞损失认定等方面存在错误，二审法院经过审理后驳回上诉，维持原判。航运英国公司不服二审法院判决，又向广东高院提出再审，请求再审法院撤销一审、二审判决，改判船务公司承担碰撞事故全部责任。再审法院审理后，撤销了一审、二审的部分错误判决，维持了一审、二审中的正确判决。

【主要法律问题】

此案中的碰撞事故责任比例以及船舶碰撞损失如何确定？

【主要法律依据】

一、《中华人民共和国海商法》（以下简称《海商法》）第 169 条[1]、第 273 条[2]；

二、《1972 年国际海上避碰规则》第 5 条、第 6 条、第 7 条、第 8 条、第 10 条、第 17 条[3]；

三、《最高人民法院关于审理船舶碰撞纠纷案件若干问题的规定》第 4 条[4]；

四、《最高人民法院关于审理船舶碰撞和触碰案件财产损害赔偿的规定》第 8 条第 1 款[5]。

---

[1] 《海商法》第 169 条 船舶发生碰撞，碰撞的船舶互有过失的，各船按照过失程度的比例负赔偿责任；过失程度相当或者过失程度的比例无法判定的，平均负赔偿责任。互有过失的船舶，对碰撞造成的船舶以及船上货物和其他财产的损失，依照前款规定的比例负赔偿责任。碰撞造成第三人财产损失的，各船的赔偿责任均不超过其应当承担的比例。互有过失的船舶，对造成的第三人的人身伤亡，负连带赔偿责任。一船连带支付的赔偿超过本条第一款规定的比例的，有权向其他有过失的船舶追偿。

[2] 《海商法》第 273 条 船舶碰撞的损害赔偿，适用侵权行为地法律。船舶在公海上发生碰撞的损害赔偿，适用受理案件的法院所在地法律。同一国籍的船舶，不论碰撞发生于何地，碰撞船舶之间的损害赔偿适用船旗国法律。

[3] 《1972 年国际海上避碰规则》，https://www.gd.msa.gov.cn/aspx/gdmsa/74_detail.aspx?id=35854。

[4] 《最高人民法院关于审理船舶碰撞纠纷案件若干问题的规定》第 4 条 船舶碰撞产生的赔偿责任由船舶所有人承担，碰撞船舶在光船租赁期间并经依法登记的，由光船承租人承担。

[5] 《最高人民法院关于审理船舶碰撞和触碰案件财产损害赔偿的规定》第 8 条第 1 款 船舶价值损失的计算，以船舶碰撞发生地当时类似船舶的市价确定；碰撞发生地无类似船舶市价的，以船舶船籍港类似船舶的市价确定，或者以其他地区类似船舶市价的平均价确定；没有市价的，以原船舶的造价或者购置价，扣除折旧（折旧率按年 4%～10%）计算；折旧后没有价值的按残值计算。

【理论分析】

此案中的碰撞事故责任比例以及船舶碰撞损失应如何确定？根据一审、二审和再审的审理过程，分析如下。

一审法院（广州海事法院）受理此案件后根据《最高人民法院关于审理船舶碰撞和触碰案件财产损害赔偿的规定》第8条规定，对船务公司因碰撞产生的损失进行了认定，损失包括：船舶本身的价值损失、船舶租金损失、船员遣返费、解除劳动合同补偿费、船上财产损失、探摸费、船舶检验费等，实际损失共计人民币4888596元。广州海事法院对航运英国公司、航运公司和租赁公司主张的损失也进行了认定，损失包括：船舶修理费、船期损失、燃油损失、船舶检验费、港口使用费等，实际损失共计人民币2870973.70元。广州海事法院认为，"兴海668"轮与"东方海外欧洲"轮在海上通航交叉警戒区会船，应当严格遵守海上航行规则，降低航速，保持警惕，但是经调查，双方在会船时均处在全速前进的状态，也没有进行高频联系，致使会船时无法及时避让，双方对此有共同过失。与"东方海外欧洲"轮相遇时，"兴海668"轮是让路船，有让路义务，因此"兴海668"轮应当及时降低航速，并采取让路操作，但"兴海668"轮在此过程中错过了最佳让路时机，这是导致此次船舶碰撞的一项原因。而"东方海外欧洲"轮在与"兴海668"轮初遇时是直行船，直行船在会船时应当保向保速，根据《1972年国际海上避碰规则》第10条和第17.1条的规定，"东方海外欧洲"轮在穿越通航分道时应当保持高度警惕，作出合理判断。广东海事法院经过审查认为，"东方海外欧洲"轮采取的操作行为并不合理，错过避让时机且避让操作不符合正常操作思路，因此"东方海外欧洲"轮的不合理操作是造成此次船舶碰撞的主要原因。根据《1972年国际海上避碰规则》的相关规定，"东方海外欧洲"轮应当承担此次船舶碰撞责任的60%，"兴海668"轮应当承担此次船舶碰撞责任的40%。"东方海外欧洲"轮在2008年10月21日（事故发生当日）向香港海事处报告并未发生触碰，在2008年10月22日（事故发生次日）才发现船体有漏洞和凹陷，因此不能说明该漏洞和凹陷是前一日的碰撞造成的，也不能说明"东方海外欧洲"轮碰撞后逃逸。根据《海商法》第169条、《最高人民法院关于审理船舶碰撞纠纷案件若干问题的规定》第4条的规定，此次船舶碰撞事故造成的损失应当由"东方海外欧洲"轮的光船承租人——航运英国公司承担，租赁公司与航运公司不承担连带赔偿责任，根据责任承担比例，航运英国公司应对船务公司的损失承担人民币2933157.60元的赔偿责任。在此案的反诉中，航运英国公司在船舶碰撞后支付了"东方海外欧洲"轮的维修、检查等费用，有请求船务公司赔偿的权利，但租赁公司和航运公司在反诉中提出的损失请求于法无据，因此法院不予支持。按照责任承担比例，船务公司应当对航运英国公司的损失承担人民币1148389.40元的赔偿责任。

二审法院（广东高院）收到航运英国公司的上诉后对此案进行审理。航运英国公司对一审判决不服之处在于：认为一审判决的事故责任比例认定和双方部分损失认定方面存在错误。在事故责任比例认定方面，航运英国公司认为在通航道会船时，"兴海668"轮作为让路船的首要义务是让路，"东方海外欧洲"轮作为直行船的主要义务是保向保速，"兴海668"轮没有履行其首要义务应当是导致船舶碰撞的主要原因，因此应当由船务公司承担船舶碰撞的主要责任。在双方损失认定部分，因航运英国公司认为事故责任比例认定错误，所以双方损失应当重新认定，航运英国公司应当承担30%的责任，船务公司应当承担70%的责任。除此之外，对"兴海668"轮的船舶价值认定有偏差、航运英国公司的燃油损失和船期损失等也有偏差。北海船务公司在二审答辩中认为应当驳回航运英国公司的上诉，判定"东方海外欧洲"轮碰撞逃逸并赔偿船务公司遭受的全部损失，"东方海外欧洲"轮应当承担此次船舶碰撞的主要责任。二审法院对一审法院查明的大部分事实予以确认。另外，二审法院查明，"东方海外欧洲"轮到达新加坡后发出的声明和香港海事处提供的证据表明，"东方海外欧洲"轮与"兴海668"轮的碰撞时间与一审认定的碰撞时间不符，二审法院予以纠正。二审法院认为此案焦点有三：一是船舶碰撞事故责任分担比例认定，二审法院经过审查认为一审法院作出的事故责任分担比例认定的依据和结果正确，予以维持；二是船务公司船舶损失认定，二审法院认为一审法院认定事实清楚，适用法律正确，予以维持；三是航运英国公司船期损失与燃油损失认定，二审法院认为，航运英国公司没有就船期损失提供充足的证据，因此一审法院不予认定船期损失的做法正确，二审法院予以维持。在燃油损失中，只有小部分损失是由船舶碰撞直接造成的，剩余损失是因"东方海外欧洲"轮的工作人员未及时发现而长时间持续泄漏燃油造成的，因此燃油损失主要是由"东方海外欧洲"轮造成的，与船务公司无关，二审法院对航运英国公司要求船务公司承担燃油损失的诉求不予支持。广东高院最终驳回航运英国公司的上诉，维持原判。

再审法院（广东高院）收到航运英国公司提出的再审申请后对此案进行审理。再审中，航运英国公司提交了新的证据——香港海事处《海事调查报告》，证明船务公司在一审中故意隐瞒重要事实，导致航运英国公司承担较大比例责任，该证据表明"兴海668"轮船本身配备不齐，不具备适航条件，发生船舶碰撞时"兴海668"轮的驾驶员没有相关船舶驾驶证书，不能够熟练地驾驶船舶，是导致此次船舶碰撞事故的主要原因。航运英国公司还认为，即使"兴海668"轮具备适航条件，"兴海668"轮没有及时避让也是船舶碰撞的主要原因。另外，"兴海668"轮的船舶价值应当重新认定。二审法院拒绝申请人延期开庭和调查取证申请，适用法律错误。因此，航运英国公司请求再审法院撤销一、二审判决，改判船务公司承担全部责任。船务公司针对航运英国公司的观点一一做相反答辩。一审中的当事人租赁公司和航运公司对航运英国公司的观点表示认同。再审法院认为：《海事调查报告》已经过公证，其真实性无疑，但该报告中没有包含对船舶碰撞时"兴海668"轮驾驶员的调查资料，不能证明该驾驶员不具备驾驶资格和专业驾船技能。航运英国公司向再审法院提出，调取广东海事局作出的与此次船舶碰撞相关资料的申请，以证明"兴海668"轮不具备适航条件，再审法院依申请调取了相关材料，除了船务公司对这些材料的合法性和关联性有异议外，其他当事人对这些材料的真实性、合法性和关联性没有异议。再审法院认为这些材料中的证人证言未得到船务公司的确认，被调查的工作人员也没有出庭作证和接受质询，而主管机关也未对此船舶碰撞事故作调查报告，也就是说这些材料不能够作为有效证据认定案件事实。再审法院经过审理认为：第一，"兴海668"轮和"东方海外欧洲"轮违反了《1972年国际海上避碰规则》第6条、第8条、第10条、第34条的规定，在通航道会船时没有采取降速慢航、鸣笛放号、及时避让等避免碰撞措施，对船舶碰撞事故的发生均有过失，一审判决认定合理。第二，《1972年国际海上避碰规则》第15条、第16条、第17条规定了让路船的让路义务，"兴海668"轮作为通航道上的让路船，相比"东方海外欧洲"轮具有更大的避碰义务，理应在面临碰撞危险时采取及时有效的让路措施，例如提前采取大幅度行动，宽裕地让行他船，"兴海668"轮在与"东方海外欧洲"轮初遇时明显有足够的时间采取避碰措施却未及时采取任何行动，是导致此次船舶碰撞事故的主要原因，应当承担事故主要责任。但根据《1972年国际海上避碰规则》第17条规定，在让路船没有采取避碰措施时，直航船可以采取避碰措施防止船舶碰撞，"东方海外欧洲"轮在"兴海668"轮没有采取及时有效的避碰措施造成紧迫局面后采取了不合理的避碰措施也是造成船舶碰撞事故的重要原因。综合双方过失，再审法院认定"兴海668"轮对事故承担60%的责任，"东方海外欧洲"轮对事故承担40%的责任。第三，北海船务公司主张"东方海外欧洲"轮撞船后逃逸，应当对事故承担全部责任，再审法院认为该主张缺乏证据证明，一审法院判决不存在肇事逃逸行为结论正确。第四，航运英国公司要求重新认定"兴海668"轮的船舶价值，再审法院对相关证据进行审查，发现相关证人证言没有确认，被取证人员也未出庭，只有船舶买卖合同等相关书面证据能够证明船舶的价值，而这些书面证据的证明力远大于未被确认的证人证言。因此对于航运英国公司重新认定"兴海668"轮的船舶价值的要求，再审法院不支持。最终，对于船务公司的损失，航运英国公司应按40%比例承担，即人民币1955438.40元；对于航运英国公司的损失，船务公司应按60%比例承担，即人民币1722584.22元。

【思考题】

国内案件与国际案件的管辖权确定有何不同？

案例二 苏伊士运河货船搁浅案

【基本案情】

2021年3月23日，一艘悬挂巴拿马国旗的重型货船在苏伊士运河新航道搁浅，导致运河堵塞。据了解，该货轮系中国台湾某航运公司（以下简称台湾航运公司）旗下的超大型集装箱船"Ever Given"号，受强风影响搁浅。

埃及苏伊士运河管理局当地时间3月24日发表声明称，一艘悬挂巴拿马国旗的重型货船23日在苏伊士运河新航道搁浅，造成航道拥堵。由于搁浅货船尺寸巨大，救援工作可能需要时间。有挪威专家称，脱浅行动"可能需要几天时间"。苏伊士运河管理局（SCA）负责人奥萨马·拉比24日晚间表示，目前仍在努力重新定向这艘搁浅的巨型集装箱船。拉比透露，由于这艘船尺寸巨大（长约400米、宽约59米），运河管理局已经花了很长时间试图使它浮起来。当地时间4月3日下午，苏伊士运河管理局主席拉比耶对媒体表示，经过连续几天救援后，搁浅货轮于29日成功起浮脱浅。由于"Ever Given"货轮搁浅而滞留在苏伊士运河南北入口及运河中等候区的422艘船只，目前已全部通过苏伊士运河。

对此，台湾航运公司曾发布公告，"货轮将先移至苏伊士运河大苦湖水域的锚地，进行船舶适航性检查。这艘货轮后续的航程以及货物运送，将视验船机构的检验结果，进行必要的调整与安排"。全球最大集装箱运输集团马士基（Maersk）则对外表示，集装箱货轮"Ever Given"号受困苏伊士运河对全球航运业造成的连锁影响，可能需要数周甚至数月才能化解。

"Ever Given"号搁浅于苏伊士运河的事件一时间引发了航运业内外人士的讨论和分析。3月29日，"Ever Given"号顺利起浮，咽喉要道苏伊士运河得以恢复通航，但"Ever Given"号搁浅事故后续的一系列法律问题和案件处理则刚刚开始。

【主要法律问题】

一、本案中的船东是否享有船载货物货损或迟延交付的单位赔偿责任限制权利？

二、由于本次苏伊士运河搁浅事件的发生，大量的船舶不得不绕行至好望角，造成该后果的主体"Ever Given"号的船东是否应该承担侵权责任？

三、本案中"Ever Given"号的船东所面临的共同海损责任及风险具体包括哪些？

【主要法律依据】

一、《统一提单的若干法律规定的国际公约》（下称《海牙规则》）第3条第

1款❶、第3条第2款❷、第4条第1款❸、第4条第2款❹。

二、《联合国海上货物运输公约》（下称《汉堡规则》）第5条第1款❺、第5条第4款❻

---

❶《海牙规则》第3条第1款 承运人必须在开航前和开航当时，谨慎处理，使航船处于适航状态，妥善配备合格船员，装备船舶和配备供应品；使货舱、冷藏舱和该船其他载货处所能适当而安全地接受、载运和保管货物。

❷《海牙规则》第3条第2款 承运人应妥善地和谨慎地装载、操作、积载、运送、保管、照料与卸载。即提供适航船舶，妥善管理货物，否则将承担赔偿责任。

❸《海牙规则》第4条第1款 不论承运人或船舶，对于因不适航所引起的灭失或损坏都不负责，除非造成的原因是由于承运人未按第3条第1款的规定，克尽职责；使船舶适航；保证适当地配备船员、装备和供应该船，以及使货舱、冷藏舱和该船的其它装货处所所能适宜并安全地收受、运送和保管货物。凡由于船舶不适航所引起的灭失和损害，对于已克尽职责的举证责任，应由根据本条规定要求免责的承运人或其他人承担。

❹《海牙规则》第4条第2款 不论承运人或船舶，对由于下列原因引起或造成的灭或损坏，都不负责：

（一）船长、船员、引水员或承运人的雇佣人员，在驾驶船或管理船舶中的行为、疏忽或不履行义务；

（二）火灾，但由于承运人的实际过失或私谋所引起的除外；

（三）海上或其它可航水域的灾难、危险和意外事故；

（四）天灾；

（五）战争行为；

（六）公敌行为；

（七）君主、当权者或人民的扣留或管制，或依法扣押；

（八）检疫限制；

（九）托运人或货主、其代理人或代表的行为或不行为；

（十）不论由于任何原因所引起的局部或全面罢工、关厂停止或限制工作；

（十一）暴动和骚乱；

（十二）救助或企图救助海上人命或财产；

（十三）由于货物的固有缺点、质量或缺陷引起的体积或重量亏损，或任何其他灭失或损坏；

（十四）包装不充分；

（十五）标志不清或不当；

（十六）虽克尽职责亦不能发现的潜在缺点；

（十七）非由于承运人的实际过失或私谋，或者承运人的代理人，或雇佣人员的过失或疏忽所引起的其他任何原因；但是要求引用这条免责利益的人应负责举证，证明有关的灭失或损坏既非由于承运人的实际过失或私谋，亦非承运人的代理人或雇佣人员的过失或疏忽所造成。

❺《汉堡规则》第5条第1款 除非承运人证明他本人其受雇人或代理人为避免该事故发生及其后果已采取了一切所能合理要求的措施，否则承运人应对因货物灭失或损坏或延迟交货所造成的损失负赔偿责任，如果引起该项灭失、损坏或延迟交付的事故，如同第4条所述是在承运人掌管期间发生的。

❻《汉堡规则》第5条第4款

（一）承运人对下列各项负赔偿责任：

1. 火灾所引起的货物的灭失、损坏或延迟交付，如果索赔人证明火灾是由承运人、其受雇人或代理人的过失或疏忽引起的；

2. 经索赔人证明由于承运人、其受雇人或代理人在采取可以合理要求的扑灭火灾和避免或减轻其后果的一切措施中的过失或疏忽所造成的货物的灭失、损坏或延迟交付。

（二）凡船上的火灾影响到货物时，如果索赔人或承运人要求，必须按照海运惯例，对火灾的起因和情况进行调查，并根据要求向承运人和索赔人提供一份调查人的报告。

【理论分析】

一、本案中的船东是否享有船载货物货损或迟延交付的单位赔偿责任限制权利？

对于本案的处理，应当将适用的法律聚焦于《海牙规则》以及《汉堡规则》。但是这两项规则在承运人的责任承担上的规定有所不同。按照提单最常用的规则，即《海牙规则》，即承运人仅仅对货物的损毁以及灭失承担赔偿责任，但是承运人并不承担迟延交付的责任。同时第4条规定了承运人的免责事由，包括船长、船员、引水员或承运人的雇佣人员在驾驶船舶或管理船舶中的行为、疏忽或不履行义务。由免责事由所引起的货损，包括船舶滞留期间的货物腐坏、迟延交付等，承运人不承担赔偿责任。根据第4条所列出的情况，如果是由于免责事由造成的货品的损毁，包括货品在船舶的滞留期间腐坏或者延迟交付等情况，承运人是不用承担赔偿责任的。但是，如果我们按照《汉堡规则》的规定来分析，情况则会有所不同。根据《汉堡规则》的规定，如果承运人没有在提单记载的约定时间内或者在一个合理的时间段内交付货物，那么承运人应当承担延期交付货品的责任。此外，我们需要注意，《汉堡规则》采用了"推定过失的原则"，仅仅是在一定程度上对于"火灾"这一免责事由作出了保留，这就意味着，承运人对于因其他原因所造成的货品的损失应当承担赔偿责任。经过上述对《海牙规则》和《汉堡规则》的比对，可以得知，无论根据其中哪一个规则，对于提单记载的涉及承运人识别的问题，如果船东同时兼有承运人的身份，那么该船东就享有货损或者是延迟交付的单位赔偿责任的限制权利，同时也享有海事赔偿责任限制的权利，也即"二次限制"。

二、由于本次苏伊士运河搁浅事件的发生，大量的船舶不得不绕行至好望角，造成该后果的主体"Ever Given"号的船东是否应该承担侵权责任？

在这一问题的认定过程当中，我们需要考虑的是侵权行为与损害后果之间是否具有法律意义上的因果关系以及损失遥远性问题。由于目前暂时缺乏对当地侵权法具体规定的系统认知，这个问题有待当地律师的专业意见来提供参考。现在，仅仅从其他国家的法律体系出发，探讨受堵船舶的营运损失是否可以获赔这一问题。

第一步，可以基本排除其他还没有进入苏伊士运河的运行损失以及被堵塞的船舶的货物责任。因为其不具有法律意义上的因果关系，也并不属于遥远损失。我们主要探讨的是在搁浅事故发生时已经进入运河并且已经缴纳完通行费用的船舶因受到事故影响而无法通航所承担的运营损失。

对于本案的分析，可以借鉴一起比较类似的英国权威案例"Spartan Steel And Alloys Ltd. v. Martin And Co. Ltd"电缆案。在该案中，Martin公司在施工过程中挖断Spartan公司正在使用的电缆，导致Spartan公司停工损失。如丹宁勋爵案中所言，对纯粹经济损失不予赔偿实际上属于"公共政策问题"，且相应的风险应当由各方一并承担。最终，法院驳回了Spartan公司停工损失的诉求，曾有过类似做法的国家还包括德国等。而在中国，法院一般是不会支持纯经济损失的索赔的。中国的海事案件中，比较类似的有上海海事法院发布的 2020 年十大精品案例中第 3 个案例——"邮轮延误保险追偿问题研究"。在该案中，顺港 19 轮集装箱入海间接导致邮轮进出港延误，后邮轮就延误损失向顺港 19 轮船东提出索赔，最终未获法院支持。"Ever Given"号搁浅于苏伊士运河，导致其他船舶无法正常通航而产生损失，一般认为此类损失属于纯经济损失。而在本案中，对于事故当时已缴纳运河通航费或实际使用运河的受堵船舶而言，搁浅事故造成通航权受损，需根据侵权行为地埃及的法律规定进行分析。

三、本案中"Ever Given"号的船东所面临的共同海损责任及风险具体包括哪些？

据报道，4 月 1 日船东已经宣布了共同海损，并委派了专业的海损理算人 Richards Hogg Lindley 收集货方的共同海损担保。但是由于本案中涉及的货物集装箱所属的主体众多，该项工作无疑是一项耗时巨大的工作。一般而言，共同海损是一种对风险事故或是对损失的船货双方分摊的制度，而并非一项独立的风险或损失。根据 1994 年《约克·安特卫普规则》，本案中可列入共同海损的费用包括救助报酬、减载搁浅船舶所引起的费用和损坏、驶入避难港费用、卸载货物费用、船舶临时修理费用等。共同海损分摊最终以航程终止时的船货财产的实际净值为基础。船东对于货方的共同海损分摊享有货物留置权，可以要求货方提供共同海损担保函或现金担保。船东面临的共同海损责任及风险，具体包括船方共同海损分摊款和未能从货方取得的共同海损分摊款两部分。船方共同海损分摊款即根据船舶财产价值占船货财产总价值比例而应分摊的共同海损金额；未能从货方取得的共同海损分摊款是指船东未能依法从货方取得其本应有权索取的共同海损部分。

【思考题】

一、本案中苏伊士运河管理局局长表示各项损失金额及挖掘费用达到 10 亿美元。请查找苏伊士运河的日均运河收入，并以此为基础判断船东的赔偿责任是否合法合理。

二、本案对于未来可能发生的类似的事故提供了哪些借鉴意义？

案例三　美国航空货物运输承运人责任案

【基本案情】

美国某航空快递公司（以下简称航空快递公司）是一家物流供应链的供应商。Eli Lilly 公司（以下简称 EL 公司）与航空快递公司签订了一项货物运输《长期服务协议》，约定由航空快递公司为 EL 公司提供国际物流服务。签订该服务协议后，航空快递公司将 EL 公司托运的货物交由第三方某航空货运公司（以下简称航空货运公司）运输，起点为法国，目的地为美国印第安纳州。EL 公司托运的货物是一批对温度要求极高的胰岛素产品，运输过程中的温度必须控制在冰点以下，否则会导致胰岛素失效，航空快递公司和航空货运公司对这一点有清晰的认知。但在运输过程中，航空货运公司因人为失误使得胰岛素储存温度出现偏差,造成整批胰岛素失效。为了弥补胰岛素失效带来的巨大损失,EL 公司及其保险公司将航空快递公司起诉至美国佛罗里达州南区地方法院,主张航空快递公司违反了双方签订的《长期服务协议》,同时提交了两份该批胰岛素产品的航空运单(运单中有胰岛素产品运输温度要求),请求法院判决航空快递公司赔偿损失。法院经审理认为航空快递公司仅违反航空运单中的要求,所以只确认了航空快递公司违反航空运单的责任并作出了判决,同时驳回了 EL 公司关于航空快递公司违反《长期服务协议》的主张。除此之外,法院认为根据双方签订的《长期服务协议》,航空快递公司实际上放弃了《蒙特利尔公约》的责任限制。

航空快递公司不服美国佛罗里达州南区地方法院的判决,遂提起上诉。航空快递公司认为自己有权根据《蒙特利尔公约》承担有限责任,佛罗里达州南区地方法院的判决以其已经约定取消《蒙特利尔公约》的限制为由作出有利于 EL 公司的判决,不符合相关法律和《蒙特利尔公约》的规定。

在责任承担问题上,上诉法院认为佛罗里达州南区地方法院的判决是正确的,支持了 EL 公司提出的赔偿请求。在责任限制问题上,上诉法院认为佛罗里达州南区地方法院的判决是错误的,因此撤销了佛罗里达州南区地方法院作出的航空快递公司责任限制(即根据《长期服务协议》的约定,航空快递公司应当承担的责任限制)判决,并根据《蒙特利尔公约》第 22 条对航空快递公司的赔偿责任进行限制。

【主要法律问题】

航空快递公司的赔偿责任和责任限制应当如何认定?

【主要法律依据】

《蒙特利尔公约》第 22 条❶。

【理论分析】

在航空快递公司的赔偿责任问题上,由于 EL 公司提出了两项确凿的证据,证明包括整批胰岛素失效无法销售的事实以及航空货运公司人为失误造成胰岛素产品储存温度偏差的事实,法院根据这两项确凿的证据作出由航空快递公司对胰岛素失效造成的

---

❶ 《蒙特利尔公约》第 22 条　延误、行李和货物的责任限额

一、在人员运输中因第 19 条所指延误造成损失的,承运人对每名旅客的责任以 4150 特别提款权为限。

二、在行李运输中造成毁灭、遗失、损坏或者延误的,承运人的责任以每名旅客 1.000 特别提款权为限,除非旅客在向承运人交运托运行李时,特别声明在目的地点交付时的利益,并在必要时支付附加费。在此种情况下除承运人证明旅客声明的金额高于在目的地点交付时旅客的实际利益外,承运人在声明金额范围内承担责任。

三、在货物运输中造成毁灭、遗失、损坏或者延误的,承运人的责任以每公斤 17 特别提款权为限,除非托运人在向承运人交运包件时,特别声明在目的地点交付时的利益,并在必要时支付附加费。在此种情况下,除承运人证明托运人声明的金额高于在目的地点交付时托运人的实际利益外,承运人在声明金额范围内承担责任。

损失承担赔偿责任的判决是正确的。

在责任限制问题上,《蒙特利尔公约》第 22 条限制国际航空运输承运人对货物损坏的赔偿责任,该案件则涉及对该限制的放弃。佛罗里达州南区地方法院认为,根据意思自治原则,航空快递公司承担的责任应由双方签订的《长期服务协议》中的责任条款规制,而非由《蒙特利尔公约》规制。上诉法院认为,佛罗里达州南区地方法院这一认定是错误的,原因在于如果航空快递公司故意在任何一份非航空运输单的文件中约定放弃《蒙特利尔公约》的责任限制,就应当将《长期服务协议》中的责任条款纳入航空运输单,以此排除《蒙特利尔公约》的责任限制,但是航空快递公司并未采取这样的做法,航空运输单上也没有修改《长期服务协议》责任限制的相关表述。因此上诉法院认为佛罗里达州南区地方法院做出的判决是错误的,应当予以撤销。

【思考题】

一、如何理解承运人赔偿责任限制?

二、缔约承运人与实际承运人的责任承担如何划分?

三、航空货物运输合同的当事人能否自行约定取消《蒙特利尔公约》中的责任限制?

案例四 宁夏天某宏集团有限公司与现代商船株式会社海上、通海水域货物运输合同纠纷案

【基本案情】

宁夏天某宏集团有限公司(以下简称天某宏公司)向 Headwin Exim Private Limited 公司(以下简称 HE 公司)出售增碳剂,双方在签订的销售合同中约定,天某宏公司向 HE 公司出售 1200 公吨增碳剂,CIF 金奈 415 美元每公吨,付款方式为 100%付款跟单托收。天某宏公司为履行合同,负责安排运输,双方约定先出运部分货物。2018 年

(接上注)

四、货物的一部分或者货物中任何物件毁灭、遗失、损坏或者延误的用以确定承运人赔偿责任限额的重量,仅为该包件或者该数包件的总重量。但是,因货物一部分或者货物中某一物件的毁灭、遗失、损坏或者延误,影响同一份航空货运单、货物收据或者在未出具此两种凭证时按第 4 条第 2 款所指其他方法保存的记录所列的其他包件的价值的,确定承运人的赔偿责任限额时,该包件或者数包件的总重量也应当考虑在内。

五、经证明损失是由于承运人,其受雇人或者代理人的故意或者明知可能造成损失而轻率地作为或者不作为造成的,不适用本条第 1 款和第 2 款的规定;对于受雇人、代理人的此种作为或者不作为,还应当证明该受雇人、代理人是在受雇、代理范围内行事。

六、第 21 条和本条规定的限额不妨碍法院按照其法律另外加判全部或者一部分法院费用及原告所产生的其他诉讼费用,包括利息。判给的赔偿金额,不含法院费用及其他诉讼费用,不超过承运人在造成损失的事情发生后六个月内或者已过六个月而在起诉以前已书面向原告提出的金额的,不适用上述规定。

6月18日，该批货物经过中国新港海关出口报关，成交方式为FOB，成交价格为每公吨增碳剂415美元。

现代商船株式会社（以下简称A公司）承运了该批货物，2018年6月28日，A商船有限公司代理A公司签发了三份正本提单，提单信息表明，本次货物运输托运人为天某宏公司，承运人为A公司，通知方为HE公司，收货人凭托运人指示，货物总重为240600千克。涉案货物装载于10个20英寸的集装箱内，由中国新港运往印度金奈。A公司商船于2018年7月29日抵达卸货港。

天某宏公司就涉案货物向HE公司开具了金额为99600美元的商业发票。由于HE公司始终没有支付货款，因此全套正本提单仍为天某宏公司持有。面对此种情况，天某宏公司为挽回损失，自2018年10月29日起至起诉前一直与A公司通过电子邮件沟通，希望A公司修改涉案提单，向目的港海关变更舱单中的收货人，以便天某宏公司将滞留在目的港的货物转卖给其他买家。2018年11月1日，天某宏公司寻找到新的买家，并将新买家的具体信息告知了A公司。11月5日，A公司告知天某宏公司修改收货人需提供一些程序和文件，这些文件中包括原收货人出具的NOC❶以及新收货人出具的无异议证明。天某宏公司回复称：货物原收货人因涉及盗取其他提单项下货物，无法提供原收货人的NOC，其他文件均可提供。A公司告知天某宏公司，原收货人NOC是目的港海关所要求的必要文件，若无此文件，则无法将货物转卖给其他买方。此后天某宏公司多次要求变更收货人，均因无法提供原收货人NOC而无法办理变更手续。

经过积极与海关协商后，A公司告知天某宏公司，考虑到该批货物的现实情况，在没有原收货人NOC的情况下，可以办理变更收货人的手续，但要求新收货人到海关办理变更手续，并向A公司提供接收函。A公司要求新收货方在接收函中承诺承担费用，天某宏公司告知A公司，其要求新收货人在接收函中承诺承担的费用明显不合理且费用过高，无法出具此接收函。A公司与天某宏公司持续就修改涉案提单、向目的港海关申请变更舱单中的收货人及相关费用问题进行沟通，但最终未能达成一致意见，在法庭辩论终结前，涉案货物仍存放在目的港，未能提取。

根据A公司的陈述，货物在到达金奈港前，承运人需要向海关申报收货人信息，本案为指示提单，需要在舱单中将通知方列为收货人。因此产生了本案为指示提单却需要向海关办理变更收货人手续的问题。

本案提单背面条款第28条规定，承运人适用的集装箱超期使用费费率并入该提单。依据提单记载的21天免费使用期，结合A公司2018年6月1日在其官网公布的金奈港口进口费率表，涉案集装箱超期使用费费率应为自卸货之日起21天内免费，21天之后则为每日65美元。

A公司在其官网上公布的关于20英寸新集装箱的价格为2900美元，其提交的深圳

---

❶ NOC是指退运无异议的证书，情况是用于货物退运和转卖，需要争取原收货人的同意。

某车厢制造有限公司、深圳某集装箱服务有限公司、上海某货柜维修服务有限公司公布的报价分别为 19000 元人民币、18800 元人民币、20000 元人民币。A 公司在代理意见中提及曾被生效法律文书认定的价格为 16000 元人民币。

A 公司认为目的港费用包括集装箱维护费、集装箱清理费、集装箱更名费、失衡附加费、提箱费、码头作业费、安全费、称重费，费率标准在公司官网均有公布。

法院认为本案中 A 公司为外国企业，根据 2015 年《〈民事诉讼法〉司法解释》第 522 条第（一）项的规定，❶ 本案为涉外海上货物运输合同纠纷。A 公司为承运人，天某宏公司为托运人，依据《涉外民事关系法律适用法》第 41 条的规定，❷ 当事人可以协议选择合同适用的法律。双方当事人在庭审中均选择适用我国法律，因此本案准据法为中华人民共和国法律。

【主要法律问题】

一、天某宏公司是否具有要求 A 公司在目的港向其或其指定的收货人交付涉案提单项下货物的权利？

二、A 公司主张的集装箱超期使用费是否合理，是否应当由天某宏公司承担？

【主要法律依据】

一、《海商法》第 71 条❸；

二、《民法典》第 591 条第 1 款❹、第 829 条❺。

【理论分析】

一、天某宏公司是否具有要求 A 公司在目的港向其或其指定的收货人交付涉案提单项下货物的权利？

本案提单为指示提单，依据《海商法》第 71 条的规定，提单载明的指示人有权要求承运人按照自己的指示向提单持有人交付货物。同时，依据《民法典》第 829 条的规定，承运人在将货物交付给收货人之前，托运人可以要求承运人中止运输、变更目

---

❶ 2015 年《〈民事诉讼法〉司法解释》第 522 条第（一）项　有下列情形之一，人民法院可以认定为涉外民事案件：（一）当事人一方或者双方是外国人、无国籍人、外国企业或者组织的……

❷ 《涉外民事关系法律适用法》第 41 条　当事人可以协议选择合同适用的法律。当事人没有选择的，适用履行义务最能体现该合同特征的一方当事人经常居所地法律或者其他与该合同有最密切联系的法律。

❸ 《海商法》第 71 条　提单，是指用以证明海上货物运输合同和货物已经由承运人接收或者装船，以及承运人保证据以交付货物的单证。提单中载明的向记名人交付货物，或者按照指示人的指示交付货物，或者向提单持有人交付货物的条款，构成承运人据以交付货物的保证。

❹ 《民法典》第 591 条第 1 款　当事人一方违约后，对方应当采取适当措施防止损失的扩大；没有采取适当措施致使损失扩大的，不得就扩大的损失请求赔偿。

❺ 《民法典》第 829 条　在承运人将货物交付收货人之前，托运人可以要求承运人中止运输、返还货物、变更到达地或者将货物交给其他收货人，但是应当赔偿承运人因此受到的损失。

的地、返还货物或者将货物交付给其他收货人，承运人因此遭受的损失由托运人承担。在该案件中，A 公司始终同意交付货物。之所以产生争议，是由于 A 公司在修改舱单收货人的过程中，向天某宏公司提出修改收货人需要其提交的文件，文件包括原收货人的 NOC 以及新收货人的接收函，天某宏公司很难提交或者无法提交以上文件。作为承运人，A 公司依法负有凭指示向提单持有人交付货物的义务，天某宏公司有权要求 A 公司将货物交给其他收货人。因此，A 公司有义务证明其在交货过程中向货方提出的交货条件的合法性及合理性。即，在天某宏公司无法满足或拒绝满足 A 公司所提条件的情况下，A 公司应当举证证明其所提条件的合同依据或者法律依据。若无合法有效的依据且条件不合理，天某宏公司和收货人有权拒绝该要求。A 公司无有效证据证明，在指示提单的条件下向海关申请变更舱单收货人必须提供原收货人的 NOC 以及新收货人的接收函，因此天某宏公司无法提供上述文件不能成为 A 公司无法向海关申请修改舱单的理由。

直至法庭辩论终结前，涉案货物仍存放于金奈港集装箱货运站，天某宏公司并未指定具体的收货人。天某宏公司的诉讼目的是确认 A 公司无权提出无依据且不合理的交货条件，在确定新的收货人后，A 公司应当积极配合修改收货人的手续并交付货物。根据上述法律规定，天某宏公司作为托运人依法持有全部正本提单，有权要求 A 公司向其他收货人交付货物。但天某宏公司在行使此项权利的过程中需要遵守法律规定、港口主管部门的要求以及与承运人之间的约定。

二、A 公司主张的集装箱超期使用费是否合理，是否应当由天某宏公司承担？

对于该批货物滞留金奈港期间因无人提取而产生的集装箱超期使用费，天某宏公司作为托运人，理应承担默示保证责任，A 公司有权要求天某宏公司赔偿该项损失。依据《民法典》第 591 条第 1 款的规定，当事方一方违约的，另一方应当采取措施防止损失扩大；没有采取措施使得损失扩大的，不得就扩大部分要求赔偿。天某宏公司首次向 A 公司提出修改舱单的要求是 2018 年 11 月 1 日，对于该时间点之前产生的集装箱超期使用费用以及修改舱单所需的合理时间内产生的超期使用费，天某宏公司应当承担赔偿责任。

【思考题】

A 公司主张的目的港费用是否应当由天某宏公司承担？

案例五　中国某财产保险股份有限公司青岛分公司与某荣航运公司及 MMSL 公司海上通海水域货物运输合同纠纷案

【基本案情】

中国渤海农业发展有限公司（以下简称渤海公司）于 2019 年 1 月向巴西一公司购

买了大豆64178公吨，货物由"天鹰号"承运。根据船舶注册证明书记载，"天鹰号"的登记船舶所有人为被告某荣航运公司，船舶登记日期为2014年10月6日，该轮为2014年建造的钢制散货船，共有5个货舱；被告MMSL公司为"天鹰号"的光船租赁人。案涉货物于2019年1月31日在巴西圣特雷姆港装运上船，目的地为中国港口。船舶在开航前和开航时船员配备合格，货舱状况良好。中国某财产保险股份有限公司于2019年1月24日签发两份进口货运保险单，承保由"天鹰号"货轮承运的该批大豆，被保险人为渤海公司，保险金额分别为11471551美元和17547783美元。

2019年1月26日，托运人渤海公司向"天鹰号"货轮检验人告知涉案货物的信息，明确表明：根据海事组织的建议，货物在海上航行期间必须适当通风。同年1月31日，作为签单代理代表，"天鹰号"货轮的船长签署了四套提单，提单载明：收货人凭指示，渤海公司为通知方；货物为巴西大豆，散装于1、2、3、4、5货舱，重量总计为54178公吨，货物表面清洁，运费预付，装货港为巴西圣特雷姆港，卸货港为中国港口，并记载了托运人信息和保单信息。

1月31日，第三方机构对装货前的大豆进行了质量检验，其出具的货物质量证书中显示大豆水分含量的规格要求为不超过14%，该批大豆的水分含量为13.23%，"天鹰号"1、2、4、5货舱均满载该批大豆，3号货舱未满舱。2月1日起，船员对货舱进行了熏舱处理，熏舱期间货舱需要密闭，熏舱共计15天，熏舱通知中要求熏舱后货舱应当进行通风处理。

"天鹰号"货轮对航行过程中的通风情况进行了记录，包括具体日期、天气、风向、风力、海水温度、湿度、货舱温度、是否通风及原因等信息。记录信息表明，承运人在货物运输过程中，按日对货舱进行温度、湿度检测，在一天内采取通风或未通风的措施。2019年3月18日8时至10时，打开货舱盖去除熏舱物，之后关闭舱盖。3月27日至4月8日、4月10日至4月19日、4月22日、4月24日至26日通风，其他时间因天气或其他原因均未进行通风。2019年3月21日，该货轮抵达青岛港，同日递交装卸准备就绪通知书；渤海公司于4月24日获得农业转基因生物安全证书，次日申请报验，26日获得批准靠泊，28日靠港卸货，5月20日卸货完成。卸货前，原被告三方以及渤海公司委托的专业机构共同对"天鹰号"货轮上的大豆进行联合检验。检验结果证明显示：该轮1~5货舱表层大豆均发生明显霉变、水湿、结块、腐烂、变色等情况，表层大豆散发出明显的霉烂的味道，表层以下的货物情况未知。

原告中国某财产保险股份有限公司青岛分公司委托荣信达公司出具的《公估报告》认为：(1) 表层大豆发生霉变的主要原因是舱汗，❶ 这与承运人未及时对货舱进行通风具有重要关系。(2) 大豆热损的主要原因为，该批巴西大豆本身水量较大，不宜长时间封闭储藏，货物在运输过程中容易因微生物繁殖使温度升高，在此前提下，船方未

---

❶ 舱内大豆中的微生物繁殖和呼吸作用产生大量的热量和水汽在舱内上升后遇冷在舱盖或货舱其他结构凝结形成冷凝水，即舱汗。

及时、合理地采取通风措施，加剧了舱内温度的升高，进一步导致货物出现热损。(3) 关于货物的损失。该批巴西大豆在青岛港卸货时发生货损，全船货物均受到不同程度的热损，原因也是船方未及时通风，保险人就此次损失向被保险人赔付489万元。

被告MMSL公司委托大华公司出具《检验报告》，总结了大豆发生损坏的原因。报告认为，"天鹰号"货轮在开航前和开航时处于适航状态，船员在运输过程中对货物温度进行了检测、记录，采取了相应的通风措施，航行过程中约有10天未采取通风措施，对表层大豆霉变具有一定影响，但对表层10~15厘米以下的大豆质量并无实质影响，因此，未及时通风并不是造成大豆热损的主要原因。首先，装货时检验结果显示，装货前大豆水分含量为13.23%，该含量非常不安全，基于本批巴西大豆的水分含量，在航程开始后，货舱内将不可避免地产生大量水分，从而造成货物升温，发生热损。高含水量和不断升高的温度是该批大豆发生热损的内在原因；由于存在高含水量和货物升温问题，需要将货物运输时间控制在40天内，而此次航程共计87天，其中有38天是由于收货人未办理进出口手续导致的延误。延误的38天内大豆出现明显的损坏且损坏不断加重，这是此次热损发生和加剧的重要原因。其次，本次航程途径南北半球，货轮在航行过程中天气温度始终较高，但到达青岛港时温度骤降，加剧了舱汗的形成，通风措施不可能完全消除舱汗的影响。因此：(1) 发生霉变的主体为表层大豆，表层以下大豆质量未发生明显变化。(2) 该批大豆发生热损的内在原因为大豆本身水分含量较高，在航行过程中不断升温，抵达青岛港后温度变化导致出现热损。(3) 通风措施仅对表层大豆有一定散热效果，对表层以下货物无实质影响。航程延误以及青岛港骤降的温度产生的舱汗不可能通过开舱通风散尽。(4) 绝大多数大豆质量并未发生实质性的变化，经过适当措施处理后大豆的使用价值并不会降低。两被告委托的专家经过现场检验后认为：此次货损发生的原因主要是因为航程延误，而船员的通风措施不会对青岛港货物质量产生明显影响。

2019年12月27日，渤海公司收到中国某财产保险股份有限公司支付的赔款489万元，当天渤海公司通过出具《权益转让书》将追偿权转移给原告。中华人民共和国大豆标准（GB 1352—2009）载明：本标准适用于收购、储存、运输、加工和销售的商品大豆，大豆水分含量应小于等于13%。

2020年5月18日，原告起诉两被告至青岛海事法院。

【主要法律问题】

一、本案应适用何地法律？
二、原告与两被告之间的法律关系为何？

【主要法律依据】

《海商法》第 71 条❶、第 72 条第 2 款❷、第 78 条第 1 款❸、第 252 条第 1 款❹、第 269 条❺。

【理论分析】

一、本案应适用何地法律？

本案为海上货物运输合同货损纠纷。被告某荣航运公司所属的注册登记在巴拿马共和国的货轮"天鹰号"将该批货物由巴西运至中国青岛港，MMSL 公司实际上为"天鹰号"的光船承租人，与案件相关的海上运输合同以及保险合同均具有涉外性，因此本案为涉外民事纠纷。法院受理案件后，MMSL 公司在提交答辩状期间提出管辖异议，认为并入提单的租船合同存在仲裁条款，法院不具有管辖权。MMSL 公司以此为由认为应当驳回原告的起诉或责令原告向提单所约定的仲裁机构提起仲裁。法院经过审查认为，对于定期租船合同中的仲裁条款以及法律适用条款是否能够并入提单属于诉讼程序问题，应当以法院地法即我国法律作为准据法判断租船合同能否并入提单的问题。我国《海商法》中仅对航次租船合同并入提单作出了规定，并未涉及与航次租船合同属于不同性质的定期租船合同并入提单的问题，因此，当事人将定期租船合同的所有条款并入提单的约定不产生法律上的效力，定期租船合同中约定的仲裁条款不能成为解决提单纠纷的依据。渤海公司购买的巴西大豆目的地为中国青岛港，因此属于本院管辖范围。由此，法院裁定驳回 MMSL 公司提出的管辖异议，之后 MMSL 公司未就管辖权异议提出上诉，因此确定了本院对案件享有管辖权。

依据《海商法》第 269 条的规定，除法律另有规定外，合同双方当事人可以协议选择适用的法律，当事人没有选择的，依据最密切联系原则确定合同准据法。《涉外民事关系法律适用法》第 41 条也有类似的规定。本案审理过程中双方当事人均援引中华人民共和国法律，依据《〈法律适用法〉司法解释（一）》第 6 条第 2 款的规定，❻人

---

❶ 《海商法》第 71 条　提单，是指用以证明海上货物运输合同和货物已经由承运人接收或者装船，以及承运人保证据以交付货物的单证。提单中载明的向记名人交付货物，或者按照指示人的指示交付货物，或者向提单持有人交付货物的条款，构成承运人据以交付货物的保证。

❷ 《海商法》第 72 条第 2 款　提单可以由承运人授权的人签发，提单由载货船舶的船长签发的，视为代表承运人签发。

❸ 《海商法》第 78 条第 1 款　承运人同收货人、提单持有人之间的权利、义务关系，依据提单的规定确定。

❹ 《海商法》第 252 条第 1 款　保险标的发生保险责任范围内的损失是由第三人造成的，被保险人向第三人要求赔偿的权利，自保险人支付赔偿之日起，相应转移给保险人。

❺ 《海商法》第 269 条　合同当事人可以选择合同适用的法律，法律另有规定的除外。合同当事人没有选择的，适用与合同有最密切联系的国家的法律。

❻ 《〈法律适用法〉司法解释（一）》第 6 条第 2 款　各方当事人援引相同国家的法律且未提出法律适用异议的，人民法院可以认定当事人已经就涉外民事关系适用的法律做出了选择。

民法院可以认定，本案中双方当事人均选择我国法律作为本案的准据法。此外，本案海上货物运输合同约定的目的地为我国港口，货损所在地也在我国境内，中华人民共和国法律为与本案具有最密切联系的法律，因此本案应当适用我国法律作为准据法。

二、原告与两被告之间的法律关系。

某荣航运公司为"天鹰号"的注册登记人，船舶登记信息中载明 MMSL 公司为光船承租人。签单代理代表承运船舶"天鹰号"船长签署了提单，因此涉及承运人的识别问题。原告认为，某荣航运公司为船舶所有人，而船长实际上是船舶所有人的代理人，因此某荣航运公司是涉案货物的承运人，MMSL 公司为该批货物的实际承运人，货损应当由某荣航运公司以及 MMSL 公司承担连带责任。某荣航运公司抗辩，认为船舶处于光船租赁期间，某荣航运公司并未实际占有、控制船舶，不是涉案货物的承运人或者实际承运人。针对某荣航运公司的抗辩，依据《海商法》第 72 条第 2 款的规定，某荣航运公司为"天鹰号"所有人，但该船舶处于光船租赁期间，MMSL 公司实际占有、运营该货轮，该事实被登记在船舶注册信息中，相关信息已经公开，因此可以对抗第三人。某荣航运公司从始至终并未参与船舶的运营，船长当属于 MMSL 公司的代表，而非某荣航运公司的代表，由此可知某荣航运公司不是涉案合同的承运人，无须承担承运人责任。

MMSL 公司为海上运输合同的实际承运人，并且授权装货港签单代理签发了提单，是涉案货物的实际承运人。依据《海商法》第 71 条和第 78 条第 2 款的规定，作为提单所有人和涉案货物的收货人，渤海公司依据该提单与 MMSL 公司形成以本案货物提单为证明的海上货物运输合同关系。原告中国某财产保险股份有限公司作为涉案货物的保险人，在确认货物损失后，依据保险合同向被保险人渤海公司进行了赔付，渤海公司依据《权益转让书》将追偿权转让给原告，依据《海商法》第 252 条第 1 款的规定，原告显然取得了相应范围的代位求偿权。

【思考题】

本案中的货损责任应如何分配？

案例六　南海救助局诉某投资公司、香港某有限公司上海代表处海难救助合同纠纷案

【基本案情】

2001 年 8 月 12 日 5 时，某投资公司（以下简称投资公司）所有的万吨油轮"加百利"号（希腊籍）在经过琼州海峡时发生意外，搁浅在海峡内。船上的货物主要是原油，且运量接近 5 万吨。搁浅后船只随时都有船体破裂的风险，极有可能造成原油泄漏，对周围海洋生态环境造成严重破坏。为及时使"加百利"号脱浅，投资公司在事

发后第一时间授权香港某有限公司上海代表处（以下简称上海代表处）向南海救助局求救，上海代表处通过邮件告知了油轮搁浅的位置及情况，并希望南海救助局立即派出救援团队。应上海代表处的请求，在上海代表处完全同意其提出的报价条件的情况下，南海救助局派出两艘拖船同时前去进行救援。

当天下午8点40分，双方以电子邮件的方式达成委托协议，南海救助局派出两艘拖船参与救援工作。双方约定了计费标准以及计费期间。上海代表处在委托协议中承诺，无论最终结果如何，都会按照约定支付报酬；前去救援的两艘拖船仅参与拖带工作，如果在救援过程中"加百利"号发生任何意外，南海救助局均不负责任。同时，投资公司要求再派出一队潜水员参与救援，并约定了救援队具体的计费标准。次日，投资公司为了了解船上情况，提出额外租用一艘小型轮船运送几位代表到搁浅船只上。双方另行约定了小型轮船的计费标准。

救助过程中，湛江海事局考虑到油船可能会发生意外，破坏海洋自然生态环境，为了安全起见，决定对"加百利"轮油船采取强制过驳减载脱浅的措施，经过中国海事局的精心组织和全力安排，搁浅的两艘油轮于8月18日顺利减载脱浅，恢复正常航行。

南海救助局认为自己完全是基于投资公司的委托，安排人员到现场参与救助。按照双方约定的费率以及计费期间，投资公司应支付费用共计人民币7240998.24元，但尚未支付。投资公司则对南海救助局的各项计费标准有异议，声称双方并未就计费标准达成一致。

【主要法律问题】

一、本案是否适用"无效果无报酬"原则？
二、本案是否应根据《海商法》第183条❶计算救助报酬？

【主要法律依据】

一、《海商法》第179条❷；
二、《民法典》第465条❸、第579条❹。

---

❶《海商法》第183条 救助报酬的金额，应当由获救的船舶和其他财产的各所有人，按照船舶和其他各项财产各自的获救价值占全部获救价值的比例承担。

❷《海商法》第179条 救助方对遇险的船舶和其他财产的救助，取得效果的，有权获得救助报酬；救助未取得效果的，除本法第182条或者其他法律另有规定或者合同另有约定外，无权获得救助款项。

❸《民法典》第465条 依法成立的合同，受法律保护。依法成立的合同，仅对当事人具有法律约束力，但是法律另有规定的除外。

❹《民法典》第579条 当事人一方未支付价款、报酬、租金、利息，或者不履行其他金钱债务的，对方可以请求其支付。

【理论分析】

一、本案是否适用"无效果无报酬"原则？

本案为海上救助合同纠纷。其中一方当事人是外国人，因此案件具有涉外因素，按照我国《涉外民事关系法律适用法》第3条的相关规定，当事人在法律允许的情况下，可以自由选择涉外民事关系所适用的法律，而本案中诉讼双方一致决定选择中国法律规定作为准据法，因此本案应当按照我国法律进行审理。依据特别法优于一般法的原则，《海商法》作为特别法应当优先适用，在《海商法》没有规定的情况下才适用一般法。

我国《海商法》明确规定了海难救助，且《1989年国际救助公约》（以下简称《救助公约》）中同样也有规定。《救助公约》的第12条❶和《海商法》的第179条都是对"无效果无报酬"的救助报酬支付原则所作的规定，《救助公约》第13条、❷《海商法》第180条❸和第183条进一步规定了报酬的评定标准，这些条款主要针对的是海难救助合同的当事人依据"无效果无报酬"原则确定救助报酬的情形。既然《救助公约》和我国《海商法》都规定了"无效果无报酬"的原则，那么当事人是否能够自行约定报酬？事实上，《海商法》和《救助公约》都明确允许当事人自行约定救助报酬，

---

❶ 《救助公约》第12条　支付报酬的条件
一、有效果的救助作业方有权获得报酬。
二、除另有规定外，救助作业无效果，不应得到本公约规定的支付款项。
三、如果被救船舶和救助船舶属于同一所有人，本章仍然适用。
❷ 《救助公约》第13条　评定报酬的标准
一、确定报酬应从鼓励救助作业出发，并考虑下列因素，但与其排列顺序无关：
（一）获救的船舶和其他财产的价值；
（二）救助人在防止或减轻对环境损害方面的技能和努力；
（三）救助人获得成功的程度；
（四）危险的性质和程度；
（五）救助人在救助船舶、其他财产及人命方面的技能和努力；
（六）救助人所花的时间、费用及遭受的损失；
（七）救助人或其设备的责任风险及其他风险；
（八）提供服务的及时性；
（九）用于救助作业的船舶及其他设备的可用性及使用情况；
（十）救助设备的备用状况、效能和设备的价值。
二、按照第1款确定的报酬应由所有的船舶和其他财产利益方按其获救船舶和其他财产的价值比例进行支付，但是缔约国可在其国内法中作出规定，报酬须由这些利益方中的一方先行支付，该利益方有权向其他利益方按其分摊比例进行追偿。本条中的任何规定均不影响抗辩权。
三、报酬金额不包括应付的利息及可追偿的法律费用，不得超过获救船舶和其他财产的价值。
❸ 《海商法》第180条　确定救助报酬，应当体现对救助作业的鼓励，并综合考虑下列各项因素：
（一）船舶和其他财产的获救的价值；
（二）救助方在防止或者减少环境污染损害方面的技能和努力；
（三）救助方的救助成效；
（四）危险的性质和程度；

从而在当事人之间形成雇佣救助合同关系。本案中，投资公司与南海救助局就拖船和潜水员的收费标准达成一致，可以认定双方已经达成雇佣救助合同。因此，双方的委托协议不是《救助公约》和我国《海商法》中所规定的"无效果无报酬"的救助合同，该原则在本案中不适用。

二、本案是否应根据《海商法》第183条计算救助报酬？

投资公司承诺，不论成功与否均按照约定向南海救助局支付救助报酬，并且约定了拖轮以及潜水队员的报酬费率计算标准。因此，南海救助局能否获得报酬与南海救助局的救助行为是否能够产生实际效果之间并无直接联系。报酬的计算应当根据当事双方的约定进行。综上，本案南海救助局的报酬应当依据双方所约定的费率计算，不适用《海商法》第183条规定的救助报酬计算方式。根据我国1999年实施的《合同法》第8条和第107条，投资公司应按约定向南海救助局支付报酬，以履行合同义务。

【思考题】

若当事人就法律适用问题无法达成一致，本案应该适用何地法律？

（接上注）

（五）救助方在救助船舶、其他财产和人命方面的技能和努力；

（六）救助方所用的时间、支出的费用和遭受的损失；

（七）救助方或者救助设备所冒的责任风险和其他风险；

（八）救助方提供救助服务的及时性；

（九）用于救助作业的船舶和其他设备的可用性和使用情况；

（十）救助设备的备用状况、效能和设备的价值。

救助报酬不得超过船舶和其他财产的获救价值。

参考文献

一、著作

[1] 王铁崖. 国际法 [M]. 北京：法律出版社，1995：582.

[2] 杜涛. 国际经济贸易中的国际私法问题 [M]. 武汉：武汉大学出版社，2005：149-151.

[3] 李双元，欧福永. 国际私法教学案例 [M]. 北京：北京大学出版社，2012：221-222.

[4] 朱子勤. 国际私法案例研习 [M]. 北京：中国政法大学出版社，2014：235-236.

[5] 韩赤风，袁达松，赵英军，等. 中外反垄断法经典案例 [M]. 北京：知识产权出版社，2010：25-34.

[6] 韦经建，王彦志. 国际经济法案例教程 [M]. 北京：科学出版社，2011：79-88.

[7] 李巍. 《联合国国际货物销售合同公约》评释 [M]. 北京：法律出版社，2009：45.

[8] 林珏. 国际技术贸易案例集 [M]. 北京：北京大学出版社，2018：23-35.

[9] 刘瑛. 《联合国国际货物销售合同公约》解释问题研究 [M]. 北京：法律出版社，2009：5.

[10] 梁茜琪. 《联合国国际货物销售合同公约》解释及实施问题研究 [M]. 北京：中国政法大学出版社，2011：10.

[11] 张玉卿. 国际货物买卖统一法——《联合国国际货物销售合同公约》释义 [M]. 北京：中国商务出版社，2009：16.

[12] 刘瑛. 《联合国国际货物销售合同公约》解释问题研究 [M]. 北京：法律出版社，2009：33-46.

[13] 齐湘泉. 涉外民事关系法律适用法总论 [M]. 北京：法律出版社，2005：294-295.

[14] 王花. 国际法案例研习 [M]. 北京：中国政法法学出版社，2012：32.

[15] 朱文奇. 国际法学原理与案例教程 [M]. 北京：中国人民大学出版社，2009：54.

[16] 朱榄叶. 世界贸易组织法经典案例选编 [M]. 北京：北京大学出版社，2018：95-99.

[17] 李小年. WTO法律规则与争端解决机制 [M]. 上海：上海财经大学出版社，2000：129-135.

[18] 曾文革，陈咏梅. 国际经济法案例选编（双语）[M]. 重庆：重庆大学出版社，2021：49-56.

[19] 曾令良. 国际公法学 [M]. 北京：高等教育出版社，2018：360.

[20] 王明明. 国际贸易理论与实务 [M]. 北京：机械工业出版社，2012：199-201.

［21］宋阳. 国际经济法案例教程［M］. 北京：知识产权出版社，2020.
［22］Rosalyn Higgins. Martinus Nijhoff［M］. Hauge：TonBolland，1993：31.

二、期刊

［1］黄风. 或引渡或起诉法律问题研究［J］. 中国法学，2013，(3)：180.
［2］黄瑶，廖雪霞. 国际法院海洋划界的新实践——2014 年秘鲁诉智利案评析［J］. 国际法研究，2014，(01)：42.
［3］张国斌. 论海洋划界争端中"相关海岸"的识别［J］. 中国海商法研究，2015，26（02）：56.
［4］张乃根. 试析 WTO 争端解决的国际法拘束力［J］. 复旦大学学报，2003（6）：59.
［5］石磊. 试论条约保留的概念及与解释性声明的区别［J］. 信阳师范学院学报（哲学社会科学版），2003（4）：55.
［6］王慧. 国际货物买卖合同中买方"拒受权"辨析［J］. 北大法律评论，2009，10（02）：398-425.
［7］韩学志. 贸易自由化下商标平行进口中的法律问题［J］. 法律适用，2008（9）：95.
［8］严桂珍. 论我国对商标平行进口的法律对策——兼评长沙 MICHELIN 牌轮胎平行进口案［J］. 同济大学学报（社会科学版），2012（3）：119-122.
［9］孙颖. 平行进口与知识产权保护之冲突及其法律调控［J］. 政法论坛（中国政法大学学报），1999（3）：62.
［10］林珏，王缙凌. 世界知识产权保护动向与中国自贸试验区只是产权管理体制创新［J］. 海关与经贸研究，2015（3）：7.
［11］解瑞. CISG 的根本违约与我国合同法的完善［J］. 中共山西省委党校学报，2011（4）：1.
［12］张博. 论根本违约制度及其对我国合同立法的启示［J］. 河南师范大学学报，2010（4）：1.
［13］孙颖. 平行进口与知识产权保护之冲突及其法律调控［J］. 政法论坛（中国政法大学学报），1999（3）：62.

三、学位论文

［1］李金峰. 国际商事仲裁中国家执行豁免问题研究［D］. 重庆：西南政法大学：2013.
［2］丁文爽. 国家豁免研究——以德国诉意大利案为视角［D］. 重庆：西南政法大学：2018.

四、裁判文书

［1］江苏省高级人民法院（2009）苏民三初字第 0004 号民事判决.
［2］最高法公报案例，《中华人民共和国最高人民法院公报》2015 年（总第 226 期）.
［3］中华人民共和国山东省济南市中级人民法院民事判决书（2013）济民三初字第 400 号.

[4] 中华人民共和国北京市第二中级人民法院民事判决书（2008）二中民初字第13842号。
[5] 天津市高级人民法院民事判决书（2013）津高民三终字第0024号。
[6] 《国际法院判决书、咨询意见和命令摘要2013—2017》。

五、外文资料

[1] The Quebec Case,（1998）161DLR（4th）385, 437.
[2] Case Concerning the Continental Shelf（Libya v. Malta）, judgment, at para. 39-40.
[3] Case Concerning Maritime Delimitation in the Area Between Greenland and Jan Mayen（Denmark v. Norway）, judgment of 14 June, 1993, at para. 56.
[4] Peru v. Chile, Declaration of Judge Sepulveda-Amor, para. 17.
[5] Territorial and Maritime Dispute（Nicaragua v. Colombia）, Judgement, I. J. C Reports（hereinafter as Nicaragua v. Colombia）, 2012, p. 72, para. 193.
[6] Draft Articles on Responsibility of States for Internationally Wrongful Acts with commentaries, 2001, pp. 92-94.

附录1 本书部分相关国内规范性法律文件

国内规范性法律文件	《中华人民共和国公司法》
	《中华人民共和国仲裁法》
	《中华人民共和国民事诉讼法》
	《中华人民共和国涉外经济合同法》
	《中华人民共和国专利法》
	《中华人民共和国企业破产法》
	《中华人民共和国商标法》
	《中华人民共和国涉外民事关系法律适用法》
	《中华人民共和国海事诉讼特别程序法》
	《中华人民共和国中外合资经营企业法》
	《中华人民共和国民法典》
	《中华人民共和国渔业法》
	《中华人民共和国著作权法实施条例》
	《中华人民共和国中外合资经营企业法实施条例》
	《中华人民共和国海商法》
	《最高人民法院关于适用〈中华人民共和国民事诉讼法〉的解释》
	《最高人民法院关于人民法院民事执行中查封、扣押、冻结财产的规定》
	《最高人民法院关于审理信用证纠纷案件若干问题的规定》
	《最高人民法院关于审理船舶碰撞纠纷案件若干问题的规定》
	《最高人民法院关于贯彻执行〈中华人民共和国民法通则〉若干问题的意见（试行）》
	《最高人民法院关于适用〈中华人民共和国合同法〉若干问题的解释（一）》
	《最高人民法院关于适用〈中华人民共和国仲裁法〉若干问题的解释》
	《最高人民法院关于适用〈中华人民共和国外商投资法〉若干问题的解释》

附录 2　本书部分相关国际条约与公约

国际条约与公约	《联合国宪章》
	《国家权利义务宣言草案》
	《维也纳条约法公约》
	《联合国国家及其财产管辖豁免公约》
	《国际法院规约》
	《禁止酷刑和其他残忍、不人道或有辱人格的待遇或处罚公约》
	《关于国籍法冲突的若干问题的公约》
	《大陆架公约》
	《欧洲人权公约》
	《维也纳外交关系公约》
	《维也纳领事关系公约》
	《维也纳领事关系公约》附件《关于强制解决争端之任择议定书》
	《国家对国际不法行为的责任条款草案》
	《联合国国际货物销售合同公约》
	《经1955年海牙议定书修订的1929年华沙统一国际航空运输一些规则的公约》
	《统一非立约承运人所作国际航空运输的某些规则以补充华沙公约的公约》
	《国际跟单信用证统一惯例》
	《关税及贸易总协定》
	《服务贸易总协定》
	《统一国际航空运输某些规则的公约》
	《统一提单的若干法律规定的国际公约》